나를 돌보는 철학

나를 돌보는 철학

발행일
2025년 9월 20일 초판 1쇄

지은이　　문성훈
펴낸이　　정무영, 정상준
펴낸곳　　(주)을유문화사
창립일　　1945년 12월 1일
주소　　　서울특별시 마포구 서교동 469-48
전화　　　02-733-8153
팩스　　　02-732-9154
홈페이지　www.eulyoo.co.kr

ISBN　　978-89-324-7574-5　03100

- 저작권법에 의해 보호를 받는 저작물이므로 무단 전재와 복제를 금합니다.
- 이 책의 전체 또는 일부를 재사용하려면 저작권자와 을유문화사의 동의를 받아야 합니다.
- 책값은 뒤표지에 있습니다.
- 잘못된 책은 구입하신 곳에서 바꾸어 드립니다.
- 이 서적 내에 사용된 일부 작품은 SACK를 통해 Picasso Administration과 저작권 계약을 맺은 것입니다. 저작권법에 의하여 한국 내에서 보호를 받는 저작물이므로 무단 전재 및 복제를 금합니다.

문성훈 철학 에세이

나를 돌보는 철학

차례

여는 글: 이제는 나를 돌볼 때

1. 자기 계발에서 자기 돌봄으로   7
2. 철학과 자기 돌봄   13

1부 나를 치유하다

1. '나'를 돌보는 나   25
2. 상처받는 존재   37
3. 나를 인정해 준 사람   49
4. 마음의 상처에서 인생의 방향을 찾다   62
5. 마음의 문제 해소하기   73
6. 괴로운 마음 다스리기   83
7. '나'를 해방하라!   97

2부 나를 알다

1. 너 자신을 알라   117
2. 소크라테스의 자기 돌봄   135
3. 인간이란 존재   150

4. 내 탓이 아니다 164

5. 나는 존엄하다 182

6. 람보르기니가 '나'는 아니다 199

7. 내가 원하는 삶 찾기 216

3부 나를 만들다

1. 네 가지 삶의 방식 233

2. 존재의 미학 247

3. 내가 예술 작품이다 258

4. 과연 이렇게 사는 게 좋을까? 274

5. 시인처럼 느끼고, 시인처럼 생각하며 284

6. 소박한 삶을 즐긴다 300

7. 오늘을 일생처럼 312

닫는 글: 자기 돌봄과 사회 329

참고 도서 334

일러두기

1. 인명, 지명 등은 국립국어원의 외래어표기법을 따랐습니다. 단, 일부 굳어진 명칭은 일반적으로 통용되는 표기를 사용했습니다.
2. 책, 잡지 등은 『 』로, 단편과 일간지, 논문, 미술 작품명은 「 」로, 영화와 연극, TV 프로그램명은 〈 〉로 표기했습니다.
3. 본문에 언급된 도서 중 국내에 출간된 책은 역자명과 출판사명을 표기했습니다. 단, 여러 출판사에서 출간된 도서는 별도 표기를 하지 않았습니다.

여는 글   이제는 나를 돌볼 때

1. 자기 계발에서 자기 돌봄으로

사람은 누구나 잘 살길 원하지만, 누구나 잘 사는 것은 아니다. 삶에 지친 사람도 있고, 삶의 의미를 잃은 사람도 있다. 마음의 상처를 안고 사는 사람도 있고, 열등감과 자책감 속에 사는 사람도 있다. 많은 사람이 힘겹게 살아간다. 우리나라 GDP(국내 총생산) 규모는 전 세계 10위권에 들지만, 행복 지수는 OECD(경제 협력 개발 기구) 국가 중 최하위고, 자살률은 1위다. 나만 힘든 게 아니라, 많은 사람이 힘들어하고 있다.

잘 산다는 것은 무슨 뜻일까? 사람들은 돈 많은 가정을 보고 "잘사네!", "그 집 잘사는 집이야!"라고 말하곤 한다. 그러나 돈이 많으면 돈을 '잘' 버는 사람일 수는 있어도, 잘 산다고까지 말하긴 어렵다. 어떤 사람은 공부를 잘하고, 어떤 사람은 운동을 잘한다. 노래를 잘 부르는 사람도 있고, 말을 잘하거나 일을 잘하는 사람도 있다. 이처럼 모든 것을 다 잘하면 잘 사는 걸까? 모든 것을 다 잘하는 사람이 과연 있을까 싶지만, 공부를 잘 못해도 잘 살 수 있고, 말을 잘 못해도 잘 사는 사람은 많다. '재승박덕才勝薄德'이란 말이 있다. 재주가 많고, 능력이 뛰어나지만, 덕이 부족하다는 뜻이다. 이런 사람의 인생은 대개 순탄치 않다. 그렇다면 어떻게 사는 게 잘 사는 것이고, 잘 살려면 어떻게 살아야 할까? 분명한 것은 잘 살려면 아무렇게나 사는 것이 아니라, 자신이 인생의 중심이 되어 나름대로 삶에 관해 고민하고 성찰해 보고, 때로는 배우는 것도 필요하다는 점이다.

자기 계발에서 자기 돌봄으로

베스트셀러 중에는 인생에 관한 책이 많다. 그만큼 어떻게 살지 고민하는 사람이 많기 때문이다. 그런데 인생에 관한 베스트셀러에는 두 가지 종류의 책이 있는 것 같다. 그중 하나는 자기 계발서다. 이른바 성공한 삶을 위한 '노하우'를 제시한 인생 지침서가 그것이다. 이런 인생 지침서는 대개 시험에 성공하고, 취업에 성공하고, 직장 생활에 성공하고, 대인 관계에 성공하고, 재테크에 성공하기 위한 요령과 전략 같은 것을 소개한다. 이에 반해 자기 계발이 아닌, 자기 돌봄이 목적인 책도 있다.

자기 돌봄, 혹은 자기 배려로도 번역되는 이 말은 프랑스 철학자 미셸 푸코Michel Foucault(1926~1984)의 용어다. 여기서 자기 돌봄이란 어떤 표준화된 삶의 모델에 따라 사는 것이 아니라, 각자가 자기 삶의 주체가 되어 어떻게 살아야 잘 사는 것인지 스스로 고민하고, 이에 맞게 자신을 변모시키는 것을 말한다. 그런데 자기 돌봄과 자기 계발 사이에는 결정적 차이가 있다. 자기 계발은 돈과 권력을 한 손에 거머쥔, 흔히 사람들이 '성공하고 출세한 삶'이라고 말하는 특정한 삶을 전제하지만, 자기 돌봄에서는 어떤 삶이 잘 사는 삶인지 정해져 있지 않고 자기 고민에 따라 얼마든지 달라질 수 있다. 자기 돌봄에서 인생이란 자기에게 가장 좋은 삶을 찾는 과정이자, 스스로 만들어야 할 창작품 같은 것이기 때문이다.

최근 베스트셀러의 흐름을 보면 자기 계발보다는 자기 돌봄으로 무게의 중심이 옮겨진 것 같다. 어떻게 하면 출세하고 성공할 수 있을지, 어떻게 하면 돈과 권력을 한 손에 거머쥘 수 있을지가 아니라, 삶의 본질적 문제를 두고 고민하는 사람이 많아졌다는 뜻이다. 그렇기에 이제 사람들은 산다는 것이 무엇인지 같은 삶의 의미부터 시작하여 자신이 과연 잘 살고 있는지, 어떻게 사는 것이 잘 사는 것인지에 관심을 둔다.

누군가를 돌본다는 것은 그 사람에 대한 애정과 관심, 그리고 책임감하에 그 사람이 잘 살도록 도와주고 헌신하는 것을 말한다. 그리고 반대로 그 사람이 잘 살지 못하거나, 산다는 것 때문에 상처 입고 괴로워한다면, 그 사람을 위로하고 상처도 치유해 주는 것이 돌봄이다. 우리 자신은 어떨까? 우리도 우리 자신이 잘 살도록 돌보고 상처를 치유하고 아픔도 어루만져 주고 있을까? 내가 내 아이를 보살피고, 내 노부모를 보살피고, 사랑하는 누군가를 돌보듯 우리는 우리 자신을 돌보며 살고 있을까?

자기 돌봄의 시대

산업화 시대에 우리 부모들은 한마디로 열심히 일했다. 인생의 의미나 가치에 대한 고민보다는 우선 먹고사는 것이 중요했다. 자신의 생계는 물론이고, 자식 낳아 키우고 공부시키는 것이 인생의 목적이라면 목적이었다. 산업화는 나름 성공했다. 1961년 1인당 82달러였던 국민 소득이 오늘날 3만 달러를 넘어섰다. 그러나 우리 삶이 행복한 것 같지는 않다. 1997년 이른바 IMF 사태 이후 우리 사회는 무한 경쟁 시대에 돌입했기 때문이다. 경제적 가치가 모든 것을 지배했고, 이윤 극대화와 경쟁력 강화를 추구하는 기업의 논리가 사회 전체로 확산했다. 그리고 돈이면 무엇이든 할 수 있는 '금전만능 시대'가 열렸다, 공공, 교육, 복지, 언론 등 경제와 무관한 분야도 돈 버는 기업의 논리를 따르기 시작했다.

우리 자신도 마찬가지다. 우리도 이윤 극대화를 추구하고 경쟁력 강화를 위해 어린 나이부터 사교육 시장에 내맡겨진다. 명문 대학 입학과 전문직에 진출하거나 재벌 기업에 취업하는 것이 누구에게나 공통된 목표가 되었다. 그만큼 경쟁도 치열해졌다. 그러나 경쟁이 누구에게나 좋은 것은 아니다. 경쟁은 승자와 패자를 나누고, 승자에게는 부와 권력과 명예를 안겨 주지만, 패자에게는 열등감과 자책감만 가져다준다. 그리고 어느덧 우리 사회에서는 일등부터 꼴등까지 서열이 매겨진다. 그러나 영원한 승자는 없다. 서열화 사회에서는 누군가에게 이겼다면, 누군가에게는 졌다. 그리고 언제 어떻게 추월당할지 모른다. 그렇기에 승자는 승자대로 패자는 패자대로 내일의 경쟁을 위해 오늘도 자신을 채찍질한다.

그래서일까? 우리는 행복한 삶을 위해 경쟁하는 것이

아니라, 이기기 위해 경쟁하는 것 같다. 이기는 것 자체가 인생의 목표가 된 것이다. 끊임없이 자신과 남을 비교하고, 남보다 우위에 서기 위해 편할 날이 없다. 인생의 고민이 크다. 지금처럼 사는 것이 과연 잘 사는 것인지, 한 번 사는 인생 어떻게 살아야 행복할지, 경쟁이 주는 열등감과 자책감 등 마음의 상처는 물론이고 매일매일의 경쟁이 주는 스트레스는 어떻게 치유하고 감당해야 할지 모든 것이 고민이다. 무한 경쟁 시대는 역설적으로 우리 자신의 삶에 관심을 기울이게 한다. 그렇기에 이제 우리 시대는 자기 돌봄의 시대가 될 듯하다.

2.   철학과 자기 돌봄

철학은 신, 존재, 진리, 인간, 윤리, 정의, 자유, 역사, 예술 등 다양한 주제를 다룬다. 하지만 많은 사람이 철학을 우주 삼라만상, 혹은 이 세계 존재의 일반적 특징, 구조, 본질 같은 것을 탐구한다고 생각하기도 한다. 사실 철학은 이러한 형이상학적 관심에서 비롯되었다기보다 인간의 자기 돌봄에서 비롯되었다고 해도 과언이 아니다. 서양철학의 아버지 격인 소크라테스는 철학의 역할이 바로 자기 돌봄에 있다고 보았다. 그리고 그는 사람들에게 아무렇게나 사는 것이 아니라, 잘 살기 위해 자기를 돌보도록 권고했고, 이를 위한 조력자 역할을 철학자의 사명으로 삼았다. 그렇기에 그는 사람들과 대화하고 토론하면서 사람들이 각자 자신을 검토하며 최선의 삶을 살 수 있도록 함께 노력했다. 철학이 자기 돌봄의 학문이라는 점은 동양철학도 마찬가지다. 공자(기원전 551~479) 역시 단지 살아가는 것이 아니라, 어떻게 사는 것이 인간다운 삶인지 고민했다. 그에게는 성공하고 출세하는 삶이 중요한 것이 아니라, 인간다운 사람이 되는 것이 중요했고, 타인과 함께 사는 사회에서 어떻게 사는 것이 잘 사는지가 중요했

여는 글

다. 그렇기에 공자는 일생에 걸쳐 배우고 익히고, 마음을 다스리고, 행동을 바로 하도록 자기를 돌보라고 했다.

어떻게 보면 철학이 다루는 다양한 주제가 자기 돌봄과 무관한 것처럼 보이지만, 사실 이런 주제들 역시 자기 돌봄과 연관되어 있다. 다시 말해 아무 생각 없이 남들 따라서 살거나 그저 욕망에 휘둘려 하루하루를 보내는 것이 아니라, 정말로 어떻게 사는 것이 잘 사는 것인지 고민하고, 그렇게 살기를 원한다면 신, 존재, 진리, 인간, 윤리, 정의, 자유, 역사, 예술 등 철학에서 핵심적으로 다루는 주제들도 다 나를 돌보는 데 중요한 문제라는 것이다. 이 모든 주제는 내가 무엇을 하며 어떤 삶을 살 것인지뿐만 아니라, 결국 내가 어떤 존재가 되어 어떻게 살지를 성찰하는 데 실마리가 되기 때문이다. 그리고 이러한 주제를 얼마나 성찰하느냐에 따라 나의 삶은 구원에 이를 수도 있고, 진리와 함께하는 삶이 될 수도, 윤리적 삶이나 정의로운 삶으로 고양될 수도 있다. 그리고 예술을 통해 나의 삶에 아름다움을 선사할 수도, 자유를 통해 진정 내가 원하는 삶이 무엇인지 깨달을 수도, 역사의 진보를 위해 투쟁할 수도 있다.

아주 오래전에 읽은 대중 철학 서적에 소개된 일화가 있다. 산다는 것의 의미를 두고 고민하던 미국 청년의 이야기다. 이 청년은 왜 살아야 하는지, 무엇을 위해 살아야 하는지 인생의 의미에 대한 깊은 고민에 빠졌다. 그러던 중 티베트 산속에 인생의 의미를 깨달은 현자가 살고 있다는 이야기를 들었다. 미국에서 티베트 산속까지는 너무나 멀고 험난한 길이었지만, 청년은 이를 마다하지 않았다. 청년은 천신만고 끝에 156세나 되었다는 현자를 만났다. 정말 극적인 순간이었다. 청년은 인생의 의미를 물었고, 현자는 대답했다. 그 대답은 놀라웠다. "인생은 우물과 같다!" 청년은 이 말이 무슨 뜻인지 되물었지만, 현자는 "그럼 우물이 아니란 말이냐"라는 말을 남기고 유유히 사라졌다.

현자에게는 깨달은 바가 있었을 것이다. 그러나 깨달음은 쉽게 전달되지 않는다. 청년도 현자처럼 오랜 기간 수련했다면 이 말이 무슨 뜻인지 이해할 수 있었으련만 청년은 아직 그런 수준이 아니었다. 철학자들도 나름대로 깨달음을 얻은 사람이지만, 철학자들은 이 현자와 달리 이를 사람들에게 전달하기 위해 설명하고 논증한다. 그렇기에 철학자의 말이 어렵더라도 이해 불가능한 것은 아니다. 물론 인생을 돌보는 데 철학만이 도움을 주는 것은 아니다. 우리는 많은 사람으로부터 인생을 배울 수 있고, 누군가의 인생을 본보기로 삼을 수도 있다.

여는 글

남에게 배우기

로마 제국의 16대 황제이자 철학자인 사람이 있었다. 마르쿠스 아우렐리우스Marcus Aurelius(121~180)다. 그는 『명상록』이라는 책을 남겼다. 이 책은 놀랍게도 그가 이민족에 맞서 싸웠던 10여 년간의 원정 기간에 쓴 일종의 일기로, 삶과 죽음에 관한 그의 성찰이 담겨 있다. 아우렐리우스는 이 책의 첫 부분에서 자신이 타인으로부터 인생의 많은 것을 배웠음을 고백하고 있다. 그는 할아버지로부터 선량함과 온유함을 배웠고, 아버지로부터 겸손함과 남자다움을 배웠고, 어머니로부터 베푸는 법과 검소한 삶을 배웠고, 형제에게는 가족, 진리, 정의에 대한 사랑을 배웠고, 증조할아버지로부터는 배우는 데 돈을 아끼지 말아야 함을 배웠다. 아우렐리우스는 자기 가족에게 배우는 데서 그치지 않았다. 그는 노예 신분의 선생님으로부터 최소한의 것에 만족하는 법을 배웠고, 미술 선생님으로부터는 사람들의 솔직한 말에 귀 기울이는 법을 배웠고, 철학 선생님으로부터는 유창한 언변을 구사하는 사람의 말을 주의 깊게 듣고, 쉽게 동의하지 말아야 한다고 배웠다. 또한 아우렐리우스는 자신이 알고 지낸 수많은 사람에게 배웠다. 루스티쿠스로부터는 편지는 담백하게 써야 한다는 점을 배웠고, 아폴로니우스로부터는 철학을 알기 쉽게 가르치면서도 이런 재능을 아무것도 아닌 것처럼 여기는 법을 배웠고, 섹스투스로부터는 모범적인 가장의 모습을 배웠고, 알렉산드로스로부터는 어처구니없거나 황당한 말을 하는 사람을 재치 있게 깨우쳐 주는 법을 배웠고, 프론토로부터는 사람들에게 바쁘다는 말을 자주 하지 않는 것이 좋다는 것을 배웠고, 카툴루스로부터는 스승을 칭송하고 자녀를 사랑하는 법을 배웠고, 막시무스로부터는 한번 결심하면 절대 흔들리지 말아야 함을 배웠고, 그의 양아버지였던 피우스 황제로부터는 할 수 있지만 하지 않는 절제력을 배웠다.

아우렐리우스는 많은 사람으로부터 많은 것을 배웠지만, 그들과 똑같은 사람이 되거나 똑같은 삶을 살려고 한 것은 아니다. 그는 많은 사람으로부터 많은 것을 배우면서 자신의 삶을 검토했고, 그 누구와도 같지 않은 자기 자신만의 삶을 만들었다.

인생은 딱 한 번

누구에게나 인생은 한 번이다. 이미 인생을 살아 보고 또다시 사는 사람은 없다. 어떤 사람은 인생에 대한 고민 속에서 자신이 원하는 삶을 찾기도 하지만, 많은 사람이 아무 생각 없이 산다. 더 정확하게 얘기하면 흔히 사람들이 말하는 정해진 삶의 방식이 있기에 인생에 대해 별달리 생각하지 않고, 이른바 성공하고 출세하는 삶을 당연하게 좇는다. 물론 성공과 출세가 잘못된 것은 아니지만, 그렇다고 성공과 출세가 인생의 전부는 아니다. 더구나 그런 삶이 내가 진정으로 원하는 삶이며, 성공하고 출세하면 인생이 저절로 행복해질까? 성공과 출세가 부럽긴 하지만, 그런 삶이 곧 행복한 삶이 아니라는 것쯤은 누구나 안다. 그런데 흔히 사람들이 말하는 삶을 좇아 산다면, 이런 삶 속에는 내가 없다. 내가 고민해서 찾은 삶이 아니기 때문이다. 누구에게나 인생은 딱 한 번뿐이다. 그렇다면 나도 내가 원하는 삶을 살아야 하지 않을까?

그렇다. 이제는 내가 원하는 삶, 나 자신의 삶을 살아 보자! 한 걸음이라도 더 내가 원하는 삶에 다가가자! 내가 인생을 다시 산다면, 내가 원하는 삶을 살아야 잘 산다고 느낄 수 있지 않을까? 그러나 이런 삶이 결심만 한다고 이루어지는 것은 아니다. 지금까지 그저 사람들이 말하는 정해진 삶을 살아왔던 우리에게 인생을 다시 산다는 것은 결코 쉬운 일이 아니다. 그런데 이미 인생을 산 많은 사람의 경험과 삶에 대한 성찰이 우리에게 남아 있다. 역사상 수많은 사람의 인생이 기록되어 있고, 인생에 대해 고민했던 수많은 철학자의 저작도 남아 있다. 그리고 비록 허구지만 인생 역정을 보여 주며 진한 감동을 주는 문학 작품도 있고, 우리 주변을 보더라도 인생을 살 만큼 산 사람이 전해 주는 인생 노하우도 많다. 그렇기에 이 모든 것에서 내가 인생을 새롭게 사는 데 유익한 지혜를 배울 수 있다.

물론 이런 배움이 젊은 사람에게만 필요한 것은 아니다. 연령층에 따라 겪는 문제가 다르고, 나이 들면서 무엇을 하며 어떻게 살아야 할지 인생의 변화를 꾀하는 경우도 있다. 100세 철학자라 불리는 김형석은 60부터 70대 중반까지가 인생의 절정기라고 말한다. 나이 들면 몸은 늙지만, 마음까지 늙는 것은 아니다. 나이가 들면 사람이 성숙해지고, 젊어서 보지 못했던 것을 보게 된다는 말도 있다. 자기를 돌보는 데는 나이가 중요하지 않다. 나이가 많든 적든 잘 살길 원한다면, 지금부터라도 산다는 것의 의미나 내가 원하는 인생은 어떤 것인지, 이를 위해 무엇을 어떻게 해야 할지 스스로 성찰해 보아야 한다.

이 책은 자기를 돌본다는 것이 무슨 뜻이고, 왜 자기를 돌보는 것이 중요한지 이야기한다. 물론 돌봄의 뜻과 중요성을 이해하는 것도 중요하지만, 이보다 더 중요한 것은 어떻게 사는 것이 잘 사는 것이고, 어떻게 하면 잘 살 수 있는지 이런 문제에 대한 답을 찾는 것이다. 그런데 마음의 상처가 큰 사람에게는 자신을 치유하는 것보다 시급한 문제는 없다. 이 책에서는 어떻게 나를 치유하고 돌볼 것인지도 중요한 문제로 다룬다.

나는 이 책의 저자로서 이 모든 것이 합하여 독자 여러분이 상처받지 않고, 또는 상처받더라도 이를 극복하며 잘 사는 데 미력이나마 도움이 될 수 있길 바란다.

2025년 8월

문성훈

1

나를 치유하다

1. '나'를 돌보는 나

삶이 그대를 속일지라도 / 슬퍼하거나 노여워 말라 / 슬픔의 날 참고 견디면 / 기쁨의 날이 오리니 / 마음은 미래에 살고 / 현재는 늘 슬픈 것 / 모든 것은 순간에 지나가고, / 지나간 것은 다시 그리워지나니

이 구절은 러시아의 대표 시인 푸시킨의 시 「삶이 그대를 속일지라도」의 일부분이다. 우리나라 사람이라면 누구나 한 번쯤 들었음 직하고, 지하철 스크린 도어나 화장실 어딘가에 쓰여 있을 것 같은 명언이다. 나는 어렸을 적 이발소에 걸린 액자에서 이 구절을 처음 읽은 기억이 있다. 그만큼 이 구절은 우리에게 익숙하지만, 이 구절만큼 그 뜻을 새겨 보지 않고 그냥 흘려보낸 경우도 흔치 않다. 그런데 곰곰이 생각하면, 첫 문장부터 심상치 않다. 삶이 우리를 속인다고? 삶은 사람이 아닌데 어떻게 사람을 속일 수 있을까? 그렇다면 혹시 우리가 살면서 누군가에게 속은 경우를 말하는 걸까? 세상에 사기꾼도 많고, 거짓말쟁이도 많으니 살면서 남에게 한 번쯤 속아 보지 않은 사람은 없다. 그렇다면 차라리 "남

이 그대를 속일지라도 슬퍼하거나 노여워 말라."라고 표현하면 될 텐데 왜 "삶이 그대를 속"인다는 표현을 썼을까?

속는다는 것이 결과적으로 허위를 진실로 오인한다는 뜻이라면, 우리는 삶 자체에 속기도 한다. 내가 인생은 아름답다고 믿고 살았지만, 이와는 반대로 인생이 아름답지 않다면 인생을 오인한 셈이기 때문이다. 이런 경우 내가 삶 자체에 속았다고 말할 수도 있겠지만, 정확하게 말한다면 이런 경우 나를 속인 것은 바로 나다. 내가 인생이 아름답다고 믿지 않았던들 인생에 속을 리도 없기 때문이다. 이처럼 나를 속인 것이 바로 나 자신이라면, 인생이 아름답지 않다고 해서 내가 슬퍼하거나 노여워하기보다는 나 자신을 원망해야 한다.

그런데 따지고 보면 푸시킨의 시구절도 우리를 속이는 것일지 모른다. 지금은 내가 슬픔을 겪지만, 내일 기쁜 일이 생길 거라고 믿는다면 나는 어느 틈엔가 슬픔에서 벗어난다. 그러나 내일 실제로 기쁜 일이 생기지 않는다면 나는 나에게 속은 셈이 된다. "슬픔의 날 참고 견디면 기쁨의 날"이 오리라는 구절이나, "현재는 늘 슬픈 것"이고, 그래서 참고 견디며 살라는 말 역시 나를 속이는 걸지도 모른다. 현재가 늘 슬프다면 내일이 현재로 다가왔을 때, 그 현재도 슬플 수밖에 없다. 그래서일까? 미래의 기쁨을 위해 현재의 슬픔을 참는 것이 아니라, 이와 반대로 말하는 사람들도 있다. 이들은 현재의 행복이 미래의 행복을 좌우한다고 생각한다. 다시 말해 오늘 행복한 사람은 내일도 행복하지만, 오늘 불행한 사람은 내일도 불행하기 쉽다는 것이다. 고대 그리스 철학자 아리스티포스Aristippos(기원전 435~355)는 현재의 행복을 중시한다. 그에 따르면 인생은 짧고, 미래는 불확실하다. 그렇기에 미래에 생길지 모르는 불확실한 고통을 예방하기 위해 현재의 행복을 희생하지 말라고 한다. 한마디로 현재에서 행복을 구하고, 이를 내일로 미루지 말라는 것이다. 사실 '고진감래苦盡甘來'라는 말도 있듯이 우리는 현재에서 행복과 즐거움을 찾기보다는, 미래의 행복을 위해 현재의 고통을 선택하는 것이 일상화되어 있다. 그러나 꼭 그래야만 하는 것은 아니다.

물론 절망한 사람이 희망을 품고, 슬픔에 빠진 사람이 미래의 기쁨을 기대한다면, 절망과 슬픔에서 벗어날 수 있다. 그러나 절망한 사람이 절망할 이유가 없음을 알게 되거나, 슬퍼할 이유가 없음을 깨달을 때도 절망과 슬픔에서 벗어날 수 있다. 어떻게 보면 인생에서 가장 중요한 것은 인생에 대해 어떤 믿음과 생각으로 사느냐인 것 같다. 돈 많이 벌어 부자가 되면 행복할 거란 믿음을 좇아 한평생 산 사람이 있다. 그러나 현실이 이 믿음을 배반한다면, 이 사람은 그 슬픔과 노여움을 과연 감당할 수 있을까? 자식이나 배우자가 잘되면 자기도 행복할 거라고 믿으며, 자신의 꿈도 희망도 다 포기한 사람이 있다. 그런데 현실이 이 믿음과 다르다면, 이 사람은 과연 자신의 삶을 지탱할 수 있을까? 물론 이런 믿음을 다른 사람이 심어 줬을 수도 있지만, 그렇다고 그 사람이 나의 슬픔과 노여움을 대신해 줄 수 있는 것은 아니다. 오히려 나의 슬픔과 노여움에 더하여 그 사람에 대한 원망이 얹어질 뿐이다. 인생에 대한 믿음과 생각이 달라지면 말과 행동도 달라지고, 인생 자체도 달라진다. 우리는 인생에 대해 어떻게 생각하고 믿으며 살고 있을까? 의도한 것은 아니지만, 혹여 우리가 인생에 대하여 우리 자신을 속이지는 않았을까?

삶에 속은 파우스트

독일 최고의 문학가로 일컬어지는 괴테가 60여 년에 걸쳐 집필한 인생 역작이 있다. 바로 『파우스트』다. 이 작품은 인생에 절망한 파우스트라는 노학자에 관한 이야기다. 파우스트는 철학, 법학, 의학, 심지어는 신학까지 두루 섭렵했지만, 자기는 아는 게 아무것도 없다고 생각했다. 그는 이 세계의 근원이나 본질을 규명하고자 평생을 바쳤지만, 그저 잡다한 지식만 쌓았을 뿐 노년이 되어서도 깨우친 것이 없었다. 이런 파우스트에게 인생이 즐거울 리 없었고, 진리를 깨달았다는 자부심도 없었다. 또한 인간을 선도하고 개선하기 위해 가르칠 만한 것도 없었다. 더구나 그에게는 재산도 없고, 명예도 없었다. 파우스트는 이런 인생이라면 개라도 살고 싶어 하지 않을 거라고 한탄한다. 결국 파우스트는 더 이상 삶의 의미도, 살아야 할 이유도 찾을 수 없어 자살을 시도한다.

평생 학자로 살아온 사람이 파우스트처럼 자기가 원한 소기의 성과를 이루지 못했다면, 삶의 보람을 느끼기는커녕 회한과 절망에 빠지기 쉽다. 자신의 모든 것을 바쳤음에도 아무런 성과가 없다면 누구나 실망하기 마련이다. 그런데 파우스트는 단지 삶에 절망하는 데 그치지 않고, 너무나 절망한 나머지 인생을 저주하기까지 한다. 파우스트는 푸시킨의 표현처럼 삶이 자기를 속였다고 생각한다.

> 나는 그 모든 것을 저주하노라, / 내 영혼을 유혹하고 속여, / 이 슬픔의 동굴 속에 / 현란한 눈속임과 달콤한 말로 가두어 놓는 모든 것을! / 무엇보다도 우리의 정신을 옭아매는 / 드높은 목적을 저주하노라! / 우리의 감각에 몰려드는 / 현상들의 현란한 눈속임을 저주하노라! / 갖가지 꿈속에서 우리를 기만하는 / 명예니, 불멸의 명성이니 하는 거짓을 저주하노라! / 소유물이 (…) 우리에게 아양 떠는 것을 저주하노라! / (…) 저주하노라, 저 지고한 사랑의 은총을! / 저주하노라, 소망을! 저주하노라, 믿음을, / 저주하노라, 그 무엇보다도 인내심을!
>
> —요한 볼프강 폰 괴테, 『파우스트』, 장희창 옮김, 을유문화사, 2015

이런 파우스트의 넋두리를 들으면, 그는 욕망, 감각, 명예, 명성, 재산, 은총, 희망, 신앙 등과 같은 감언이설에 속아 '슬픔의 동굴'과도 같은 인생에 사로잡혀 평생을 오직 인내심 하나만으로 살았다고 생각한 것 같다. 그리고 이젠 자기가 참고 참으며 얻으려 했던 모든 것이 다 거짓이요, 헛된 것임을 깨달은 것 같다. 그렇기에 그는 절망한 것이다. 파우스트는 푸시킨의 시구처럼 슬픔의 날을 참고 견뎠지만, 푸시킨이 말한 기쁨의 날은 오지 않은 셈이다.

이렇게 절망에 빠진 파우스트는 세상을 알게 해 주겠다는 악마 메피스토펠레스를 만난다. 그리고 그의 제안을 받아들인다. 이제 파우스트는 평생 파묻혀 공부만 하던 골방을 떠나 악마의 도움으로 다양한 세상 경험을 하게 된다. 파우스트는 젊은 청년으로 변신해 그레트헨이라는 여성과 사랑을 나누는가 하면, 곤경에 빠진 황제를 구하고, 호메로스의 『일리아드』에 나오는 헬레나와 함께 살며 자식까지 낳았고, 황제로부터 하사받은 해안 지대를 개간하여 자유와 복락이 넘치는 지상 낙원을 건설하려 한다. 그리고 그는 이 새로운 땅에서 자유로운 백성과 함께 행복하게 살기를 꿈꾸며 생을 마감한다. 파우스트는 여기서 인생을 멈출 만큼 아름다운 순간을 발견한 것이다. 그리고 그는 자기를 사랑했던 그레트헨의 힘으로 천국으로 가는 구원까지 받는다.

파우스트가 세상 경험을 통해 세계의 근원이나 본질을 깨닫고 인생의 의미나 이유를 찾았는지, 만약 찾았다면 그것이 무엇인지 해석이 분분할 것이다. 그러나 그가 인생에 대해 잘못된 생각과 믿음을 갖고 있었다는 점을 깨닫고 후회와 절망에 빠졌지만, 세상 경험 후 이로부터 벗어났다는 점만은 분명하다. 파우스트는 끝없는 방황 끝에 결국 자기 길을 찾은 셈이다.

들장미 소녀 캔디

1970년대, 1980년대 인기를 누렸던 〈들장미 소녀 캔디〉라는 애니메이션이 있다. 주인공 캔디는 고아였다. 어려서부터 보육원에서 자랐고, 부잣집에 들어가 그 집 딸의 말동무로 살기도 하고, 어느 집 양녀가 되기도 했다. 캔디는 자신이 고아임이 드러날까 봐 괴로워했고, 사람들로부터 학대와 괴롭힘도 당했다. 그러나 캔디는 온갖 역경과 시련을 겪으며 수많은 날을 눈물로 지새면서도 용기를 잃지 않고 희망을 가졌다. 그리고 훗날 간호사가 되어 남들을 보살피며 살았다. 이 애니메이션의 주제가에는 캔디가 온갖 역경과 시련을 이겨 낼 수 있었던 슬픈 사연이 담겨 있다. "외로워도 슬퍼도 나는 안 울어. 참고 참고 또 참지, 울긴 왜 울어. 웃으면서 달려 보자 푸른 들을, 푸른 하늘 바라보며 노래하자. (…) 나 혼자 있으면 어쩐지 쓸쓸해지지만, 그럴 땐 애기를 나누자. 거울 속의 나하고. 웃어라, 웃어라!" 이런 노래 가사처럼 캔디가 자신의 처지에 절망하지 않고, 남들의 학대와 괴롭힘도 이겨 낼 수 있었던 것은 자기를 사랑했기 때문이다. 거울을 보며 웃었고, 거울 속에서 자기를 보며 웃어 주는 자신 때문에 또 웃을 수 있었다. 캔디에게 '나'

는 자기를 사랑하고, 자기를 돌봐 주는 벗이었다. 이처럼 우리 자신을 지킬 수 있는 마지막 보루는 결국 우리 자신이다. 마음의 상처를 치유하는 정신과 의사나 심리상담사도 있지만, 내가 나를 돌보기 위해 이들을 찾지 않는다면 아무리 훌륭한 정신과 의사, 심리상담사라 하더라도 아무런 역할도 하지 못한다. 이런 점은 의사도 마찬가지다. 몸의 병은 의사가 고치지만 의사를 찾는 것도 나요, 의사의 처방을 따르는 것도 나다. 그렇기에 내가 나를 돌볼 생각이 없다면 의사가 있다 한들, 의사가 내려 준 처방이 있다 한들 무슨 소용이 있을까?

나는 과연 나를 사랑할까? 나는 이제껏 내 마음이 괴로울 때 누구보다 먼저 나 자신을 위로한 적이 있을까? 더구나 나 스스로 내 인생을 살피며, 내가 진짜 원하는 것이 무엇인지 물어본 적이 있을까? 내가 나에게 진실하지 못하면 내가 절실히 원하는 것이 무엇인지 알 수도 없고, 내가 무엇을 해야 할지, 나에게 가장 좋은 인생이 어떤 것인지 알기도 어렵다. 무엇보다 내가 나를 돌보기 위해서는 먼저 나를 사랑해야 한다. 비록 거울 속에 비친 나라도, 나와 마주해 보자. 나에게 물어보고 대답하며 나와 대화해 보자. 내 마음에 상처가 있다면 나 자신을 위로하고, 어루만져 주자. 내 손으로 내 가슴을 토닥거려 주고, 두 손으로 나를 감싸 보자.

시간 회귀

인생을 다시 살고 싶을 때가 많다. 현재의 삶이 만족스럽지 못하거나, 내가 잘못 사는 것은 아닌지 회의가 들거나, 현재의 삶이 고통스럽기 때문이다. 어떤 사람은 자신이 살아온 50년 인생 중 49년이 후회스럽다고 말하기도 했다. 인생 자체를 잘못 살았다는 한탄이다.

TV 드라마를 보면 '시간 회귀'를 통해 이야기를 전개하는 경우가 있다. 시간을 거슬러 과거로 되돌아가 현재의 고통과 불행의 원인을 제거한다는 이야기다. 어쩌면 사람들은 이런 걸 원할지도 모른다. 과거로 되돌아갈 수만 있다면 지금 후회할 일을 애초에 저지르지 않을 테니까 말이다. 주가가 폭락해 전 재산을 날린 사람이라면, 과거로 가서 폭락하기 전에 주식을 미리 팔아 이런 사태를 막을 수 있다. 아니면 현재 폭등한 주식을 미리 사서 떼돈을 벌 수도 있다. 그러나 아무리 시간 회귀를 통해 현재의 고통과 불행의 원인을 제거해도 인생에 대한 우리의 믿음과 생각을 고치고,

우리의 말과 행동을 고치고, 인생을 새롭게 살지 않는다면, 다시 말해 우리 자신이 이전 그대로라면 지금껏 겪어 왔던 삶의 고통과 불행은 언제든 반복될 수 있다. 과거로 가서 폭등할 주식을 대량으로 샀다면 이 사람은 떼돈을 벌었겠지만, 이 돈을 모두 투자해 새로 주식을 산다면 또다시 전 재산을 날릴 수 있다. 아무리 시간 회귀를 통해 고통과 불행의 원인을 제거해도 이 사람의 사는 방식은 그대로이기 때문이다. 따라서 사람이 달라지지 않고, 사는 방식이 그대로라면 아무리 시간을 회귀시켜도 지금껏 겪어 왔던 삶의 고통과 불행은 언제든 반복될 수 있다.

사실 인생을 다시 사는 것이 실제로 가능하다고 보는 사람은 없다. 그건 그저 현재에 만족하지 못한 사람이 품어 보는 상상 속의 희망일 뿐이다. 그런데 지금부터 인생을 새로 산다면 어떨까? 살아온 날보다 살날이 많은 사람이든, 그렇지 않은 사람이든 앞으로 살날만이라도 제대로 산다면 그것도 다시 사는 인생이 아닐까? 지금부터라도 내가 달라지고, 내가 사는 방식을 바꿀 수 있다면 다시 사는 인생이 가능하다. 그러나 이런 변화는 갑자기 작던 키가 커지고, 없던 재산이 생기고, 아이큐가 멘사급으로 변하는 것을 의미하는 것이 아니다. 이런 변화는 가능하지도 않고, 설령 가능하더라도 이렇게 변화된 상태에서 내가 잘 살 거라는 보장은 없다. 키도 크고 돈도 많고 아이큐도 높으면 좋겠지만, 꼭 그렇다고 해서 행복한 것은 아니기 때문이다. 현재 나의 조건이 어떻든 나에게 가장 좋은 삶을 찾을 수 있고, 이에 맞게 나를 변화시킬 수 있다면 그것이 잘 사는 것이다.

2.   상처받는 존재

고흐는 40여 점이 넘는 자화상을 그렸다. 경제 사정 때문에 모델을 구할 수 없어서 그랬다고 한다. 고흐의 자화상 중에는 「파이프 물고 귀에 붕대를 한 자화상」(1889년)이 있다. 이 자화상은 고흐가 귀를 자른 후 치료차 병원에 입원했다가 퇴원한 후 그린 작품이다. 고흐는 왜 귀를 잘랐을까? 고흐가 귀를 자른 것은 자신과 함께 살며 작품 활동을 하던 그의 친구 고갱과의 갈등 때문이었다. 고흐는 이 시기에 불후의 명작으로 알려진 「해바라기」를 그렸다. 그리고 고갱은 이에 대한 반응으로 「해바라기를 그리는 반 고흐」라는 작품을 그렸다. 고흐는 여기서 묘사된 자기 모습을 보고 고갱이 자신을 조롱한다고 생각했다. 그 모습이 한심하게 느껴질 정도로 초라해 보였기 때문이다. 이 때문에 고흐는 고갱과 갈등하기 시작했고, 갈등이 극에 달하자 이를 참지 못한 고흐는 자기 귀를 잘라 버렸다.

고갱과의 불화는 단순한 갈등이 아니다. 고흐가 고갱이 자신을 조롱한다고 느꼈던 것은 자존감 훼손을 넘어 화가라는 자기 정체성 자체가 무너지는 체험이었을 것이다.

고흐에게 고갱은 자신이 가장 의지하던 친구이자, 자신을 인정한 유일한 동료였기 때문이다. 그런데 고흐는 왜 하필 귀를 잘랐을까? 아마도 자신의 정체성을 보호하기 위해 더 이상 조롱하는 말을 듣지 않겠다는 표현이었을지도 모른다. 그런데 고흐의 자화상에서 묘사된 고흐는 귀를 붕대로 감싸고 있다. 마치 자신의 상처를 보호하는 것 같고, 고갱과의 사이에서 더 이상 상처받지 않겠다는 결심 같기도 하다. 그렇다면 고흐는 자신의 상처를 치료하고 붕대로 감았듯, 마음의 상처도 치유했을까?

고흐의 자화상을 보면 그의 눈에는 언제나 불안감 같은 것이 담겨 있는 것 같다. 그리고 어떻게 보면 그 불안감에는 슬픔마저 겹쳐 있는 것 같다. 고흐는 어머니에게 사랑받지 못했다. 고흐의 어머니는 고흐를 출산하기 1년 전 같은 날에 고흐의 형이었을 한 아이를 사산했다. 어머니는 이런 상처 때문에 고흐의 생일날을 항상 고흐 형의 기일로 여겨 슬퍼했다. 어머니는 사산한 아들을 잊을 수 없어 그 이름을 동생에게 물려주기까지 했다. 그래서 고흐도 고흐의 형도 이름이 빈센트 반 고흐다. 어린 시절에 받은 상처는 평생을 간다. 물론 이 상처는 다른 사람을 통해 치유되기도 한다. 그러나 고흐는 가장 아끼던 친구인 고갱으로부터도 상처를 받았다. 이제 누가 이 상처를 치유해 줄 수 있을까?

자기의식과 마음의 상처

독일 철학자 악셀 호네트Axel Honneth(1949~)는 '인간은 상처 받는 존재'라고 말한다. 왜 그럴까? 이 말을 이해하기 위해서는 인간이 어떤 존재인지 잠시 살펴볼 필요가 있다. 인간은 배고프면 먹고, 졸리면 자는 본능적 존재가 아니다. 물론 인간에게도 식욕, 수면욕, 성욕 등 본능적 욕구가 있고, 인간 역시 이런 욕구를 충족하며 산다. 그러나 인간은 이런 욕구를 느낄 때 즉각적으로 행동하는 것이 아니라, 이런 욕구를 충족할지 말지, 충족한다면 어떻게 충족할지 길든 짧든 생각하고 결정한다. 물론 그렇지 않은 사람도 있겠지만, 대개의 사람은 그렇다.

이런 과정에서 중요한 역할을 하는 것이 '자기의식'이다. 인간은 타인과 함께 살면서 자신이 그와 구별되는 존재라고 생각한다. 그리고 인간은 다양한 인간관계와 이에 따른 역할과 의무, 사회적 규범과 가치, 개인적 신체, 욕구, 능력, 성격, 권리, 지위 등이 복합되어 각자 '나'라는 자아상을 형성하고, 이를 통해 자기가 누구인지 이해한다. 물론 사람마다 이 자아상이 분명한 사람이 있고, 그렇지 않은 사람도 있다. 자신이 어떤 사람인지, 어떤 사람이 되고 싶은지, 혹은 어떤 사람이 되어야 하는지, 이른바 자기 성찰을 잘하는 사람은 '나'라는 자아상도 분명하지만, 자신에 대한 성찰 없이 그저 되는 대로 사는 사람은 '나'라는 의식 역시 약하다. 더구나 자기와 관련된 다양한 요소를 종합하여 '나'라는 단일한 상을 만들어 내기란 쉬운 일이 아니다. 나와 관련된 많은 요소는 서로 화합할 수도 있지만, 때에 따라 대립할 수도 있기 때문이다. 자기 성찰은 이런 대립적 요소를 조정하면서 '나'라는 통합된 자아상을 형성하는 데 필수적이다. 따라서 자기 성찰을 잘하는 사람은 그만큼 '나'라는 자아상이 점차 통일된 형태를 갖춘다.

어쨌든 사람들이 '나'라는 말을 사용하며 행동하는 한, 여기에는 항상 '나'라는 자아상에 대한 의식이 전제되어 있고, 이 '나'라는 의식은 우리가 생각하고 판단하고 행동하는 데 중대한 영향을 미친다. 물론 '나'에 대한 의식이 내 생각과 판단과 행동을 항상 일관되게 정하는 것은 아니다. 나는 부지불식간에 타인의 말에 현혹될 수도 있고, 욕망에 휘둘릴 수도 있고, 본능의 노예가 될 수도 있다. 그러나 이런 자신을 후회하고 반성한다면, 그것은 자신에게 '나'라는 의식이 있기 때문이다. 이런 점에서 흔히 철학자들은 이상적 의미에서 인간의 삶은 단순한 생명 연장 현상도 아니고, 본능에 따라 사는 것도 아니고, '나'라는 의식, 즉 '나'라는 자아상을 실현한다는 의미에서 '자아실현'으로서의 삶이라고 말한다.

그런데 자기의식 내지 '나'라는 의식은 타인과 다른 자기 자신을 인식할 때 형성될 뿐만 아니라, 타인의 긍정이나 긍정적 평가가 있어야 유지될 수 있다. 타인이 내가 생각하는 '나'를 인정하지 않거나 부정적으로 평가한다면, 나는 그와의 관계에서 '나'라는 자기의식에 따라 살기가 어렵기 때문이다. 물론 타인 역시 마찬가지다. 타인도 나로부터 자기가 생각하는 자아상에 맞는 대우를 받지 못한다면, 사실 그의 자아상은 아무런 의미가 없다. 나는 내 딸의 아빠라고 생각한다. 그리고 나는 이런 '나'에 관한 의식을 갖고 딸을 대한다. 그러나 내 딸이 나를 아빠로 인정하지 않는다면, 나는 딸에게 아빠로서 행동하기 어렵다. 이런 경우 아무리 호적상 내가 아빠라고 해도 나와 딸은 사실상 부녀 관계라 말하기 어렵다.

한때 인터넷상에서 화제가 됐던 시가 있다. 초등학교 2학년 학생이 쓴 「아빠는 왜?」라는 시다. "엄마가 있어 좋다. 나를 예뻐해 주어서 / 냉장고가 있어 좋다. 나에게 먹을 것을 주어서 / 강아지가 있어 좋다. 나랑 놀아 주어서 / 아빠는 왜 있는지 모르겠다." 이렇게 아이는 아빠의 존재에 의문을 제기한다. 이처럼 내가 아무리 아빠라 생각해도 내 어린 자식이 내가 자기 아빠라는 점을 긍정적으로 의식하지 못한다면, 사실 아빠라는 나의 자기의식은 아무 의미가 없다. 그런데 문제는 이렇게 자기의식을 인정받지 못하고, 오히려 부정당할 때 나 자신에게 어떤 결과가 초래되느냐다. 타인과의 관계에서 자기의식을 부정당한다는 것은 사실 자기 존재 자체가 부정당하는 것과 같다. 내가 자기의식에 따라 살 수 없다면, 나는 더 이상 내가 생각하는 '나'가 아니기 때문이다. 이런 점에서 인간에게 자기의식의 부정은 자아실현으로서의 삶 자체를 불가능하게 만든다. 내가 자식으로부터 아빠임을 부정당한다면, 아빠로서의 인생은 없다. 더구나 이런 상태가 지속되면 삶의 의욕마저 잃을 수 있다. 이런 점 때문일까? 사람들은 자기의식을 부정당하면 심리적 충격을 받게 되고, 그것이 치유되지 못하면 마음에 상처를 입는다.

신체적, 이성적, 개성적 자아

그런데 사람들의 자기의식은 다양하다. 그리고 한 개인의 자기의식에도 많은 요소가 복합되어 있다. '나'는 개인적으로 다양한 특징을 갖고 있고, 다양한 관계에서 서로 다른 정체성을 부여받기 때문이다. 이 책의 저자인 나는 인간일 뿐 아니라 남자이며, 정치적으로는 민주주의자고, 자식에게는 아빠요, 배우자에게는 남편이요, 직장에서는 교수요, 누군가에게는 선배나 후배, 친구이고, 단골손님이고, 이웃 사람이고, 대한민국의 국민이다. 이런 수많은 정체성이 합쳐져 '나'라는 자기의식을 형성한다는 점에서 나의 자기의식이 유지되기 위해서는 내가 만나는 수많은 사람의 긍정 혹은 긍정적 평가가 필요하다. 그러나 항상 어디서나 나의 자기의식이 인정되는 것은 아니다. 따라서 자기의식을 둘러싼 갈등과 마음의 상처는 언제 어디서든 발생할 수 있다.

하지만 사람마다 자기의식이 다르고, 자기의식의 내용이 다르더라도, 모든 사람에게 공통된 요소가 있다. 즉 인간은 하나의 생명체로서 신체를 통해 존재한다. 그리고 인간은 사고하고 판단하는 이성적 존재라는 보편성을 가지며, 이런 점에서 인간은 다 같은 인간이다. 그러나 인간은 각기 다른 특성을 갖는다는 점에서 또한 타인과 구별되는 개성적 존재다. 이런 점에서 인간의 자기의식은 공통적으로 신체적 자아, 이성적 자아, 개성적 자아에 대한 의식으로 구성되어 있다. 따라서 모든 인간은 자기 자신이 신체를 가지고 있고, 이성과 개성을 가진 존재라고 생각하며, 자기가 이런 존재로 살기 위해 타인 역시 자기의 신체, 이성, 개성을 긍정하거나 긍정적으로 평가해 주길 기대한다. 그러나 이런 기대와는 정반대로 타인으로부터 이런 자기의식을 인정받지 못하면, 해당 당사자는 자기 존재 자체가 부정됨은 물론 자기의식에 따른 삶 자체가 훼손되는 충격적인 경험을 하게 된다. 그리고 그 결과 마음에 상처를 입는다.

예를 들어 누가 나를 때렸다. 이런 경우 신체적 고통을 느끼지만, 이것 말고도 마음에 상처를 입는다. 왜 그럴까? 인간은 누구나 신체를 가지고 있고, 자기 신체를 움직이며 자신의 욕구를 충족한다. 그래야 인간은 생존할 수 있다. 이런 점에서 인간이 가지고 있는 자기의식, '나'에 대한 의식을 형성하는 가장 기본적 요소는 내가 신체적 존재라는 의식이다. 인간에게 신체가 없다면 인간 자체가 존재할 수 없고, 다양한 인간관계나 개인적 욕구, 능력, 성격, 권리, 지위 등도 신체가 있기에 가능하기 때문이다. 그런데 누가 나에게 물리적 폭력을 행사한다면 그것은 이런 신체적 존재로서의 자기의식을 부정한 것이나 마찬가지다. 내가 타인에게 폭력의 대상이 되는 순간 나는 내 신체를 마음대로 움직이며 욕구를 충족시킬 수 없기 때문이다. 이런 점에서 폭력은 신체적 자아 자체에 대한 부정이자, 나의 삶을 훼손하는 행위다.

이와 마찬가지로 내가 이성적 존재라는 자기의식을 부정당해도 마음에 상처를 입는다. 누구나 성인이 되면 투표권을 부여받는다. 그런데 다른 모든 성인에게 부여된 투표권이 나에게만 부여되지 않는다면 나는 당황할 것이다. 더구나 그 이유가 나에게 합리적으로 사고하고 판단하는 최소한의 이성적 능력이 부족하기 때문이라면, 아마 내 마음은 치명적인 상처를 입을 것이다. 나는 이성적 존재로서 얼마든지 합리적으로 사고하고 판단할 수 있는 존재라고 생각하는데 이를 부정당한다면, 이는 다른 사람과 나의 동등함 자체를 부정당한 것이기 때문이다. 비단 투표권만이 아니라, 모든 사회 구성원에게 보장된 보편적 권리가 나에게만 유보된다면 나는 다른 사람과 동등한 존재라는 자기의식을 가지고 삶을 영위해 가기 어렵다.

나는 또한 나만의 특성을 가지고 있기에 다른 사람과 구별되는 개성적 존재다. 그런데 누군가 나의 특성을 근거로 모임이나 집단에서 배제하거나 왕따를 시킨다면 나는 분노하지 않을 수 없다. 더구나 같은 학교나 직장 동료들 사이에서 누군가 나에게만 인사를 하지 않는다면, 나는 밤잠을 설치며 마음에 새겨진 상처 때문에 괴로워할지도 모른다. 우리 주변에서는 이런 일이 비일비재하다. 사람들은 내 고향과 사투리를 가지고 비아냥거린다. 때로는 내가 키가 작다고, 뚱뚱하다고, 아니면 나의 학벌, 재산, 부모의 직업 등을 빌미 삼아 나를 놀리고 조롱한다. 이럴 때 정신적 충격은 물론 마음의 상처를 받지 않을 사람이 있을까?

무시와 인정

호네트는 이렇게 타인의 자기의식을 부정하거나 부정적으로 평가함으로써 마음에 상처를 입히는 행동을 타인에 대한 '무시'라고 말한다. 즉 타인의 자기의식을 부정하거나 부정적으로 평가하는 것은 그 사람을 무시하는 행동이라는 것이다. 그런데 이런 무시 행위가 마음에 상처를 입히고, 그 상처가 치유되지 않을 때 어느 틈엔가 무시당한 사람은 타인이 자기를 무시하듯 자기도 자기 자신을 무시한다. 이렇게 되면 무시당한 사람의 마음에는 깊은 상흔이 남아 삶 자체를 왜곡하게 된다. 즉 무시당한 사람은 심리적으로 괴로워하는 것은 물론이고, 열등감이나 자책감에 빠져 자신을 부정하거나 비하하고 자신을 학대하며 산다.

물론 무시당한 사람이 이렇게 자신에 대한 부정적 태도만 갖게 되는 것은 아니다. '배고픔은 견딜 수 있지만, 무시당하고는 못 산다'라는 말이 있듯이 무시당한 설움은 너무도 크다. 그리고 이 때문에 무시당한 사람이 느끼는 억울함, 울분, 분노도 크다. 이런 분노는 자신을 무시한 사람이나 사회로 향하고, 자신을 무시한 사람에 대한 복수심이나 자신을 무시한 사회에 대한 맹목적 불만으로 발전하기도 한다. 그러나 무시당한 사람들의 울분은 사회를 변혁하는 원동력이 되기도 한다. 이들은 자신을 무시한 사회에 맞서 자신을 인정하는 사회를 만들기 위해 '인정 투쟁'을 감행하기 때문이다. 노동자들이 임금 인상만을 위해서가 아니라, 자신을 무시하는 사회에 맞서 자신도 이 사회의 당당한 생산 주체임을 인정받기 위해 수행하는 투쟁이나, 여성도 남성과 동등한 존재임을 인정받으려는 여성 운동, 성적 소수자들이 성적 자기 결정권을 위해 투쟁하는 것 등이 이런 인정 투쟁에 해당한다.

이렇듯 타인에 대한 무시의 반대는 '인정'이다. 따라서 무시가 타인의 자기의식을 부정하거나 부정적으로 평가하는 것이라면, 그 반대인 인정은 타인의 자기의식을 긍정하거나 긍정적으로 평가하는 것을 말한다. 그리고 이렇게 타인으로부터 자기의식을 인정받는다면, 해당 개인은 자신에 대한 부정적 태도가 아니라, 긍정적 태도를 가지게 된다. 다시 말해 타인으로부터 인정받은 사람은 자기도 자신을 인정한다는 것이다. 그 결과 타인으로부터 인정받은 사람은 확고한 자기의식하에 자신감, 자존감, 자긍심 등을 갖고 적극적으로 신체적 욕구를 충족하고, 이성적 능력은 물론이고 개성을 발휘하면서 산다.

우리는 어떻게 살고 있을까? 타인으로부터 무시당하고 상처받으며 살고 있을까? 그리고 이 때문에 자신에 대한 부정적 태도 속에서 자기를 폄훼하거나 학대하며 살고 있을까? 아니면 내가 신체적 욕구를 충족하고 이성을 발휘하고 개성을 실현하는 존재라는 점을 인정받으며 긍정적 자기의식 속에 자신감, 자존감, 자긍심 등을 느끼며 살고 있을까?

3. 나를 인정해 준 사람

인간은 타인에게 무시당하면 마음에 상처를 입기 쉽다. 그리고 마음의 상처를 치유하지 못하면 마음에 상흔이 남는다. 그 상흔은 스스로 자신을 무시하고 부정하는 것이다. 아마도 인간이 당할 수 있는 무시 중에서 가장 치명적인 것은 타인이 자기 신체를 훼손하거나 강제적으로 장악하는 행위, 즉 폭력이다. 인간에게 신체가 없다면 존재 자체가 불가능하고, 야성이나 개성을 발휘하는 것 역시 신체가 있어야 가능한 일이기 때문이다. 가정 폭력이나 학교 폭력, 혹은 성폭력을 겪은 사람들은 치를 떨며 분노한다. 그리고 가해자에게 복수하려 한다. 자기가 당한 것보다 열 배, 백 배 더 큰 고통을 안겨 주겠다고 다짐한다. 그러나 어느샌가 폭행당한 순간의 기억은 자신에 대한 책망으로 이어진다. 오죽 못났으면 맞고 있었을까? 왜 맞서 싸우거나 대항하지 못했을까? 가해자는 내 몸을 훼손했지만, 이제 피해자인 나는 자기 마음을 훼손한다. 이것이 극심한 폭행 피해자가 겪는 '외상 후 스트레스 증후군'이다.

나의 라임오렌지 나무

『나의 라임오렌지 나무』는 브라질 최고의 작가로 평가받는 바스콘셀로스J. M. de Vasconcelos(1920~1984)의 자전적 소설이며, 우리나라에서는 1970년대 말 처음 소개된 이후 지금까지 꾸준히 읽히고 있다. 이 소설의 내용은 '제제'라는 어린아이가 가정 폭력을 당하고 살면서 마음에 상처를 입지만, 결국 자신의 상처를 치유하는 이야기다. 어떻게 이런 치유가 가능했을까? 이 소설에 나온 제제의 이야기는 다음과 같다.

제제는 매우 가난한 집의 아이였다. 아빠는 실직자였고, 엄마는 공장에서 일했다. 엄마는 허리를 다쳤어도 붕대를 감고 밤늦게까지 일만 했다. 제제도 궁핍한 살림 때문에 구두 닦는 일을 했다. 보통 제제는 맨발로 다녔다. 학교 갈 때는 신발을 아끼느라 학교 앞에서만 신었다. 크리스마스가 되어도 선물은커녕 맛있는 저녁 한 끼 먹기 어려웠다.

제제는 영특한 아이였다. 제제는 자기 또래에 비해 키가 아주 작았지만, 초등학교 다니기도 전에 스스로 글을 깨칠 정도로 똑똑했다. 학교에서도 공부를 제일 잘했다. 상상력도 뛰어나 라임오렌지 나무와 이야기하며 친구처럼 지냈다. 그리고 어른들 노래를 너무나 잘 따라 불러서 한번은 노래를 부르며 악보를 파는 사람과 듀엣으로 장사를 하기도 했다. 제제는 특히 말이 많았다. 호기심이 많아 묻는 것도 많고, 자기 생각도 많아 재잘재잘 말이 끊이지 않았다. 그래서 '주둥이'란 별명을 얻기도 했다. 그런데 제제는 장난이 심하고, 욕도 잘했다. 빨래가 잔뜩 걸린 줄을 끊어 놓기도 하고, 길바닥을 미끄럽게 해 사람들이 넘어지게 하기도 하고, 검은색 스타킹으로 뱀 모양을 만들어 임산부를 놀라게 한 적도 있다.

이 때문인지 사람들은 제제에게 사고뭉치, 망나니, 나쁜 놈이라고 욕을 해 댔고, 걸핏하면 때렸다. 아빠, 형, 누나에게 맞았고, 엄마한테 맞은 적도 있다. 심할 때는 형이 주먹으로 얼굴을 때려 피투성이로 만든 적도 있고, 아빠가 가죽 허리띠로 때리기도 했다. 어린아이의 장난을 너그럽게 봐줄 수도 있었겠지만, 사는 게 힘들면 사람들 마음도 강퍅해진다. 그래서 그런지 가족들은 별일 아닌 것에도 예민하게 반응했고, 제제의 심정은 헤아리지 않고 매부터 들었다.

제제는 어린 나이에도 이미 조숙해 남의 어려운 처지를 잘 이해했고, 도와주려는 고운 마음씨도 갖고 있었다. 크리스마스 때는 구두닦이로 돈을 벌어 아빠에게 담배를 사 드리기도 했다. 그러나 상습적으로 매를 맞고 학대받고 산다면 누군들 마음이 온전할 수 있을까? 어느덧 제제의 마음은 병들고 있었다. 그는 자신에 대해 자학적인 태도를 보였다. 제제는 자기가 나쁜 아이라고 말하고, 자기 몸속에 악마가 있다고 말하고, 태어나지 말았어야 할 아이라고 말한다. 그리고 가정 형편이 어려운 것도 자기 때문이라고 생각한다. 제제에게 자신은 악질, 개망나니였고, 이 때문에 기차에 뛰어들 생각까지 했다.

제제는 매를 맞거나 슬프거나 하소연할 길이 없을 때면 라임오렌지 나무를 찾았다. 그리고 이 나무한테 자신의 모든 것을 털어놓고, 자신을 위로하기도 했다. 그러던 중 혼자 사는 포르투갈 출신의 아저씨를 알게 된다. 그의 이름은 뽀르뚜가였다. 그는 자동차가 있고, 새장에 새도 키우고, 가사 도우미가 집안일을 맡아 하는 부유한 사람이었다. 제제는 뽀르뚜가의 자동차 뒤에 매달리는 위험천만한 놀이를 하다가 이 아저씨를 알게 되었고, 하루는 제제가 발바닥을 다친 것을 본 뽀르뚜가가 제제를 병원에 데리고 가 정성스럽게 돌봐 주었다. 그 후 제제와 뽀르뚜가는 아무도 모르는 비밀 친구가 되었다. 서로의 기쁨과 슬픔을 이야기하고, 서로 묻고 대답하며 서로를 이해하고 인정하게 되었다. 뽀르뚜가는 제제를 친아들처럼 사랑했고, 제제가 힘들 때 환한 미소로 안아 주었다. 제제도 뽀르뚜가를 아빠처럼 사랑했다. 허구한 날 매만 맞고 살던 제제는 뽀르뚜가에게서 사랑을 경험했고, 그를 가장 소중한 사람이라고 생각했다. 뽀르뚜가와 함께 있을 때면 가슴속에 행복의 태양이 빛나는 것 같다고 말하기도 했다.

그런데 불행하게도 이 둘의 관계는 오래가지 못한다. 뽀르뚜가가 기차 사고로 목숨을 잃었기 때문이다. 제제는 정신적 충격을 받았고 매일 토하고 열병에 시달렸지만, 결국 회복한다. 그리고 집을 떠나 어느 집 양자가 되어 살았다. 그런 제제는 훗날 어른이 되어 과거를 회상한다. "제게 사랑을 가르쳐 주신 분은 바로 당신이었습니다. 당신이 나에게 그림 딱지와 구슬을 주었듯이 지금은 제가 구슬과 그림 딱지를 나누어 주고 있습니다. 사랑 없는 삶이 무의미하다는 것을 알기 때문입니다."

제제의 이야기를 곰곰이 생각해 보면, 제제는 가정 폭력의 희생자였고, 이를 경험하면서 자신에 대해 부정적인 생각을 갖게 되었다. 신체에 가해지는 폭력은 단지 신체적 고통을 주는 데 그치지 않는다. 폭력은 나를 이루는 가장 중요한 요소인 신체에 대한 부정이다. 내가 누군가의 폭력에 완전히 사로잡히는 순간 나는 내 몸조차 마음대로 할 수 없는 완전한 무기력 상태에 빠진다. 나는 그 순간 아무리 항변해도 상대방에게는 일고의 가치도 없는, 철저히 무시당한 자신을 경험한다. 이런 감당할 수 없는 경험이 제제의 마음에 상처를 주었다. 그리고 폭력이 일상화되면서 제제의 상처는 치유되지 못하고, 마음에 깊은 상흔으로 남았다. 앞서 언급했듯이 제제는 자기가 나쁜 아이라고 생각하며 자신을 비하했다. 제제는 어느덧 기차에 뛰어들 생각까지 하며 자신을 학대했고, 집이 가난한 이유가 자기 때문이라고 생각하며 자신을 책망하며 살고 있었다.

인정을 통한 치유

그런데 제제는 이런 마음의 상처를 결국 치유했다. 제제가 정신과 의사나 심리상담사와 상담한 것은 아니다. 제제를 치유한 것은 뽀르뚜가와의 만남이었고, 이 만남 속에서 경험한 사랑이 제제의 상처를 낫게 했다. 뽀르뚜가는 제제의 말을 관심 있게 들어 주었고, 그의 진심에 공감했다. 제제에게 욕하지 말라고 충고도 했지만, 뽀르뚜가는 어떻게 어린 아이가 이 지경이 되었는지 이해하려고 했다. 그리고 뽀르뚜가는 환한 미소로 제제를 안아 주었다. 소설 속에서 자세히 묘사되지는 않지만, 아마도 제제는 뽀르뚜가를 통해 자기가 나쁜 아이도 아니고, 악마나 악질도 아니고, 태어나지 말았어야 할 사람도 아닌, 소중한 사람이라는 것을 체험했을 것이다. 다시 말해 제제는 뽀르뚜가를 통해 '인정'을 경험한 것이다. 제제는 신체를 갖고 태어나 신체를 통해 욕구를 충족하며 생명을 유지하는 존재임을 인정받았기에 그 앞에서는 모든 폭력이 사라졌다. 제제는 생각하고 판단할 수 있는 이성적인 존재임을 인정받았기에 그 앞에서는 자신 있게 자기 생각을 말하고, 자유롭게 행동할 수 있었다. 그리고 제제는 자신의 영특함만이 아니라, 풍부한 상상력, 호기심, 재잘거림, 장난기마저 인정받았기에 그 앞에서는 마음껏 자신의 개성을 발휘할 수 있었다. 제제는 다름 아닌 이 모든 것이 합해진 한 명의 소중한 인간으로 인정받으며 뽀르뚜가와 만난 것이다. 그렇다. 타인의 무시가 남긴 마음의 상처는 타인의 인정을 통해 치유된다.

그런데 인정이란 말은 오해를 낳기도 한다. 인정이란 말이 사용되는 맥락이 다양하고, 그 뜻도 다의적이기 때문이다. 인정이라는 말을 떠올리면 타인으로부터 우월성을 인정받으려는 욕구를 가장 먼저 생각하는 사람이 많다. 우리 주변에는 항상 자기와 남을 비교하고, 자기가 남보다 잘났다는 데 즐거움을 느끼고, 남들이 이런 점을 인정하지 않을 때 화내고 불쾌해하고 자존심 상해 하는 사람들이 있다. 이런 사람들은 대개 자기보다 못해 보이는 사람들을 만나면 이들을 한없이 무시한다. 어떻게 보면 이들은 이렇게 남을 무시하는 데서 쾌감을 느끼는지도 모른다. 그런데 사람들이 이렇게 자신과 남을 비교하기 시작하면, 사회적으로 서열화가 이루어진다. 가장 잘난 사람부터 가장 못난 사람까지 순위가 매겨지는 것이다. 그 비교의 기준은 소득이나 재산일 수도 있고, 학벌일 수도 있다. 서열화가 어떤 기준으로 이루어지든, 사람들은 자기보다 낮은 서열의 사람들을 무시하며 쾌감을 느낀다. 그러나 이렇게 남을 무시하는 사람 역시 자기보다 높은 서열의 사람들에게 무시당한다. 따라서 남을 무시하는 사람들은 대개 무시당한 설움을 다른 사람을 무시하며 분풀이하는 셈이다.

이 책에서 사용하는 인정이란 말은 무시의 반대말이며, 나와 마찬가지로 타인 역시 신체, 이성, 개성을 갖춘 존재라는 점에서 나와 동등한 인간일 뿐만 아니라, 나와 다른 인간임을 인정한다는 의미다. 이런 식의 인정은 사람들 사이에 서열을 만드는 것이 아닌, 동등한 관계를 만든다. 타인도 나와 마찬가지로 신체를 통해 욕구를 충족하고 생존을 유지한다는 점에서 동등한 존재이며, 또한 사리 판단을 할 줄 아는 이성적 존재라는 점에서도 동등하다. 물론 나의 개성과 타인의 개성은 다르지만, 그럼에도 각기 다른 개성을 인정한다는 것은 나와 타인의 개성 역시 동등한 가치를 지닌 것임을 인정한다는 뜻이다.

타인 속에서 나 자신으로 존재함

이런 점에서 인정이란 서로 다른 사람들이 서로에게 상처 주지 않고 함께 살 수 있는 방법이다. 더구나 인정이란 말의 철학적 의미를 되새겨 본다면 인정이란 타인에게 상처 주지 않는 행동일 뿐만 아니라, 타인을 자신처럼 생각하며 함께 사는 방법을 말한다. 독일의 근대 철학자 게오르크 헤겔 Georg Hegel(1770~1831)에 따르면, 인정은 '내가 타인 속에서 나 자신으로 존재'하게 하는 인간관계를 형성하기 때문이다. 내가 타인 속에서 나 자신으로 존재한다고? 이 말은 무슨 뜻일까? 내가 '타인 속에 존재'한다는 것은 내가 타인의 마음속에서 그와 하나가 되었다는 뜻이며, 그렇기에 타인은 자기 행동을 결정할 때 자기 마음속에서 하나가 된 나를 고려할 수밖에 없다. 그러나 비록 내가 타인의 마음속에서 그와 하나가 되었지만, 나는 여전히 그와 다른 존재다. 그렇기에 내가 타인의 마음속에서 그와 다른 '나 자신으로 존재'하는 게 인정 관계다. 따라서 타인은 자기와 마음속에서 하나가 된 나를 고려하지만, 자신의 관점에서가 아니라, 그와 다른 나의 관점에 서서 나를 고려한다.

뽀르뚜가가 제제를 인정한 방법은 제제를 사랑하는 것이었다. 그렇다면 사랑이란 상대방에게 어떻게 행동하는 것이기에 인정의 한 형태일 수 있을까? 내가 누군가와 사랑한다면, 우리 사이에는 '내가 타인 속에서 나 자신으로 존재'하는 관계가 형성된다. 예를 들어 누가 나를 사랑한다면, 내가 기쁠 때 그 사람도 기뻐하고, 내가 슬플 때 그 사람도 슬퍼한다. 그리고 그 사람은 기뻐하는 나에게 공감을 표하며 나를 더욱 기쁘게 하거나, 슬퍼하는 나를 위로하며 내가 슬픔에서 벗어나도록 애쓴다. 내가 뭔가 필요로 할 때도 마찬가지다. 내가 배고파하면 그 사람은 마치 자기가 배고픈 것처럼 열심히 음식을 만들어 내가 맛있게 먹도록 해 준다. 사랑이란 이처럼 서로 다른 사람들이 감정과 욕구를 공유하며 상대방이 잘되도록 상대방의 관점에 서서 배려하고 보살펴 주는 것을 말한다.

이렇게 인정을 통해 형성된 관계를 '내가 타인 속에서 나 자신으로 존재'하는 인간관계로 본다면, 사랑만이 인정에 해당하는 것은 아니다. 타인에게 나와 동등한 권리를 부여하는 것도 인정으로 볼 수 있으며, 타인에게 같은 집단의 소속원으로서 연대감을 표현하는 것도 인정으로 볼 수 있다. 타인에게 내가 가지고 있는 동등한 권리를 부여한다면, 비록 내가 나의 권리를 실현하는 데 몰두할 때도 나는 상대방의 권리가 훼손되지 않도록 내 행동을 규제할 뿐만 아니라, 그의 권리 역시 나의 권리처럼 잘 실현되도록 협력한다. 그리고 내가 어떤 사람을 같은 집단의 구성원으로 인정하고 그와 연대하려 한다면, 나는 이 집단 내에서 나의 역할을 수행할 뿐만 아니라, 그 역시 자기 역할을 잘 수행하도록 배려하고 보살펴 준다.

사람 찾기

이렇듯 타인의 인정은 여러 가지 유형을 통해 경험될 수 있으며, 그것이 어떤 것이든 인정 경험은 무시당한 사람이 겪은 마음의 상처를 치유한다. 우리가 타인으로부터 무시당하면 우리는 무시하는 사람에게 저항하고, 그가 사과하게 하든지, 그가 태도를 바꾸어 우리를 인정하게 할 수 있다. 한 사회의 제도나 관행 차원에서 무시 행위가 일어난다면, 동일한 무시를 경험한 사람들이 서로 연대하여 제도나 관행의 개혁을 요구할 수 있다. 과거 유럽에서 여성을 무시하여 참정권을 부여하지 않은 것이나, 미국에서 벌어진 흑인에 대한 차별 등은 바로 이런 제도나 관행을 통해 이루어진 무시 행위이며, 이에 저항하는 여성 운동이나 흑인 민권 운동을 초래했다.

그러나 제도와 관행이 바뀌어도 일상생활에서 무시 행위가 여전히 자행될 수 있으며, 다양한 인간관계에서 벌어지는 무시 행위는 사회적 제도나 관행과 무관한 것도 많다. 그렇기에 우리는 언제 어디서든 무시로 인해 마음에 상처받을 가능성이 있다. 이런 점에서 우리에게는 나 자신을 인정해 줄 사람이 필요하다. 아니, 서로를 인정하며 배려하고 보살필 사람이 필요하다. 그 사람은 나의 부모일 수 있고, 연인이나 친구일 수도 있다. 내가 내 마음의 상처를 치유하고자 한다면, 나를 인정해 줄 사람을 한 번쯤 찾아볼 필요가 있다. 그 언젠가 나에게 가슴 뿌듯한 인정 경험을 안겨 준 사람이 있다면, 그런 사람을 한 번쯤 찾아갈 필요가 있다. 나와 같은 마음의 상처를 받은 사람이 있다면, 한 번쯤 동병상련의 마음으로 그에게 다가갈 필요가 있다. 내가 존경하는 사람이 있다면, 한 번쯤 그에게 나의 사연을 털어놓을 필요가 있다.

4. 마음의 상처에서 인생의 방향을 찾다

몸에 상처가 나면 아프지만, 마음에 상처가 나도 아프고, 상처가 치유되면 아픔도 사라진다. 그런데 몸을 치유하는 것과 마음을 치유하는 것에는 다른 점이 있다. 똑같이 고통을 없애는 작업이지만, 마음의 상처를 치유하면 단순히 상처받기 이전 상태로 돌아가는 것이 아니다. 마음의 상처가 치유되면 나는 더 강해지고, 성숙해진다. 그래서일까? 사람들은 "아픈 만큼 성숙해진다."라고 말하곤 한다. 물론 이 말이 성숙해지기 위해서는 아파야 한다는 뜻으로 읽힐 필요는 없다. 자칫 상처가 치유되지 못하면 마음에 깊은 상흔을 남기기 때문이다.

정신분석학의 창시자인 지그문트 프로이트Sigmund Freud (1856~1939)는 상처의 치유와 관련하여 '승화'라는 개념을 사용한다. 이는 간단히 말해 본능적 욕망이 좌절되면서 자아가 입은 상처를 치유하기 위해 그 욕망의 대상을 다른 것으로 대체하는 행위를 말한다. 예를 들어 남자아이가 어머니를 사랑하고 아버지를 증오한다는 오이디푸스 콤플렉스를 극복하는 과정에서 이런 승화가 일어난다. 프로이트에 따르면, 남자아이는 어머니와 자신을 동일시하며 항상 한 몸처럼 지내길 원한다. 프로이트는 남자아이의 이러한 욕망을 자기가 만난 최초의 여성인 어머니에 대한 성적 욕망이라고 말하곤 한다. 어머니 품 안에서 느끼는 감촉은 어린아이에게 최상의 안락감과 쾌감을 주기 때문이다. 그런데 남자아이는 어머니를 욕망하는 또 다른 남성인 아버지와 경쟁 관계에 놓이게 됨으로써 아버지를 증오한다. 하지만 자기보다 크고 강한 아버지에게 반항하면 아버지로부터 해를 당할 거라는 두려움 때문에 어머니에 대한 욕망을 포기한다. 그러나 최상의 안락함과 쾌감을 주는 어머니로부터 분리된 채 혼자 남게 되는 것은 고통이며, 이 때문에 남자아이는 심리적인 상처를 입게 된다. 하지만 이런 고통은 역설적으로 자신의 경쟁자인 아버지를 통해 해소된다. 즉 남자아이는 자기가 증오하던 아버지와 자기를 동일시하고 아버지에게 복종하면서 아버지처럼 크고 강한 존재가 되어 훗날 어머니, 즉 여성을 되찾고자 한다. 따라서 이제 남자아이의 마음속에는 자아가 복종하고 모방할 이상적 자아, 이른바 초자아超自我가 형성된다. 프로이트에 따르면 남자아이가 어머니로부터 분리된 고통을 견딜 수 있는 이유는 어머니를 대신하는 초자아를 만들어 냈기 때문이다. 다시 말해 어머니에 대한 남자아이의 욕망이 초자아에 대한 욕망으로 대체됨으로써 남자아이는 어머니로부터의 분리가 주는 고통에서 벗어난다는 것이다.

사실 남자아이가 오이디푸스 콤플렉스를 극복하는 과정에는 은연중에 아버지의 권위를 강조하는 가부장적 사고 내지는 남성 중심적 사고가 깊게 각인되어 있다. 남자아이가 만들어 낸 초자아는 아버지에게서 비롯된 것이며, 가부장 사회에서 아버지의 권위를 말해 주는 것과 다를 바 없기 때문이다. 이런 점에서 프로이트는 남자아이의 성장 과정을 아버지에 대한 복종 과정으로 설명한 셈이다. 그런데 사실 남자아이가 어머니를 욕망하는 것은 보살핌에 대한 욕망으로 일반화할 수 있다. 양육자가 여자든 남자든 양육자에게 신체적, 정서적 보살핌을 원하는 것은 남자아이든 여자아이든 어린아이의 공통된 현상이다. 그리고 어린아이가 이런 보살핌을 받지 못하고 장기간 방치되면 마음의 상처를 받는다. 영국의 정신분석학자로, '애착 이론'을 정립한 존 볼비John Bowlby(1907~1990)는 이를 '애착 손상' 현상이라고 말한다.

애착 손상이 어떤 상처를 남기는지는 『나의 라임오렌지 나무』의 주인공 제제가 잘 보여 준다. 가정에서 보살핌의 대상이 아닌, 폭력의 희생자였던 제제는 자신에 대한 부정적 의식에 빠져 항상 자기를 탓하고 학대하는 증상을 보였다. 볼비 역시 양육자로부터 보살핌을 받지 못한 어린아이는 자기에 대한 부정적 의식에 빠질 수밖에 없고, 이런 의식이 성인이 되어서까지 지속된다고 본다. 어린아이는 타인의 보살핌 없이는 생존할 수 없다. 따라서 양육자의 보살핌을 원하지만, 양육자가 자신의 보살핌 요구에 응하지 않을 때 슬픔은 물론 공포와 절망, 분노와 적개심까지 품게 된다. 그러나 자신을 보살필 양육자를 공격할 수는 없다. 이는 어린아이 스스로 생존 기회를 부정하는 것과 마찬가지기 때문이다. 그렇기에 양육자에게 품었던 반감은 고스란히 자기에게 향한다. 보살핌을 받지 못한 어린아이는 제제처럼 '나는 나쁜 아이야! 그러니까 나는 이렇게 버림받을 수밖에 없어.'라고 생각한다는 것이다. 이러한 마음의 상처는 양육자에게 받지 못한 사랑을 다른 누군가로부터 받게 될 때 치유의 길이 열린다. 제제처럼 말이다.

그런데 흥미롭게도 프로이트는 승화 개념을 예술 영역으로 확장함으로써 예술에 관한 그의 독특한 입장을 정립할 뿐만 아니라, 어린 시절 좌절된 욕망이 빚어낸 마음의 상처를 치유하는 방법으로 예술을 제시하기에 이른다. 프로이트는 예술 작품을 승화 개념이 말하는 '좌절된 욕망의 대체물'로 보기 때문이다. 즉 어린 시절 겪었던 좌절된 욕망을 형상화하는 작업이 예술이며, 이를 통해 창작된 예술 작품은 비록 좌절된 욕망의 직접적 대상은 아니지만, 대리 충족 대상이 됨으로써 이러한 욕망을 해소한다는 것이다. 따라서 욕망의 좌절로 생긴 마음의 상처 역시 이 욕망을 대신 해소해주는 예술 작품을 통해 치유될 수 있다. 사실 어린 시절의 좌절된 욕망, 그리고 이로 인한 충격과 고통이 무의식에 남아 있다면, 성인이 되어서도 이런 고통이 반복해서 나타난다. 어떤 경우에는 자꾸 고통스러운 과거의 일이 회상되고, 어떤 경우에는 꿈을 통해 과거의 고통스러운 경험이 반복해서 나타나기도 한다. 프로이트는 이런 '반복 강박' 현상을 어린 시절로 돌아가 좌절된 욕망을 충족하고 싶다는 무의식의 표현으로 본다. 이렇게 예술가가 어린 시절로 돌아가 그때 겪었던 욕망의 대상과 좌절, 이로 인한 고통을 되새기며 이를 하나의 작품으로 표현한다면 그 고통은 예술로 승화된다. 그런데 이는 비단 예술가에게만 해당하는 것이 아니다. 감상자 역시 예술가를 자신과 동일시하며 그의 작품 속에서 자신의 고통스러운 과거를 읽어 낼 수 있다면, 감상자 역시 자신의 좌절된 욕망을 해소할 수 있다.

1946년 노벨 문학상을 받았던 독일의 문학가 헤르만 헤세 Hermann Hesse(1877~1962)의 소설 『나르치스와 골드문트』는 비록 소설 속 주인공이지만 골드문트라는 한 소년의 성장 과정을 통해 어린 시절 입은 마음의 상처를 예술로 승화하는 감동적인 이야기를 담고 있다. 이 이야기의 줄거리는 다음과 같다.

골드문트는 청소년 시절 가톨릭 수도원 안에 있는 학교에 다녔다. 이 학교는 일반인도 다니긴 했지만, 졸업 후 사제가 되려는 사람을 위한 예비 학교였다. 골드문트가 이 학교에 입학한 것도 나중에 사제가 되기 위해서였다. 물론 골드문트 자신도 사제가 되길 원했지만, 이를 강하게 요구한 것은 아버지였다. 그 이유는 어린 시절 골드문트에게 마음의 상처를 남긴 슬픈 사연 때문이다. 이 사연은 골드문트의 어머니에 관한 것이다.

골드문트의 어머니는 춤추며 떠돌아다니는 집시 출신의 무용수였다. 아버지는 갖출 것 다 갖춘 부르주아 집안의 자제였지만 이 여인에게 반해 결혼까지 했다. 그러나 그녀는 춤추고 방랑하며 남자들과 어울리던 옛날을 잊지 못해 번번이 집을 나가더니 영영 사라져 버렸다. 이 때문에 분노와 수

치심, 지울 수 없는 충격에 빠진 아버지는 아들에게 집착하기 시작했다. 집을 떠난 그 여인과 모습은 물론 성품까지 너무도 닮았던 자기 아들이 어머니처럼 되지 않고, 어머니의 죄를 대속하도록 그의 일생을 하나님께 바치게 하겠다고 결심했다. 골드문트는 어머니 없이 유일하게 자기를 보살핀 아버지에게 순종하며 살았기에 아버지의 소망이자 명령을 거부감 없이 따랐다.

하지만 골드문트의 마음은 오래전부터 병들어 있었다. 그는 자기를 버린 어머니만이 아니라, 어린 시절까지도 잊어버리고 싶어 했다. 골드문트는 어머니에 대해 자세히 알지는 못했지만, 그 역시 아버지와 마찬가지로 집을 떠난 어머니 때문에 수치심을 느꼈기 때문이다. 그런데 알 듯 모를 듯한 어머니의 모습이 꿈을 꿀 때도, 몸이 아파 신음할 때도 문뜩문뜩 환영처럼 떠올랐다. 그는 자신을 버린 어머니 때문에 마음에 상처를 입었지만, 어머니를 그리워했던 것이다.

골드문트는 자신이 다니는 학교의 선배이자, 장차 사제가 될 나르치스와 교제하면서 자신을 되돌아본다. 나르치스는 사람의 마음을 잘 읽을 줄 알고, 사람의 영혼을 보살피는 것을 자신의 사명으로 생각하는 사람이었다. 나르치스는 골드문트를 괴롭히는 마음의 병을 알아챈다. 그리고 그는 꽃향

기나 아침에 떠오르는 태양, 말의 힘찬 약동이나 새의 비상과 노랫소리, 이 모든 것에서 감정을 느낄 줄 알고, 이를 사랑하던 골드문트의 천부적 재능과 생명력을 발견한다. 나르치스는 골드문트가 이 세상과 담을 쌓고 금욕의 길을 가는 사제의 삶에 적합하지 않다고 생각한다.

나르치스 때문일까? 아니면 그를 통해 자신을 발견했기 때문일까? 골드문트는 수도원을 떠나, 길고 긴 방랑길에 오른다. 그러나 골드문트는 나르치스가 생각했던 천부적 재능과 생명력을 발휘하러 떠난 것이 아니다. 직접적 계기가 된 것은 들판에서 우연히 아리따운 여인을 만난 일이었다. 골드문트는 이 여인에게서 어머니를 보았고, 자신을 부르는 어머니의 목소리를 들었다. 그리고 그는 수도원을 떠나 어머니의 목소리가 들리는 곳으로 가야만 한다고 결심했다. 골드문트는 산을 넘고 들을 지나고 구름을 벗 삼아 이 농장에서 저 농장으로, 이 마을에서 저 마을로 떠돌아다녔다. 배가 고프면 나무 열매를 먹거나 민가에서 일해 주면서 얻어먹었고, 잠이 오면 풀밭 위나 남의 집 헛간에서 눈을 붙였다. 그러면서 그는 마치 그리운 어머니의 품에 안기려는 듯, 어머니로부터 버림받은 외로움을 달래려는 듯 여러 여인을 만나며 사랑을 나누고 또 헤어졌다.

1부 나를 치유하다

그런 가운데 우연히 들어간 어느 수도원에서 그는 나무로 만든 성모마리아상을 보게 된다. 푸른 옷자락과 부드러운 손길, 괴로워하는 입술, 자애로운 이마. 이 모든 것에 마치 영혼이 깃들어 있는 듯 생기 있고, 아름답고, 아무리 쳐다봐도 싫증 나지 않는, 바로 꿈과 환영 속에서 그토록 동경하던 어머니가 자기 앞에 있는 것 같았다. 단 한 차례의 경험이라도 영혼을 흔드는 순간 한 인간의 인생을 바꾸어 놓는다고나 할까? 골드문트는 성모마리아상을 만든 조각가를 찾아간다. 그리고 그의 제자가 되어 조각을 배운다. 그러나 골드문트가 직업적 조각가가 되고 싶은 것은 아니었다. 조각가로 살면 돈과 명예는 물론 안정된 생활을 누릴 수 있겠지만, 그는 여전히 자기를 부르는 어머니의 목소리를 떨쳐 버릴 수 없었다. 골드문트는 다시 방랑길에 오른다.

예전처럼 그는 많은 일을 겪고 여러 여인과 사랑을 나눈다. 그러나 이런 방랑도 결국 끝을 보게 된다. 골드문트도 나이가 드니 방랑 생활이 헛되게 느껴져 안정적 삶을 택한 것일까? 우여곡절 끝에 그는 나르치스가 있는 수도원으로 돌아간다. 그리고 골드문트는 평생 자기를 마음속에서 부르던 어머니의 모습을 조각으로 만들기 시작한다. 마치 이를 통해 어머니와 만나고, 그리움이 남긴 상처를 치유하려는 듯

조각상에 매달린다. 하지만 이제 그가 마음속에 그리는 어머니의 모습은 그 옛날 환영처럼 떠올랐던 그 모습이 아니었다. 골드문트가 방랑하며 겪었던 수많은 사건, 그리고 그가 사랑을 나누었던 여인들이 다 어머니였다는 듯, 이 모든 것이 합해져 만들어진 어머니의 모습은 골드문트만의 어머니가 아니라, 모든 사람의 어머니, 인류의 위대한 어머니, 성경에서 말하는 이브였다.

골드문트는 끝내 조각상을 완성하지 못한다. 방랑 중 입었던 부상이 악화돼 결국 죽음을 맞이하게 되었기 때문이다. 골드문트는 어머니가 자기를 죽음으로 인도한다고 말하며, 마치 죽어서 위대한 어머니를 만나기나 할 것처럼 편안히 눈을 감는다.

이렇게 골드문트는 자기를 버린 어머니지만, 그토록 그리워하던 어머니를 조각상으로 승화하면서 어머니가 자신에게 남긴 마음의 상처를 치유한 것 같다. 어머니에 대한 열정은 조각에 대한 열정으로 대체되었고, 조각상을 통해 어머니와 만나고 화해하면서 이젠 마음의 고통도 내려놓을 수 있었다. 이 조각상의 모습은 골드문트 어머니의 모습만이 아니라 모든 어머니의 모습을 합쳐 놓은 것과 같았다. 따라서 골드문트만이 아니라, 어머니로부터 버림받은 상처가 있는 사람이라면 이 조각상을 보고 골드문트처럼 마음의 상처를 치유할 수 있을지도 모른다. 그런데 어머니 조각상은 완성되지 못했다. 아니 완성할 필요가 없었는지 모른다. 골드문트는 어머니 조각상을 만들면서 이미 어머니를 만났고, 그 아픔도 치유되었기 때문이다. 하지만 어머니 조각상만이 어머니의 승화는 아닐 것이다. 골드문트에게 어머니는 상처의 근원이지만, 어머니에 대한 그리움은 이미 그의 마음속에서 이상理想을 만들어 냈고, 이 이상이 그의 삶을 평생토록 이끌어 온 것이다. 아마도 골드문트처럼 어머니에게 버림받은 상처는 아니더라도 인생을 살면서 입은 마음의 상처가 각자 자기 인생을 이끌어 줄 어떤 이상이나 목표로 승화된다면, 그 상처가 치유됨은 물론 자기 인생도 방향을 찾을 수 있다.

5. 마음의 문제 해소하기

인생은 다양하다. 인생의 목표가 다르고, 인생을 사는 방식도 다르기 때문이다. 그러나 어떤 삶을 살든 항상 즐겁고 좋은 일만 겪는 것은 아니다. 때때로 화도 나고, 우울하고, 슬프고, 스트레스도 쌓이고, 그냥 기분이 안 좋기도 하다. 그러나 시간이 지나면 마음도 풀리고, 기쁜 일도 생기고, 다른 데 신경 쓰느라 어느덧 다 잊기 마련이다. 산다는 것이 항상 평탄한 길로만 가는 것은 아니며, 언덕길도 있고, 내리막길도 있고, 굽이굽이 산길도 있다. 정말 죽을 것처럼 힘들 때도 있지만, 어느 틈엔가 다 벗어던지고 '참, 그런 일도 있었지'라며 회상하기도 한다. 누구나 이러면서 한평생을 산다. 하지만 괴로울 때는 정말 괴로운 심정에서 벗어나기 어렵고, 슬플 때는 나를 슬프게 한 일들이 뇌리에서 사라지지 않는다. 그리고 이런 감정이 해소되지 않으면 마음의 병도 생기고 몸도 탈이 난다.

마음은 변한다

불교에는 경전 중심의 교종뿐 아니라, 참선을 중시하는 선종이 있다. 인도에서 중국으로 온 달마 대사가 그 시조고, 혜가 대사가 그의 제자다. 이런 선종 전통에서 전해져 내려온 화두를 모은 『무문관』 41칙을 보면 달마와 혜가가 나눈 유명한 대화가 나온다.

> "제 마음이 편하지 못합니다. 부디 편하게 해 주십시오." 혜가가 이렇게 달마에게 말하자, 달마가 대답했다. "마음을 가지고 오너라. 편하게 해 주마." 그러자 다시 혜가가 말했다. "마음을 찾아보았으나 끝내 찾을 수 없습니다." 이에 달마가 마지막으로 말을 맺는다. "이미 너의 마음을 편안하게 했느니라."

'달마 안심'이라는 제목이 붙은 이 대화는 말 그대로 달마 대사가 혜가의 마음을 편안하게 해 주었다는 이야기다. 그렇다. 아무리 마음이 편치 못해도, 편치 못한 마음이 어디에 있는지 찾아낸 사람은 없다. 그렇기에 찾을 수도 없는 마음을 찾느라 정신을 팔다 보면 정작 마음의 불편함을 다 잊을

지도 모른다. 더구나 내가 내 마음이 어디에 있는지 찾고 있다면, 이미 마음을 찾는 나는 내가 찾아야 할 마음과 분리된 셈이다. 따라서 나는 불편한 마음에서도 벗어난 셈이다. 그런데 그 불편한 마음이 어디에 있는지도 모르고 찾을 수도 없다면, 사실 그 마음이란 것도 다 허상 같은 것 아닐까? 따라서 허상 같은 마음 때문에 내가 불편해할 이유가 있을까? 이런 점에서 달마는 불편해하는 혜가의 마음을 제거함으로써 마음의 불편함에서 벗어나게 한 것이다. 달마는 문제를 해결한 것이 아니라, 문제를 문제 아닌 것으로 만들었다. 즉 그는 문제를 해소한 것이다. 사람들은 문제가 있을 때 괴로움을 느끼지만, 문제가 없다면 굳이 괴로워할 이유가 없다.

부처님에 관한 일화 중 아들을 잃은 여인에 관한 이야기가 있다. '키사고타미'라는 여인이 그 주인공이다. 그녀의 아들은 막 걸음마를 시작할 때 죽고 말았다. 세상에 아무리 고통스러운 일이 많다 해도 자식을 잃은 어머니의 마음처럼 슬프고 괴로운 것은 없을 것이다. 부처님은 이 여인에게 "사람이 죽은 적이 없는 집에 가서 겨자씨 한 줌을 얻어 오라."라고 했다. 그리고 그런 겨자씨를 먹이면 죽은 아들을 살릴 수 있다고 했다. 그래서 이 여인은 많은 집을 찾아다녔다. 그런데 어느 집에서는 아버지가 돌아가셨고, 어느 집에서는 할머니가 돌아가셨고, 어느 집에서는 남편이, 그리고 어느 집에서는 자식이 죽었다. 사실 그렇다. 어느 집이든 얼마나 오래전인지는 다르겠지만, 반드시 죽은 사람이 있다. 그 이유는 인간이면 누구나 다 죽기 때문이다. 이 여인은 여러 집을 다니면서 깨달음을 얻었다고 한다. '누구나 다 죽는다.' 사람만이 아니다. '이 세상에 영원한 것은 아무것도 없다.' 불교에서는 이를 '제행무상諸行無常'이라고 한다.

그렇다면 이 여인은 괴로움에서도 벗어났을까? 이 여인이 깨달음을 얻었다는 것은 마음의 괴로움에서도 벗어났다는 뜻이다. 그렇다. 누구나 죽는다는 사실을 순순히 받아들이면, 죽음으로 인한 마음의 고통에서 벗어날 수 있다. 세상의 이치를 터득하면, 그 이치에 따라 일어나는 일들을 보고 '일희일비'하지 않게 된다는 뜻이다. 우리도 사람은 누구나 죽는다는 것을 안다. 그래서 그런지 장례식에 여러 번 다녀 봤어도, 집에까지 와서 마음이 우울했던 경우는 많지 않다. 하지만 그냥 주변 사람이 아니라, 나 자신이 곧 죽을 것을 알게 된다든지, 아니면 내 자식의 죽음을 겪게 되면 마음의 충격이 크다. 그러나 이런 때에도 모든 사람은 결국 죽는다는 만고불변의 진리를 마음속에 새기고 이를 겸허히 받아들이면, 상심과 괴로움을 조금이나마 덜어 낼 수 있다. 사실 이런 경우도 문제를 해결했다기보다는 문제를 해소한 것에 가깝다. 자식이 죽어 괴로워하는 사람이 누구나 죽는다는 사실을 겸허히 수용한다 해도, 죽은 사람이 다시 살아나는 것은 아니기 때문이다.

마음대로 할 수 있는 것과 없는 것

그리스인이지만 로마에서 활동한 에픽테토스Epictetos (55~135)라는 철학자가 있다. 그는 흔히 후기 스토아학파의 대표자로 일컬어지기도 하지만, 놀랍게도 노예였다. 이런 에픽테토스가 전해 준 삶의 지혜는 자기 마음대로 할 수 있는 것과 마음대로 할 수 없는 것을 구별하라는 것이다. 그리고 마음대로 할 수 없는 것 때문에 괴로워하지 말라는 것이다. 그런 것은 어차피 내 마음대로 할 수 없으니 마음이나마 편안하게 갖자는 것이다. 나는 늙어 가고 죽음을 피할 수 없다. 그것은 내 마음대로 할 수 없는 자연의 원리다. 나는 돈을 많이 벌 수도 있고, 그렇지 않을 수도 있지만, 내가 원한다고 돈을 많이 벌 수 있는 것은 아니다. 나는 명예를 얻을 수도 있고, 그렇지 않을 수도 있지만, 명예를 얻는 것이 내 마음대로 되는 것은 아니다. 사회적 지위 역시 마찬가지다. 내가 높은 자리에 오르고 싶다고 해서 내 마음대로 되는 것은 아니다.

그러나 이 모든 것에 대한 내 생각과 판단은 내 마음대로 할 수 있다. 늙고 죽는다는 사실을 당연하게 여기면 내 마음이 크게 흔들리지 않지만, 이 사실을 당연하게 여기지 않으면 내 마음도 괴롭다. 돈이 많은 사람을 보고 그가 나보다 낫다고 생각하면 열등감에 사로잡혀 마음이 괴롭지만, 그가 나보다 나은 것이 아니라 그저 돈이 많을 뿐이라고 생각하면 굳이 열등감을 가질 필요도 없다. 이런 점에서 에픽테토스는 우리가 괴로운 것은 세상사 때문이 아니라, 이런 세상사에 대한 우리의 생각과 판단 때문이라고 말한다. 따라서 세상사 때문에 괴로워하기보다는 내 생각과 판단을 바꿔 보는 것이 중요하다. 다시 말해 마음의 평화를 얻기 위해서는 내가 원하는 대로 세상사가 일어나기를 바라지 말고, 이미 벌어진 세상사에 대한 생각과 바람을 바꾸라는 것이다.

이렇게 세상사를 생각과 판단의 문제로 돌리는 에픽테토스의 주장은 때때로 극단적으로 보이기도 한다. 예를 들어 누구나 폭력을 당했다고 생각하면 분노한다. 그러나 누가 나에게 욕하거나 나를 구타한다고 해서 반드시 분노할 필요는 없다는 것이다. 욕이나 구타가 그 자체로는 폭력이 아니고, 이를 폭력이라고 생각할 때만 폭력이 되기 때문이라는 것이다. 욕을 그저 시끄러운 소리로 여기거나 구타를 외부의 충격이라고 생각하면, 그건 욕도 아니고, 구타도 아니다. 이런 점에서 누가 나를 분노하게 만들었을 때조차, 실제로 나를 그렇게 만든 것은 내 생각과 판단이라는 것이다. 이렇게 세상사 모든 것을 마음먹기 나름이라고 생각한다면, 사실 나는 내면세계에서나마 완전한 자유를 누릴 수 있다. 세상사가 나를 괴롭게 만든다고 해서 내가 괴로워하는 것이 아니라, 내 마음을 내가 완전히 조절할 수 있다면 내 마음은 그 무엇에도 구속되지 않고, 그 무엇도 나를 괴롭게 만들거나 불행하게 만들 수 없기 때문이다. 아마도 에픽테토스는 비록 노예였지만, 마음만은 자유인이었을 것이다. 그의 주인이 그를 모욕하고 학대해도 그의 마음이 흔들리지 않았다면 말이다. 실제로 그의 주인이 그의 팔을 심하게 비틀자, 에픽테토스는 아주 편안한 마음으로 "주인님, 그렇게 하시면 팔이 부러집니다."라고 말했다고 한다. 그리고 그의 팔이 부러지자, 자기가 그렇게 될 것이라고 말하지 않았느냐고 담담하게 말했다고 한다. 누가 우리를 모욕하고 학대한다면 우리는 이에 저항할 수 있다. 우리는 노예가 아니라, 자유인이기 때문이다. 그러나 우리가 불가항력적인 일에 직면한다면, 이 때문에 괴로워하거나 불행해하기보다는 이러한 일에 대한 우리의 생각과 판단을 바꿀 필요가 있다.

일상의 집착

에픽테토스가 지적한 것처럼 자기로서 어쩔 도리가 없는 거창한 일은 아니지만, 우리가 일상적으로 겪는 괴로움 중 많은 것은 집착 때문에 생긴다. 사람들은 어떤 것을 자기 것으로 생각하면 이에 대한 집착을 보인다. 이것이 내 차라면 사람들이 내 차를 함부로 다루지 못하게 하고, 누군가 내 차를 폄훼하면 기분이 상하고, 내 차를 애지중지하며 온전히 보존하려고 하지만, 그렇게 되지 않을 때는 괴로움마저 느낀다. 물론 내 차 같은 물건은 아니지만, 자식도 나의 것, 나의 소유물처럼 생각할 때가 많다. 그렇기에 자식을 돌보고 애지중지하지만, 내 자식이 내 뜻대로 되지 않으면 분노하기도 한다. 집착의 대상은 많다. 사람들은 소유물은 물론 자식, 사회적 지위, 명예, 권력에도 집착한다. 물론 사람들이 소유물을 잘 관리하고, 자식의 성공을 빌고, 사회적 지위나 명예, 권력을 얻으려는 것 자체가 잘못은 아니다. 사람들은 이를 위해 노력할 수 있고, 성과가 있을 때 기뻐할 수 있다. 이런 것이 집착은 아니다. 집착하는 사람은 자신이 원하는 성과가 없을 때 이를 담담하게 받아들이지 않는다. 그리고 온갖 비정상적 방법을 동원해서라도 자신이 원하는 것을 얻으려 한다. 이것이 집착이고, 집착은 결국 자신을 망친다.

집착이 강해 괴로워하는 사람에게 "다 내려 놓으라!"는 말을 한다. '방하착放下着'! 집착하는 마음을 버리라는 뜻이고, 집착하는 대상에서 벗어나라는 뜻이다. 그러지 못하고 집착하면 괴로움만 짙어지고 가야 한다. 이 괴로움이 또 다른 괴로움을 낳는 괴로움의 악순환이 일어날지도 모른다. 영원한 나의 것, 내 뜻대로만 되는 나의 것이란 있을 수 없기 때문이다. 정호승 시인의 「산산조각」이란 시가 있다. 어떤 거창한 결단이 아니라, 일상생활에서 방하착의 마음으로 산다는 것이 무엇인지 잘 보여 주는 듯하다.

> 룸비니에서 사온 / 흙으로 만든 부처님이 / 마룻바닥에 떨어져 산산조각이 났다 / 팔은 팔대로 다리는 다리대로 / 목은 목대로 발가락은 발가락대로 / 산산조각이 나

/ 얼른 허리를 굽히고 / 무릎을 꿇고 / 서랍 속에 넣어 두었던 / 순간접착제를 꺼내 붙였다 / 그때 늘 부서지지 않으려고 노력하는 / 불쌍한 내 머리를 / 다정히 쓰다듬어 주시면서 / 부처님이 말씀하셨다 / 산산조각이 나면 / 산산조각을 얻을 수 있지 / 산산조각이 나면 / 산산조각으로 살아갈 수 있지

— 정호승, 『이 짧은 시간 동안』, 창비, 2021

불심이 깊은 사람이라면 깨어진 불상을 보고 마음이 아팠을 것이다. 그러나 불상이 부처님은 아니다. 부처님 탄생지인 룸비니를 여행하다 돈 주고 산 불상이니 아까운 생각이 들 수도 있다. 그런데 깨진 것도 아쉬운데 마음마저 상하면 좋을까? 불상을 산 까닭이 부처님의 뜻을 마음에 새겨 보자는 데 있다면, 온전한 불상이나, 산산조각 난 불상이나 부처님의 뜻을 새기는 데 충분하다. 오히려 산산조각 난 불상은 부처님의 뜻을 더 잘 새기도록 하는지도 모른다. 부처님은 집착하지 말라고 하지 않던가? 세상에 존재하는 모든 것은 다 '공空'이라고 말하지 않던가?

6. 괴로운 마음 다스리기

최근 자기 치유에 관한 서적이 많이 출간되고 있다. 이런 서적들은 대개 마음의 문제를 해결하는 방법에 주목한다. 그러나 그 해법이란 것이 대개 동어반복적인 경우가 많다. 열등감 때문에 마음이 괴로운 사람에게 제시하는 자기 치유 방법은 자존감을 가지라는 것이다. 이는 다르게 표현한다면 열등감 때문에 마음이 괴롭다면 열등감을 갖지 말라는 말과 같다. 그러나 이런 제안은 밥 안 먹으면 배고프고, 밥 먹으면 배부르다는 말처럼 공허하게 들린다. 마찬가지로 절망한 사람에게 희망을 가지라는 말이 고맙긴 해도 이것이 절망에서 벗어날 방법으로 제안된 것이라면 이 또한 공허하다. 이 말을 들은 사람은 이제 희망을 갖게 되었다기보다는, 희망을 가지려면 무엇을 어떻게 해야 할지 고민해야 하기 때문이다. 물론 몸에 열이 날 때 해열제를 먹으면 열이 내리듯이, 마음이 괴로울 때 어떤 행동을 취하면 바로 괴로움이 사라지는 해결책은 없다. 하지만 자기 치유에 관한 서적들이 마음이 괴로울 때 내가 나의 마음을 어떻게 다스리면 좋을지 이에 관한 '노하우'조차 제시하지 못하는 것은 아니다. 이런 서적들에서 발견할 수 있는 공통된 노하우는 자기 마음이 왜 그런지 이해하려 해 보라는 것이다.

우리에게는 괴로울 때가 많다. 화가 나서 괴롭고, 슬퍼서 괴롭고, 불안해서 괴롭고, 우울하거나 스트레스받아서 괴롭다. 그런데 우리는 이렇게 마음이 괴로울 때 그 이유에 대해 곰곰이 생각해 보지 않는 경우가 많다. 그리고 설령 그 이유를 알더라도 그것이 합당한 것인지 헤아려 보지 않는다. 마음이 괴로우면 이를 그저 당연하게 생각하기 때문이다. 그리고 바로 이 때문에 마음이 괴로울 때 떠오르는 온갖 망상에 사로잡혀 이를 곧이곧대로 믿는다. 이렇게 되면 우리는 자기 자신으로부터 거리를 유지하며, 자기 생각이나 감정을 냉정하게 성찰할 수도 없고, 왜 괴로워하는지 자기 마음을 이해하지도 못한다. 그 결과 마음이 괴로워도 자기를 위로하기 어렵고, 그 해법을 찾기도 어렵게 된다.

예를 들어 중학교 다니는 아들이 공부는 안 하고 게임만 하는 것을 본 어머니는 순간 치밀어 오르는 화를 참지 못하지만, 왜 화가 나는지 그 이유에 대해 생각해 보지 않는다. 화가 난 것을 너무나 당연하게 생각하기 때문이다. 누군가 실연당해 괴로워한다면, 이 사람에게 왜 괴롭냐고 물어보기는 쉽지 않다. 실연당하면 괴롭다는 것은 누구나 아는 사실이라고 생각하기 때문이다. 그리고 직장 상사한테 질책받아 스트레스받는다는 사람에게 그 이유를 묻는다면, 그 스트레스가 나를 향해 폭발할지도 모른다. 이런 사람 역시 자기가 스트레스받는 것을 당연하게 생각한다.

그러나 마음이 괴로울 때 그 이유에 대해 한번 생각해 보자. 마음이 괴로운 것이 꼭 당연한 것은 아니기 때문이다. 괴로움의 이유를 찾다 보면, 굳이 괴로울 이유도 없는데 자기가 괴로워하고 있다는 점을 깨닫게 될 때가 많다. 이렇게 되면 사람들은 괴로운 마음에서 벗어날 수 있다. 그리고 비록 괴로움이 당연해 보인다고 해도 그 이유를 따지다 보면 어느덧 마음이 차분해지고 그 해결책을 찾기도 한다.

괴로움의 원인 찾기

중학생 아들이 공부는 안 하고 게임만 한다고 화가 난 어느 어머니의 경우를 생각해 보자. 이 어머니가 화난 이유는 단지 아들이 공부를 안 하기 때문만은 아니었다. 이분의 남편은 현재 실직 상태인데, 새 직장을 찾지도 않고 매일 집에서 게임만 한다. 더구나 현재 이 어머니가 자기 월급으로 가족을 부양하는데, 남편은 설거지조차 하지 않는다. 어머니가 화나는 또 다른 이유, 아니 진짜 이유는 남편에게 있다. 아들이 게임하는 것을 보면, 남편이 게임하는 모습이 겹쳐 보인다. 실직 상태인 남편, 더구나 새 직장도 찾지 않고, 설거지조차 하지 않는 남편의 모든 것이 아들에게 투영되면서 이 아들도 나중에 남편처럼 되는 것은 아닌지, 그렇게 돼서 자기를 힘들게 하는 것은 아닌지, 이런 모든 생각이 어머니를 화나게 했던 것이다. 이렇게 보면 사실 어머니가 화난 근본적 원인은 남편이며, 이렇게 자기가 화날 때 왜 화나는지 그 이유를 곰곰이 생각해 보면 표면상 드러난 이유와는 다른 이유를 찾을 수 있다. 그리고 이런 이유를 찾게 된다면 이 경우에 아들은 화나게 한 장본인이 아닌, 어머니에게 화를 당한 피해자일 수도 있다. 따라서 이 어머니가 아들에게 화내서 미안하다고 사과하고, 게임 그만하고 공부하라고 조용히 타이르면 아들 문제도 해결될지 모른다. 물론 여전히 아들이 공부하지 않고 게임만 할 수도 있다. 그러면 왜 공부를 하지 않냐고 물을 수 있고, 아들이 공부하기 싫어서 게임만 한다고 대답하면, 그러면 뭘 하고 싶은지 다시 물을 수 있다. 그리고 만약 하고 싶은 것도 없다고 말하면, 이제 한번 하고 싶은 것을 찾아보자고 설득할 수도 있다. 이렇게 되면 어느 틈엔가 어머니와 아들 사이에는 아들의 장래에 대한 진지한 대화가 이어질 수 있다.

'자라 보고 놀란 가슴 솥뚜껑 보고 놀란다'라는 말이 있다. 같지는 않지만 비슷한 대상을 보면 연상 작용이 일어나 똑같은 반응이 나타난다는 것이다. 예전에 이런 연상 작용을 내용으로 한 노래가 있었다. 누가 따로 가르쳐 준 것도 아닐 텐데 어린아이면 누구나 아는 노래였다. "원숭이 엉덩이는 빨개, 빨가면 사과, 사과는 맛있어, 맛있으면 바나나, 바나나는 길어, 길으면 기차, 기차는 빨라, 빠르면 비행기, 비행기는 높아, 높으면 백두산" 이 노래의 결론은 원숭이가 백두산이라는 것이다. 이것은 논리적 추론이 아니다. 그러나 아무렇게나 지은 노래도 아니다. 어느 하나를 보면, 그 유사성 때문에 떠오르는 다른 하나를 연결한 것이다. 원숭이 엉덩이가 빨간 것은 사실이지만, 빨간 것이 다 사과는 아니다. 빨간 것 중에 사과가 있을 뿐이다. 다만 원숭이 엉덩이와 사과는 빨갛다는 유사성이 있기에 이 둘을 연결했다. 물론 빨간 것을 생각하면 왜 사과가 제일 먼저 떠오르는지는 개인의 경험 세계와 관련이 있다. 그러나 중요한 것은 우리 의식이 이런 식의 연상 작용에 빠지면 현실을 오인할 수 있다는 점이며, 사실 화난 것이 이런 현실 오인 때문이라면 화를 낼 이유는 없다.

1부 나를 치유하다

좌절된 욕망 찾기

그런데 앞서 말한 어머니가 아들에게 화난 이유가 사실은 자기 남편 때문이라면 아들 때문에 난 화에서 벗어날 수 있겠지만, 남편과의 관계는 어떻게 될까? 어머니가 아들에게 화낸 것은 자기 남편의 모습이 아들에게 투영되었기 때문이다. 어머니는 남편에게 화나 있고, 이 화가 아들에게 표현되었다는 것이다. 물론 그 매개체가 된 것은 아들이 남편처럼 게임을 했다는 유사성이다. 이를 통해 아버지의 모습이 아들에게 겹쳐 보였기 때문이다. 따라서 만약 어머니가 남편에게 화나지 않았다면, 아무리 아들이 남편처럼 보여도 아들에게 화내는 일은 없었을 것이다.

그렇다면 어머니는 왜 남편에게 화가 났을까? 표면적인 이유는 남편이 실직 상태에 있음에도 직장을 새로 구하지 않고, 집에서 놀면서 게임이나 하고 있기 때문이다. 더구나 자기는 가족을 부양하느라 홀로 고생하는데 남편이란 사람은 설거지조차 하지 않았다. 그런데 이런 이유라면 당연히 어머니가 화를 낼 수밖에 없을까? 남편이 돈을 벌어 오지 못하니 수입이 줄어들어 화가 날 수 있다. 수입이 줄면 절약해야 하고, 생활이 궁핍해지기 때문이다. 하지만 생활이 궁핍한 사람은 다 화를 내며 살까? 남편은 직장이 없으니 딱히 할 일도 없다. 그렇기에 무료한 시간을 게임으로 달랠 수 있다. 그런데 누구나 자기 남편이 게임하면 화를 낼까? 진짜 문제는 남편이 설거지하지 않는 데서 촉발되었다. 물론 남편이 설거지를 하지 않는 가정도 많다. 그러나 이런 가정의 모든 부인이 남편에게 화를 내는 것은 아니다. 어머니가 남편에게 화난 것은 바로 설거지하지 않는 남편의 행동이 가족을 부양하느라 홀로 고생하는 자신에게 아무런 위로의 마음도 표현하지 않는 무관심으로 읽혔기 때문이다.

그렇다면 이런 무관심이 화가 난 진짜 원인일까? 이런 무관심 때문에 화낸다는 것은 이를 통해 자신의 욕망이 충족되지 않고, 좌절되었기 때문이다. 어머니는 남편이 자신을 위로해 주길 원했다. 그리고 남편에게 위로받고 싶은 것은 또한 남편에게 사랑받고 싶은 욕망이기도 하다. 어머니는 남편과 아들에 대한 사랑으로 현재 상황을 견디고 있었다. 그러나 남편은 이에 대해 무관심으로 응답했다. 어머니는 이 때문에 화가 난 것이다. 아마도 남편이 어머니를 위로하고 사랑을 표현하면, 어머니는 남편이 게임만 하고 있다고 하더라도 '오죽 무료하면 그러겠냐', '겉으로 드러나지는 않지만, 그 속은 과연 편하겠냐'며 남편을 이해할 수도 있지 않을까. 그리고 아무리 생활이 궁핍해진다 하더라도 마음만은 편안했을 것이다. 사람들이 자신의 좌절된 욕망이 무엇인지 깨닫게 되면, 마음의 괴로움에서 벗어날 수 있는 근본적 해법이 무엇인지도 알 수 있다.

자기 설득하기

어느 여자 대학생이 몇 년간 사귀던 남자 친구와 헤어졌다. 그 남자가 그만 만나자고 했기 때문이다. 더구나 그 이유는 다른 여자와 사귀게 되어서였다. 이 학생이 괴로워하는 것은 너무나 당연한 일이다. 누구나 이런 경우라면 마음에 상처를 입을 수 있다. 그런데 이런 경우도 괴로움의 이유를 생각해 보면 사정이 달라질 수 있다. 이 학생의 마음이 괴로운 이유는 이 남자를 사랑하고 계속 만나고 싶은데 이제 그럴 수 없어서일까? 이 남자가 자기 아닌 다른 여자를 만나서 자존심이 상해서일까? 이 남자가 자기를 속이고 그동안 다른 여자를 만났다는 사실이 너무나 분해서일까? 만약 이 학생이 마음이 괴로운 이유를 찾을 수 있다면, 이 학생은 자기를 설득하고, 위로하고, 마음을 돌릴 방법도 찾을 수 있을지 모른다. 그리고 그것이 가능하다면 더 이상 마음에 상처를 입지 않고, 마음의 괴로움에서도 벗어날 수 있다.

만약 이 학생이 이 남자 친구를 사랑하기에 그와 헤어진 것이 괴롭다면, 이 학생은 자기가 사랑하고 마음속에 담고 있던 사람은 이런 사람이 아니었다고 자기를 설득할 수 있다. 과연 이 학생은 자기 남자 친구가 자신을 속이고 다른 여자를 사귀는 짓을 할 사람이라고 생각하면서 지금까지 이 남자 친구를 사랑했을까? 아마 그런 사람은 없을 것이다. 이 학생은 상대를 잘못 보았다. 따라서 이제라도 상대를 제대로 알게 된 것은 차라리 다행이라고 자신에게 말할 수 있다. 만약 이 남자 친구가 자신이 아닌 다른 여자를 만나서 자존심이 상했다면, 이 경우도 자기를 설득해 볼 수 있다. 아마도 이 학생의 자존심이 상했다면, 남자 친구가 다른 여자와 바람피운 것이 자기가 무시당했다는 생각으로 이어졌기 때문일 것이다. 그러나 과연 이 학생이 무시당할 만한 사람일까? 여자 친구가 있는데도 다른 여자를 사귄 그 남자 친구에게 문제가 있는 것은 아닐까? 또한 남자 친구에게 속았다는 억울함 때문에 마음이 괴로울 수 있다. 이런 경우 이 억울함을 상대에 대한 복수로 풀고 싶은 생각이 들게 마련이다. 그러나 복수를 하려면 그만큼 복수심에 불타야 하고,

그러기 위해서는 마음의 억울함을 내려놓는 것이 아니라, 오히려 이를 북돋게 되는 역설이 발생한다. 복수가 언제 어떻게 끝날지는 모르지만, 그때까지 마음의 괴로움을 떨쳐버리기는 어렵다. 그렇다면 생각을 바꾸는 것은 어떨까? 이 남자 친구에게 속았다고 생각하며 억울해하지 말고, 이 일을 진실한 사람과 새로 만날 수 있는 기회로 보면 어떨까?

자책하지 말고 위로하기

어느 직장이든 부하 직원이 상사로부터 질책받는 일은 비일비재하다. 그러나 다른 사람이 아니라, 바로 내가 그 질책의 대상이 된다면 스트레스를 받는다. 아마도 누구나 그렇다고 할 만큼 이는 당연한 일인지도 모른다. 그러나 상사에게 질책받았을 때 스트레스를 받는 이유가 모두 같지는 않다. 우선 상사에게 질책받으면, 이것이 인사 고과에 반영되어 승진의 걸림돌이 될 수 있다. 이런 점 때문에 스트레스받는 사람이 많다. 그러나 이런 이유라면 스트레스에서 벗어날 방법은 이미 정해져 있다. 빨리 마음을 다잡고 다시 열심히 일해서 상사에게 좋은 평가를 받는 것이다. 따라서 스트레스로 괴로워하지 말고 자신이 질책받은 일을 돌아보고,

무엇을 잘못했는지 따져 보면서 다음에는 어떻게 해야 같은 실수를 반복하지 않을지 생각해 보아야 한다.

그러나 상사의 질책으로 스트레스받았을 때, 여기서 벗어나려고 하기보다 스트레스를 증폭시키는 사람도 있다. 상사보다 정작 본인이 자기를 더 책망하는 경우다. '상사가 나를 책망한 것은 당연한 일이다. 나는 원래 무능한 사람이니까. 운 좋게 회사에 취직했지만, 언젠가 잘릴 거야.' 이렇게 자책에 빠지면, 스트레스에서 빠져나오기 어렵다. 스트레스 주는 사람이 자기 자신이기 때문이다. 그렇다. 자기 자신에 대한 부정적 태도를 가진 사람이 타인의 비난이나 질책을 받으면, 문제를 해결하려고 하기보다는 자책에 빠진다. 그리고 이 자책감 때문에 스트레스가 더 쌓인다. 이런 경우 필요한 것은 생각을 바꾸는 것이다. '내가 회사에 취직한 것은 그만큼 실력이 있기 때문이야. 나를 뽑은 사람들은 회사에 오래 근무한 간부들인데 사람을 잘못 볼 리가 있겠어? 그리고 일하다 보면 얼마든지 실수할 수 있는 거야. 얼마 전에 다른 동료도 질책받는 걸 봤잖아.'

이렇게 생각을 바꿀 수 있다면, 이제 필요한 일은 자기를 위로하는 것이다. 그래야 질책받은 일에 대해 곰곰이 생각해 보고, 자기가 무엇을 잘못했는지, 앞으로 어떻게 해야 실수를 반복하지 않을지 그 방안에 대해 고민할 수 있는 힘이 생기기 때문이다. 자기를 아끼는 사람에게 스트레스받은 일을 설명하며 위로받을 수도 있다. 아니면 직장 동료나 선임자에게 상사로부터 질책받은 내용을 설명하며 조언을 구할 수도 있다. 그러나 가장 중요한 것은 내가 먼저 나를 위로하는 것이다. 내가 나를 위로하려는 마음이 없으면 타인의 위로나 조언은 그저 의례적인 이야기로 들릴 뿐, 나에게 위로가 되지 않기 때문이다.

'줄탁동시啐啄同時'라는 말이 있다. '줄'은 병아리가 알에서 나오기 위해 알 속에서 껍질을 쪼아 대는 행동을 말하고, '탁'은 어미가 병아리의 알 쪼는 소리를 듣고 알 밖에서 껍질을 쪼아 대는 행동을 말한다. 그러니 줄탁동시는 병아리가 알을 깨고 나오기 위해서는 안과 밖에서 동시에 협력해야 한다는 뜻이다. 마음을 다스리기 위해 자기를 위로하는 것도 마찬가지다. 타인의 위로만이 아니라, 자기 위로가 함께할 때 마음의 안정을 되찾을 수 있다. 내가 나를 위로하는 것은 어려운 일이 아니다. 눈을 지그시 감고 숨을 내쉬며, 내가 나의 가슴을 어루만지듯 토닥거리는 것부터 시작해 보자.

이렇게 내가 나의 마음을 이해하고, 마음이 괴로우면

그 원인을 찾고, 나 자신을 설득하고, 위로할 수 있다면 나는 인생을 살면서 내 마음을 다스리며 나름대로 지혜롭게 살 수 있다. 그리고 이런 경험이 쌓이면 나는 어느덧 내 인생을 내가 주관한다는 자부심마저 느낄 수 있다. 그러나 내가 나의 마음을 이해하려 하지도, 나를 설득하고 내 마음을 돌리려 하지도 않고 자책만 하면, 나는 내 일에 전념하지도 못하고, 다른 사람과는 불화만 일으키고, 결국에는 내 인생을 그르칠지도 모른다.

우환이 나를 살리고, 안락함이 나를 죽인다

그런데 우리는 이렇게 괴로운 마음을 이해하고, 원인도 찾아보고, 위로도 하며 여기서 벗어날 수 있지만, 특별한 일 때문에 괴로운 것이 아니라, 현재의 생활 자체가 괴로움을 주기도 한다. 한마디로 말해 사는 게 너무나 힘들다는 것이다. 맹자는 이런 상황을 '안락함'의 반대 의미로 '우환'이라 지칭하면서 다섯 가지 괴로움에 대해 말한다. "마음은 고통스럽고, 근육과 뼈마디가 힘들고, 배고프고, 궁핍하고, 매사에 뜻대로 되는 일이 없다." 우리 삶이 이런 상태라면 과연 살고 싶을까? 예를 들어 사람들에게 무시당하며 살고, 뼈가 빠지도록 일해야 한 가족 먹고살 수 있는데, 그나마 제대로 먹지도 입지도 가르치지도 못하며 산다. 그런데 이런 일마저 뜻대로 되지 않는다면 여러분은 어떤 생각이 들까? 아마도 이런 상황이라면 누구에게나 '절망', '포기', '살아서 무엇하나' 이런 생각들이 머릿속을 맴돌지도 모른다. 맹자는 이렇게 어려운 상황에서 살다가 한 나라의 큰 임무를 맡았던 사람들의 예를 든다. 어떤 사람은 성벽 쌓는 막일을 하다가, 어떤 사람은 감옥에 갇혀 있다가, 어떤 사람은 할 일 없이 시장 바닥을 전전하다가 나라의 부름을 받았다는 것이다. 물론 이런 처지에 있는 모든 사람이 그렇다는 것은 아니고, 특출한 몇몇 사람의 사례겠지만 맹자가 이를 통해 말하려는 바가 있다. 우환의 상황은 사람들에게 참을성을 길러 줄 뿐만 아니라, 더욱 분발하도록 만들어 감히 이전이라면 엄두도 내지 못했을 일을 할 수 있게 만든다는 것이다. 이런 의미에서 맹자는 다음과 같은 유명한 말을 남겼다.

> 근심과 환난은 사람을 살 수 있게 하고, 안일과 쾌락은 사람을 죽게 만든다.
>
> ―『맹자』, 「권 12 고자장구(고자) 하」, 우재호 옮김, 을유문화사, 2007

7. '나'를 해방하라!

영국의 근대 철학자 토머스 홉스Thomas Hobbes(1588~1679)는 외적 강제가 없는 상태를 자유로운 상태로 보았다. 그리고 현대에 이르러 홉스의 자유관은 영국에서 활동한 정치철학자 이사야 벌린Isaiah Berlin(1909~1997)에 의해 계승되었다. 그 역시 '인간의 자유'를 내가 할 수 있는 행동을 못 하게 하는 타인의 간섭이나 방해가 없는 상태, 혹은 내가 나의 의도에 따라 행동하지 못하게 하는 타인의 강제가 없는 상태로 보기 때문이다. 왜 홉스나 벌린이 자유를 이렇게 이해하는지는 분명하다. 외적 강제, 혹은 타인의 간섭이나 방해, 강제가 없을 때 인간은 비로소 자기가 하고자 하는 바를 수행할 수 있기 때문이다. 따라서 인간이 자유롭기 위해서는 무엇보다도 외적 강제에서 해방되어야 한다.

자유 속의 부자유

그런데 과연 우리가 모든 외적 강제에서 해방될 수 있을까? 어느 누가 폭력으로 나를 협박하거나 위협하면서 내가 하고자 하는 바를 방해하거나 못 하게 한다면, 이는 범죄에 해당한다. 따라서 이런 식의 행위는 법적으로도 엄격하게 금지되어 있다. 그리고 홉스의 자유관을 옹호하는 사람들은 협박이나 위협만이 아니라, 국가의 개입 역시 외적 강제로 본다. 그 대표적인 사례는 국가가 경제적 영역에 개입하는 것으로, 이들은 국가가 경제적 영역에 개입하지 말아야 개인적 자유가 실현될 수 있다고 주장한다. 물론 홉스의 자유관을 따르는 사람이라면, 비단 경제적 영역만이 아니라 개인의 삶 전체와 관련해서도 국가의 개입이 없어야 자율적 삶이 가능하다고 주장할 것이다.

그런데 협박이나 위협과 같은 폭력적 행위나 국가의 개입 등 나를 외부에서 강제하는 것이 없다고 내가 하고자 하는 바를 할 수 있는 것은 아니다. 홉스의 자유관을 따르는 사람이라면, 고용주와 노동자가 아무런 외적 강제 없이 근로 계약을 체결했을 때 이를 각자의 자유 실현으로 본다. 그러나 자유의 본질적 요소를 자신이 하고자 하는 바를 수행하는 것으로 본다면, 외적 강제 없이 체결된 계약이라 하더라도 이를 자유 실현으로 보기 어려운 경우가 많다. 고용주는 자신이 원하는 고용 조건으로 노동자와 근로 계약을 체결하려고 하고, 노동자가 이를 수용하지 않을 때 다른 노동자를 구하면 된다. 이런 점에서 고용주는 계약 체결 시 자신이 하고자 하는 바에 따라 행동할 수 있다. 그러나 노동자의 경우는 사정이 다르다. 특히 고용되지 않을 때 생계유지가 곤란한 노동자는 더욱 그렇다. 이런 노동자는 고용주가 열악한 노동 조건을 제시하더라도, 다시 말해 자신이 원하는 노동 조건이 아니더라도 이를 거부하기 어렵기 때문이다. 따라서 고용주에게는 외적 강제가 없는 상태가 자신이 하고자 하는 바대로 행동할 수 있는 자유를 보장하지만, 생계 위기에 빠진 노동자는 외적 강제가 없더라도 자신에게 불리한 근로 계약을 어쩔 수 없이 체결해야 하는 부자유 상태에 놓이게 된다. 이런 점에서 국가가 근로 계약에 개입하여 법적으로 근로 조건을 개선한다면 노동자가 원치 않는 근로 계약을 체결하는 부자유를 축소할 수 있다. 결국 홉스의 자유관은 힘 있는 사람에게는 자유를 보장하지만, 그렇지 못한 사람에게는 부자유를 초래할 가능성이 있다.

원하지 않은 일

어쨌든 자신이 원하지 않는 것을 어쩔 수 없이 해야 할 경우 우리는 부자유를 느낀다. 그런데 이런 점은 근로 조건이 열악한 경우만이 아니라, 대부분의 직장인도 마찬가지다. 직장이 적성에도 맞고 근로 조건도 좋아 자아실현의 만족감을 느낀다고 하더라도, 일을 한다는 것은 하지 않는 것에 비해 '고역'이기 때문이다. 그렇기에 극심한 취업난 속에서 천재일우의 기회를 잡아 취업에 성공한 직장인이라 하더라도 출근 때부터 퇴근을 기다리고, 월요일부터 한 주 근무가 끝나는 금요일을 기다린다. 그러나 일이 힘들더라도 직장을 관둘 수는 없다. 생계유지를 위해서도 그렇고, 직장이 없는 무능한 인간 혹은 사회적으로 불필요한 인간으로 취급받지 않기 위해서도 그렇다. 하지만 일이 주는 스트레스가 해소되지 못하고 계속 쌓이다 보면, 심신이 지치고 '번아웃' 상태에 빠진다. 다시 말해 더 이상 일에 대한 열정이나 성취감도 없고, 다 포기하고 싶다는 생각만 든다는 것이다.

그런데 이렇게 원하지 않는 것을 해야 하는 것은 직장에서만이 아니다. 어떻게 보면 우리의 일상생활에는 원하지 않더라도 해야 하는 부자유가 넘쳐난다. 특히 우리가 맺고 있는 다양한 인간관계와 관련해서 우리에게는 하기 싫어도 해야 할 일이 너무나 많다. 그렇기에 인간관계에 치여 산다는 말도 있다. 부모 자식 관계에는 각기 부모의 의무, 자식의 의무가 있고, 부부 관계에서도 그렇다. 또한 친구 사이거나, 서로 교류하는 사이에서도 각기 감당해야 할 의무가 있다. 그리고 이런 의무가 잘 지켜질 때 개개인은 자기가 하고자 하는 바를 수행하는 데 서로 돕고 배려하는 사이가 된다. 이런 점에서 우리가 타인과 맺는 인간관계는 나의 자유를 실현하는 데 필수적인 조건이다.

하지만 어떤 때는 인간관계가 우리 자신을 지치게 만든다. 명절때만이 아니라 때때로 배우자의 부모를 찾아뵙고 인사드리는 것은 당연하지만, 이런 일이 부담스러울 때가 많다. 그래서 그런지 배우자 혼자 가면 좋겠다는 생각이 든다. 내가 낳은 자식을 내가 보살피는 것은 당연하지만, 자식이 말도 안 듣고 사고만 치면 그 누구보다 몸과 마음을 지치게 한다. 친구들도 그렇다. 경조사 때 서로 챙겨 주는 고마운 사람들이지만, 때로는 듣기 싫은 이야기도 들어 줘야 하고, 때로는 상처받기도 한다. 교회나 성당에서 신도들과 교류하지만, 신앙생활을 넘어서 사생활에 너무 깊게 개입하면 경건하게 보내야 할 일요일에 스트레스만 받는다. 학부모 모임에 가면 몇몇 사람이 지역 부동산 시세며 개발 호재를 들먹이며 말을 독점한다. 그리고 자기 재산을 은연

중에 과시하거나, 자기 배우자의 직장과 직위를 드러내며 각자 자기소개를 요구한다. 이런 때면 정말 다시는 이 모임에 참석하지 말아야겠다는 생각만 든다. 여기에 더해 가깝지도 않은 사람이 단지 동창이라는 이유로, 친척이라는 이유로, 자기 친구의 친구라는 이유로 청탁이라도 하면 짜증만 난다.

자승자박

그런데 우리는 이렇게 일이나 인간관계에서 느끼는 의무감이나 타인의 행동 때문에 스트레스를 받는 것이 아니라, 우리 자신 때문에 스트레스받기도 한다. 자승자박이라는 말이 있다. 내가 나를 속박한다는 것이다. 이런 경우 나를 부자유롭게 만들고, 괴롭히는 것이 바로 나다. 사람들은 자기 나름의 인생 경험을 통해 더 잘 살기 위한 삶의 지침을 만들기도 한다. 아침형 인간이 되자든지, 신문을 꼭 읽자든지, 사람들 앞에서는 말을 또박또박 하자든지, 사소한 것에서부터 중요한 것에 이르기까지 다양하다. 그런데 사람에 따라서는 이러한 삶의 지침이 자신에게 강박관념으로 작용하는 경우가 있다. 자기가 만든 삶의 지침이 자신을 강제하고, 이를 지키지 못할 때 자신을 문책하거나 불안하게 만드는 것이다. 그런데 이러한 삶의 지침이 꼭 옳은 것은 아니다. 삶의 지침은 얼마든지 바꿀 수 있다. 더구나 이를 지키지 못했다고 자기를 문제 있는 사람 취급하며 자책하는 것은 좋지 않다. 삶의 지침은 내가 잘 살기 위해 만든 것이지, 내가 나를 괴롭히기 위해 만든 것이 아니다.

나는 독일에서 유학 생활을 했었다. 이미 철 지난 이야기인지 모르지만, 당시에는 나뿐만 아니라 유학 생활을 하는 다른 한국 사람들에게 공통점이 있었다. 독일어로 된 책은 잘 읽는데 독일 말은 잘 못하고, 독일 말을 할 때마다 주저함이 크다는 것이다. 그런데 다른 외국 학생들은 독일어를 배운 지 얼마 되지 않아 아직 책은 못 읽지만, 말은 잘하는 경우가 많았다. 더구나 이 학생들은 독일어로 말하는 데 아무런 주저함이 없었다. 왜 그럴까? 아마도 시험과 정답 찾기에 길든 한국 학생들에게는 문법에 맞게 말해야 한다는 무의식적 강박관념이 있는 것 같다. 그렇기에 말하기에 앞서 자기가 하려는 말이 문법에 맞는지 틀리는지 미리 따져 보려고 하니 말이 잘 나올 리가 없다. 그리고 자기 말이 문법적으로 틀린 것 같으면, 스트레스를 받는 것은 물론 부끄러워하기도 한다. 하지만 타인과 대화할 때는 소통이 잘 되는 것이 중요하지, 자기 말이 문법에 맞는지 틀리는지는 중요하지 않다. 타인과 대화하는 것은 어학 시험이 아니기 때문이다.

세상사에서의 해방

이렇게 보면 완전한 자유를 누리는 사람도 없고, 인생의 모든 부분에서 자기가 원하는 것만 하고 사는 사람도 없다. 그리고 자기가 자기를 속박하는 사람도 있다. 물론 우리는 어떻게 하면 자유를 확대하고, 어떻게 하면 자기가 원치 않는 것을 하지 않아도 될지 고민하지만, 대개는 부자유를 참고, 원치 않는 것도 견뎌야 하는 경우가 많다. 그런데 더 이상 참기 어렵고, 너무나 스트레스가 쌓이면 감당하기 어렵다. 이럴 땐 어떻게 해야 할까? 답은 간단하다. 잠시나마 모든 것으로부터 나를 해방하는 것! 일로부터 해방하고, 누군가의 배우자로서, 누군가의 부모로서, 아니면 누군가의 자식으로서 내가 감당해야 할 모든 의무로부터 나를 해방하고 나를 속박하는 나 자신에게서도 해방하는 것! 그리고 한 번쯤 완전한 자유를 만끽하는 것!

〈나는 자연인이다〉라는 TV 프로그램이 있다. 세상 모든 일을 다 접고, 산속에서 홀로 사는 사람들의 이야기를 담고 있다. 이들이 무슨 일을 하며 살다가 왜 산속으로 들어왔는지는 중요하지 않다. 아무런 편의 시설도 없는 산속에서 산다는 것이 쉬운 일은 아니지만, 이들이 세상 근심에서 벗어난 것만은 확실한 것 같다. 이 프로그램을 보고 대리 만족을 느끼는 사람도 많다고 한다. 어떤 사람은 50대 남성들이 가잘 즐겨 보는 TV 프로그램이 〈나는 자연인이다〉라고 얘기하기도 한다. 이들이 왜 이 프로그램에서 대리 만족을 느끼는지는 이론의 여지가 없을 것 같다. 사는 게 부자유스럽기 때문이다. 하기 싫어도 어쩔 수 없이 해야 할 일들 때문에 삶이 고달픈 것이다. 그렇다고 모든 것을 다 벗어 버리고 자유를 찾을 수도 없다. 그렇기에 TV나 보며 마음의 쉼을 얻으려 하지만, 그것도 쉽지 않다. 뉴스를 보거나 사람들이 아웅다웅하며 사는 드라마를 시청하면 가슴만 답답하고, 자기를 구속하는 세상일들이 새록새록 떠오르기 때문이다. 그렇기에 세상사와 무관하게 사는 자연인의 삶을 보며 위안을 얻는다. 그러나 이렇게 위안받는 것은 TV를 시청할 때뿐, TV를 끄면 세상사가 다시 자기를 구속한다.

힌두교의 율법서에 해당하는 『마누 법전』은 '브라만, 크샤트리아, 바이샤, 수드라'라는 네 가지 사회 계급을 구분할 뿐 아니라, 인생 주기를 네 단계로 나누고 있다. 첫 단계는 사회 규범을 배우고, 삶에 필요한 지식과 기술을 습득하는 '학습기'다. 두 번째 단계는 결혼하고 자식 낳고 생업에 종사하며 사회생활을 하는 시기로 '가주기'라고 한다. 세 번째 단계는 노년의 나이에 세상에서 얻은 것을 다 버리고 홀로 숲에서 수행하는 '임주기'다. 네 번째 단계는 수행을 마치고 거주지 없이 유리걸식하며 해탈의 삶을 살다가 임종을 맞는 시기로 '기세기'라고 한다. 어느 사회에서든 인간의 삶은 배움의 시기, 생업 활동의 시기 그리고 은퇴 후의 시기로 진행된다. 힌두교 전통에서 특이한 점은 은퇴 후의 삶이 세상 모든 것에서 완전히 해방된 삶이라는 데 있다. '임주기'나 '기세기'에서 보여 주듯 은퇴 후의 삶은 생계와 가족은 물론, 평생을 바쳐 얻은 재산이나 권력, 명예가 있더라도 이 모든 것을 다 버리고, 본능적 욕망이나 죽음에 대한 두려움으로부터도 벗어나 오직 나 홀로 나의 삶을 사는 것이기 때문이다. 『마누 법전』은 이러한 삶에 대해 다음과 같이 말한다.

> 불도 집도 가져서는 안 되며, 입을 다물고, 집착하지 말고, 마음을 가다듬고, (…) 의지하지 않는 것, 세상 만물

에 대해 평상심을 갖는 것, (…) 죽음을 환영해서도 삶을 환영해서도 안 된다. 마치 하인이 명령을 기다리듯 때가 오기를 기다려야 한다.

다른 활동에 몰입하기

우리나라에서도 은퇴한 사람은 당연히 직업 활동에서 해방되지만, 그렇다고 모든 세상사에서 해방되는 것은 아니다. 벌어 놓은 재산이 있더라도 여전히 재산 증식에 관심이 높고, 자식들 돌보는 데서는 벗어났지만 이젠 손주들 돌보느라 정신이 없다. 더구나 노인 빈곤율이 OECD 국가 중 가장 높다는 우리나라에서는 노인도 일해야 하는 경우가 많다. 우리는 언제 모든 세상사에서 완전히 해방돼 나만의 자유를 경험할 수 있을까? 이는 평생 불가능한 것일까? 그렇다면 인생의 부자유에서 느끼는 스트레스와 고통은 어떻게 해소할 수 있을까? 모든 세상사에서 완전히 해방될 수는 없지만, 일단 나 자신을 번아웃 상태에 빠뜨리는 일에서부터 잠시나마 해방돼 보면 어떨까? 하지만 일이 산적해 있는데 어떻게 일에서 해방될 수 있냐고 하소연할 수 있다. 그러나 생각을 달리해 볼 필요가 있다. 쉬지 않고 일하는 것과 쉬고 일하는 것 중 어느 것이 더 효율적일까? 답은 뻔하다. 충분히 쉬고 일하는 사람이 일도 잘하고, 일의 효율도 높다.

그런데 쉰다는 것은 분명 평소에 고정적으로 하는 일에서 해방된다는 것을 의미하지만, 아무 활동도 하지 않는다는 뜻은 아니다. 몸이 너무 피곤하면 아무것도 하지 않고 충분히 자고, 잘 먹는 것이 중요하다. 그러나 마음이 잘 쉬기 위해서는 일에서 완전히 벗어나 다른 활동에 몰입해 보는 것이 좋다. 더구나 일상의 공간과는 전혀 다른 공간에서의 활동이라면 훨씬 좋다. 그래야 우리의 주의를 완전히 다른 곳으로 돌릴 수 있기 때문이다. 직장도 집도 아닌 공원에 가서 햇볕을 즐기거나, 성당에 가서 묵상하거나, 아니면 카페라도 가서 독서하거나 음악을 듣거나, 좀 더 시간이 있다면 인근에 있는 산에 오르거나, 운동을 하거나, 당일 코스라도 여행을 가거나. 이렇게 일상의 공간에서 벗어나기 어렵다면, 직장이나 집에서라도 스트레칭을 하든지, 아니면 명상 호흡을 해 보는 것도 좋다. 편안한 자세에서 코로 숨을 들이마시고 내쉬며 복식 호흡을 한다. 그리고 오직 들숨과 날숨만 마음으로 관찰하며, 이것에만 주의를 집중한다. 잠시나마 마음이 다른 곳에 집중하면 마음의 부담도 조금씩

가벼워진다.

    이처럼 지친 심신을 달래기 위해서는 일에서 완전히 벗어나 다른 활동에 몰두하는 것이 필요하지만, 아마도 가장 좋은 다른 활동은 즐거움을 줄 수 있는 활동일 것이다. 다르게 말하면 '놀이'처럼 즐길 수 있는 활동이 필요하다는 것이다. 놀이는 분명 일과 다르다. 우리가 일을 하는 것은 생계유지를 위해서거나 사회적으로 쓸모 있는 사람으로 인정받기 위해서일 때가 많다. 이런 점에서 일은 다른 목적을 위한 수단적 의미를 갖는다. 하지만 놀이는 그런 것이 아니다. 놀이는 그 자체가 목적이고, 그 자체가 좋아서 한다. 그리고 놀이란 아이들의 놀이에서 볼 수 있듯이, 적극적으로 참여하고 창조적으로 행동하는 활동이다. 그렇기에 우리는 그 어떤 활동보다 놀이에 더 몰입할 수 있다. 놀이는 이런 점에서 수동적으로 TV를 시청하거나 운동 경기를 관람하는 것과 다르다. 이처럼 피곤한 심신을 힐링하는 데는 그 어떤 쓸모를 따질 것이 아니라 그 자체로 즐길 수 있고, 적극적이고 창조적으로 참여할 수 있는 활동을 해 보는 것이 중요하다.

고독의 순간 즐기기

몸과 마음이 힘들 때 가족이나 친한 친구를 만나서 온갖 이야기를 하면 스트레스가 풀릴 때가 많다. 가족이나 친구 같은 인간관계에서 체험하는 정서적 유대감은 심리적 안정의 토대가 되며, 서로를 지원하고 배려함으로써 각자 자신이 하고자 하는 바를 잘 실현할 수 있게 된다. 그러나 도리어 이 사람들이 나를 구속하고 스트레스의 원인이 된다면 모든 인간관계에서 벗어나 혼자 있는 게 좋다. 그리고 일과는 완전히 다른 활동에 몰입하고자 할 때도 혼자 하는 활동이 좋다.

그런데 여기서 강조하는 혼자 있음을 우리가 고독이라고 말할 수는 있지만, 그렇다고 외로움은 아니다. 고독과 외로움은 구별할 필요가 있다. 사람들은 정서적 유대감을 주는 인간관계가 결핍될 때 외로움을 느낀다. 그리고 이런 경우 혼자 있는다는 것은 우울함이나 불안감의 원인이 되기도 하고, 자신에 대한 존중 의식마저 잃게 한다. 이에 반해 고독 역시 혼자 있음을 의미하지만, 이 혼자 있음은 나의 자발적 선택에 따른 것이다. 그리고 고독이란 타인으로부터 고립된 것이 아니라, 타인에 대한 의존 없이 나 혼자 활동하고, 나 혼자만의 시간을 보내는 것을 말한다. 이런 점에서 고독은 단순히 다른 사람과 물리적으로 떨어져 있는 것을 의미하는 것이 아니라, 내가 바로 나 자신과 만나고 나 자신과 함께하는 시간을 말한다.

우리는 일 때문에, 아니면 인간관계에 치여 자신과 만나는 기회가 별로 없다. 그러나 혼자 있으면 내가 내 얼굴을 볼 수 있고, 내 호흡을 느낄 수 있고, 내 몸을 만질 수 있다. 그리고 힘들면 나를 위로하고, 배고프면 내가 좋아하는 것을 먹고, TV를 보고 싶으면 내가 좋아하는 프로그램을 시청하고, 내가 입고 싶은 옷을 마음껏 입고 거리를 활보할 수 있다. 내가 나를 속박하는 것이 있다면, 다 벗어던져라! 내가 잘못하더라도 나를 용서하자. 나를 힘들게 하는 타인의 시선이 있다면 다 무시하자. 타인이 내 인생을 대신 살아 줄 것도 아닌데, 그들의 시선 때문에 나의 삶을 지옥처럼 힘들게 만들 필요는 없다. 오직 나만 생각하고, 오직 나만을 위해 행동하는 시간을 보낸다면, 어느덧 내가 나를 사랑하게 될지도 모른다. 그리고 어느덧 내가 사랑하는 내 몸과 마음에 새로운 활력을 불어넣을지도 모른다.

이렇게 볼 때 고독은 타인과 함께 있을 때 할 수 없는 활동을 할 수 있는 시간이고, 타인의 시선을 신경 쓰지 않고 오로지 나만을 위해 스스로 모든 것을 선택하고 결정하는 시간이고, 자신이 원하는 것에 귀 기울이고 자신에 대해 성찰할 수 있는 시간이다. 그리고 고독의 순간, 나와 교류하는 사람들이 나에게 어떤 의미를 갖는지도 깨달을 수 있다. 우리는 사람들 사이에 뒤섞여, 마치 한 무리가 움직이듯 다른 사람이 생각하는 대로 생각하고, 다른 사람이 행동하는 대로 행동하려는 경우가 많다. 그래야 무리로부터 분리되고 고립되지 않기 때문이다. 그러나 이렇게 산다면 우리는 한 번도 자기 자신을 만나지 못하고, 자기 삶을 살지도 못한다. 하지만 고독의 순간 나는 진짜 나 자신을 만나고, 그 누구도 아닌 나 자신으로 존재한다. 그리고 고독의 순간, 모든 것의 가치를 내가 정하는 자유로운 삶의 주인이 된다. 나는 어느덧 고독을 즐기고 있다.

　이해인 수녀의 단상 '고독을 위한 의자'는 혼자 있음이 바로 나를 만나는 시간임을 알려 준다.

　　홀로 있는 시간은 / 쓸쓸하지만 아름다운 / 호수가 된다. / 바쁘다고 밀쳐 두었던 나 속의 나를 / 조용히 들여다볼 수 있으므로, / 여럿 속에 있을 땐 / 미처 되새기지 못했던 / 삶의 깊이와 무게를 / 고독 속에 헤아려 볼 수 있으므로 / 내가 해야 할 일 / 안 해야 할 일 분별하며 / 내밀한 양심의 소리에 / 더 깊이 귀 기울일 수 있으므로. / 그래 / 혼자 있는 시간이야말로 / 내가 나를 돌보는 시간 / 여럿 속의 삶을 / 더 잘 살아 내기 위해 / 고독 속에 / 나를 길들이는 시간이다.

― 이해인, 『꽃삽』, 샘터사, 1994

2

나를

알다

1. 너 자신을 알라

고대 그리스의 철학자 소크라테스Socrates(기원전 470~399)는 "너 자신을 알라"라는 말로 유명하다. 그런데 소크라테스는 왜 이런 말을 했을까? 소크라테스는 우리가 '나' 자신에 대해 알아야 하는 이유가 각자 자신을 돌보기 위해서라고 말한다. 다시 말해 내가 나를 알아야 나를 돌볼 수 있다는 것이다. 이런 점에서 소크라테스는 "너 자신을 알라."라고 하면서 동시에 "너 자신을 돌봐라."라고 말한 셈이다.

소크라테스에 따르면 나를 돌본다는 것은 돌봄의 대상인 나를 더 낫게 만드는 것, 나를 가장 좋은 상태로 만드는 것을 뜻한다. 어떤 사람들은 자동차가 마치 자신인 양 정성껏 보살핀다. 자동차가 고장 나면 수리하고, 더러우면 세차한다. 그리고 자기 자동차가 멋지게 보이도록 왁스도 칠하고 광도 내고, 최상의 성능을 유지하도록 윤활유도 치고, 부품도 제때 교체한다. 또한 사람들은 자기 몸도 돌본다. 몸이 아프면 병원에 가고, 기력이 떨어지면 영양제도 먹는다. 얼굴을 아름답게 만들기 위해 성형 수술도 하고, 체형미를 위해 보디빌딩도 한다. 이렇게 사람들은 자기 몸이 최상의 상태에 있도록 돌본다. 이처럼 나를 돌볼 수는 없을까? 차도, 몸도 아닌 '나'를 말이다.

진짜 '나'

그런데 차도 아니고, 몸도 아닌 '나'란 무엇을 뜻할까? 소크라테스는 나에게 속한 것, 나의 것, '나'를 구별한다. 나에게 속한 것은 재산, 권력, 지위 같은 것이다. 이런 것은 때로는 나에게 속해 있지만, 때로는 그렇지 않다. 예를 들어 재산은 나에게 있다가도 없을 수 있다. 나의 재산은 나에게 불변적인 것이 아니다. 이런 점에서 재산이 나 자신과 동일시될 수는 없다. 이에 반해 나의 것은 나와 불가분의 관계지만, 그렇다고 해서 이런 것이 나 자신을 의미하지는 않는다. 나의 몸은 나의 선택 여부와 무관하게 선천적으로 정해져 있다. 이런 점에서 나의 몸은 변함없이 나의 일부를 이루지만, 몸 자체가 나인 것은 아니다. 더구나 어떤 것을 '나의 것'이라고 말할 때, 나의 것이라고 말하는 '나'와 나의 것은 다른 것이다.

그렇다면 나에게 속한 것, 나의 것과 구별되는 이 '나'는 어떻게 이해될 수 있을까? 우리는 각자 몸을 움직이고, 재산, 권력, 지위 등을 사용하며 자기 삶을 이끄는 '나'라는 존재를 상상해 볼 수 있다. 우리는 말하고, 행동하고, 감정을 느끼고, 욕구하며 살면서 그 배후에서 무엇을 어떻게 할지 생각하고 판단하는 '나'가 있다고 가정하곤 한다. 그렇기에 우리는 나의 말, 나의 행동, 나의 감정, 나의 욕구라는 표현을 사용하는데, 이 '나'가 바로 소크라테스가 말하는 '나'다.

이렇게 본다면 '나'는 말, 행동, 감정, 욕구 그리고 몸, 재산, 권력, 지위의 배후에서 이 모든 것에 대해 생각하고 판단하는 이성적 주체를 의미한다. 사람들은 이런 이성적 주체가 생각하고 판단하는 정신적 활동을 수행한다는 의미에서 흔히 이를 '정신'이라고 지칭하기도 하고, 소크라테스는 특별히 이를 가리켜 몸과 구별되는 '영혼'이라고 했다. 물론 나의 것, 나에게 속한 것, 이성적 주체로서의 '나'가 합해져 타인과 구별되는 나의 특성을 형성한다. 하지만 소크라테스는 특별히 이 모든 것에 관해 생각하고 판단하면서 삶을 이끌고 주도하는 '나'가 나의 가장 핵심적인 부분, 다시 말해 진짜 '나'라고 생각했다. 따라서 '나'가 어떤 상태에 있느냐에 따라 나의 말, 행동, 감정, 욕구가 달라지고, 나의 몸을 움직이고, 재산이나 권력, 지위를 사용하는 방법도 달라진다. 결국 '나'가 어떤 상태에 있느냐에 따라 내가 어떤 사람인지 결정되고, 나의 삶 자체가 달라진다.

검토되지 않은 삶은 무가치하다

이런 점에서 나를 안다는 것은 '나'가 어떤 상태에 있는지 안다는 것이고, '나'의 상태를 알기 위해서는 내가 어떻게 생각하고 판단하면서 사는지 자신의 삶을 면밀히 검토해 보아야 한다. 즉 자기 인식은 자기 삶에 대한 검토를 통해 가능하다. 따라서 우리는 나 자신을 알기 위해서 나의 삶을 검토하며 나의 삶을 이끌고 주도하는 '나'가 잘못된 생각에 빠져 판단을 그르치지는 않는지, 나에게 좋은 것과 나쁜 것, 이로운 것과 해로운 것, 정의로운 것과 불의한 것을 분별하지 못하고 맹목적으로 살지는 않는지, 혹은 헛된 욕망에 빠져 나의 삶 자체를 망치지는 않는지 검토해 보아야 한다.

그런데 내가 나의 눈을 볼 수 없듯이, 내가 나를 검토한다는 것이 불가능할 수 있다. 내가 나를 검토한다고 할 때 검토의 주체와 대상이 같기 때문이다. 이런 점에서 자기 검토란 한계가 있을 수밖에 없다. 내가 잘못된 생각에 빠져 있다면, 이런 '나'가 과연 자신이 올바로 생각하는지 그렇지 않은지 검토할 수 있겠냐는 것이다. 검토하는 주체가 바로 잘못된 생각에 빠진 그 주체라면 자신의 잘못된 생각을 스스로 깨닫기는 어렵다. 이런 점에서 나를 비추는 거울을 통해 내가 나를 보듯이, 타인의 관점에 비친 나의 모습을 통해 나를 검토할 필요가 있다.

그러나 거울이 뿌옇거나 깨져 있을 때 사물의 모습을 잘 비추지 못하듯, 타인이라고 해서 나를 잘 보는 것은 아니다. 이런 점에서 소크라테스는 타인과의 대화가 자기를 검토할 수 있는 가장 좋은 방법이라고 생각했다. 내가 나를 보는 것도, 타인이 나를 보는 것도 아닌, 나와 타인이 서로를 마주하며 대화를 통해 서로의 삶을 탐구하고, 시험하고, 조사하고, 검토할 때 각자 자신의 상태를 잘 알 수 있다는 것이다.

내가 나를 돌본다는 것은 이런 자기 검토를 전제할 수밖에 없다. 내가 나를 최선의 상태로 만들기 위해서는 나의 현재 상태를 잘 알아야 하기 때문이다. 그러나 자기를 돌본다는 것이 자기를 검토하는 것과 별개의 행동은 아니다. 자기를 검토한다는 것은 동시에 자기를 개선하는 과정이기도 하다. 다시 말해 타인과 대화를 통해 서로의 삶을 탐구하고, 시험하고, 조사하며, 검토하는 과정은 내가 잘못된 생각이나 헛된 욕망에 빠져 있는지 알게 되는 일인 동시에 이로부터 해방돼 서로가 동의할 수 있는 올바른 삶을 찾아나가는 과정이라는 것이다. 그리고 이렇게 하나로 통합된 자기 인식과 자기 돌봄의 과정을 통해 진짜 '나'가 자기 역할을 잘하게 되고, 이를 통해 비로소 '나'는 나의 말, 행동, 감정, 욕구를 올바로 규제하고, 나의 것과 나에게 속한 것들도 올바로 사용할 수 있게 된다. 이것이 '나'의 최선의 상태이며, 소크라테스는 이런 사람이 훌륭한 사람, 아름다운 사람이라고 말한다.

그럼 잘 산다는 것은 무엇일까? 자기를 돌보는 이유가 잘 살기 위해서라면, 과연 잘 산다는 것은 어떻게 사는 것일까? '나'가 도달할 최상의 상태가 무엇인지 안다면, 이에 대한 답은 너무나 간단하다. 잘 산다는 것은 내가 나를 검토하면서 나를 최상의 상태로 만들고, 이 최상의 상태에 있는 '나'가 주도하는 삶, 따라서 훌륭한 사람, 아름다운 사람으로 사는 삶이다. 소크라테스는 이렇게 검토된 삶만이 가치 있다고 볼 뿐만 아니라, 검토된 삶만이 인간적인 삶이라고 말한다. 자신의 삶을 검토하면서 자기 자신을 최상의 상태로 만드는 것은 이성을 통해 정신적 활동을 수행하는 인간에게만 가능하기 때문이다.

자기소개와 자기 서사

그런데 소크라테스가 생각했던 자기 검토는 내가 나를 아는 하나의 방법일 뿐, 내가 나를 아는 방법은 많다. 소크라테스의 자기 검토에서 중요한 것은 좋은 것과 나쁜 것, 이로운 것과 해로운 것, 정의로운 것과 불의한 것을 올바로 인식하는 것이다. 소크라테스는 이런 올바른 인식이 결국 개인의 삶을 훌륭하고 아름답게 만들 수 있다고 생각했다. 그런데 내가 나의 삶을 이끄는 데는 이런 올바른 인식도 필요하겠지만, 나에게 이러한 인식이 있다고 해서 내가 타인과 구별되는 '나'를 온전히 안다고 볼 수는 없다. 올바른 인식에 도달할 수 있는 것은 인간의 보편적 특징인 이성적 능력을 어떻게 발휘하느냐에 달려 있을 뿐, 이런 이성적 능력이 다른 사람과 구별되는 나 자신의 고유한 특징 전체를 말하는 것은 아니다. 따라서 내가 나를 돌본다는 것이 단지 내 삶을 주도하는 '나'가 올바른 인식을 갖도록 하는 것으로 축소될 수는 없다. 내가 나의 다양한 특성을 인식한다면 자기 돌봄도 달라질 수밖에 없기 때문이다.

지금까지 살면서 자기소개서 한번 써 보지 않은 사람은 없다. 흔히 대학에 입학할 때나 취업할 때 자기소개서를 쓴다. 그리고 면접에서도 자기를 소개해야 하고, 어떤 모임이든 처음 나갔을 때 흔히 자기를 소개한다. 자기소개는 남에게 나를 알리는 일이지만, 이를 위해서는 먼저 내가 나를 알아야 한다. 따라서 자기소개에는 항상 나에 대한 나름의 이해가 담겨 있다. 그렇다면 나를 어떻게 소개해야 사람들이 나를 잘 이해할 수 있을까?

흔히 자기소개가 요구되는 상황에 따라 자기소개의 내용이 달라진다. 입학이나 취직을 위한 자기소개라면, 학교나 직장에서 요구하는 인재상에 맞추어 나를 소개하는 것이 효과적이기 때문이다. 누적 관객 1400만 명을 넘겼던 영화 〈국제시장〉(2014)에는 주인공 덕수(황정민 분)가 1960년대에 독일에 광부로 파견되기 위해 면접을 보는 장면이 나온다. 면접관이 덕수의 필기시험이나 신체검사 성적은 좋지만, 광부 경력이 없어 난감해하자 덕수는 갑자기 자리에서 벌떡 일어나 애국가를 부르고, '대한민국 만세'를 외친다. 결국 덕수는 애국심이 투철한 사람으로 분류되어 파독 광부로 선발된다. 덕수는 파독 광부의 인재상에 해당하는 모습을 즉흥적으로 보여 준 것이다. 요즘도 많은 경우 자기소개가 이렇게 전략적으로 이루어지지만, 내가 나를 소개하는 한 나에 대한 진실한 설명이 요구되는 것도 사실이다.

보통 자기소개에는 성장 과정, 그러니까 지금까지 살아온 자기 인생을 소개하는 부분과 자신의 가치관, 장단점, 사회 경험을 소개하는 부분이 필수 요소처럼 담긴다. 사실

나라는 존재가 지금까지 살아온 인생을 통해 만들어졌다면 지금까지의 인생을 통해 나를 설명하는 것은 당연한 일이며, 개인적 가치관이나 장단점을 소개하더라도 자기 인생사와 연관해서 설명하지 않으면 별 의미가 없다. 내가 나를 아는 과정도 이와 다를 것이 없다. 내가 나를 아는 과정도 결국은 지금까지 나의 인생을 되돌아보며, 나에게 영향을 미쳤던 기억될 만한 일들을 회고하는 작업이라는 것이다. 나는 무엇을 꿈꿨고, 어떤 시련을 겪었고, 내가 행복했던 순간은 언제였고, 내가 즐거움을 느꼈던 일들은 무엇이고, 무엇을 잘했고, 무엇을 못했고, 누구를 만났고, 누가 나에게 소중했고, 언제 왜 마음에 상처를 입었는지 등등 내 인생을 되돌아보고, 나에 관한 이야기, 즉 '자기 서사'를 만들어 보면 내가 나를 알 수 있다.

이렇게 내가 나를 알게 된다면, 나를 돌보는 방식도 달라진다. 소크라테스는 자기를 돌본다는 것이 자신을 더 나은 상태로 만드는 것이라 했다. 물론 그 방법은 자신의 삶을 검토하면서 자신을 분별력 있는 사람으로 만드는 것이지만, 자기 서사를 통해 인생을 돌아보며 나를 알게 된다면 자기 돌봄이란 좋은 것과 나쁜 것, 이로운 것과 해로운 것, 정의로운 것과 불의한 것을 올바로 인식하는 것으로 축소되지 않는다. 나의 인생을 되돌아보며 나의 꿈이 무엇인지 알았다면 이제 나는 나의 꿈을 실현하기 위해 노력할 것이고, 나의 장점과 단점을 알았다면 이제 장점은 살리고 단점은 극복하려고 노력할 것이다. 그리고 내가 좋아하고 잘하는 것을 알게 되었다면 이제 나는 이런 일을 나의 생업으로 삼을 것이고, 마음의 상처가 남았다면 이를 치유하려고 할 것이다. 이렇게 되면 결국 나는 내가 원하는 삶을 살며 잘 살게 될지도 모른다.

동양 유가 문화에서 성인으로까지 추앙받는 공자의 삶은 이런 의미에서 되새겨 볼 만하다. 그의 인생은 자신을 성찰하며, 자기 인생을 돌보며 산 결과이기 때문이다. 그렇다면 공자는 어떤 인생을 살았을까? 공자는 인생의 말년에 자기가 어떤 인생을 살았는지 간략하게 '자기 서사'를 밝혔다. 과연 자기 인생을 이처럼 멋지게 소개한 사람이 있을까?

> 나는 열다섯 살에 학문에 뜻을 두었고, 서른 살에는 말하고 일하는 것에 모두 자신이 생겼고, 마흔 살에는 미

혹에서 벗어났고, 쉰 살에는 하늘의 뜻을 알게 되었고, 예순 살에는 다른 사람의 말을 들으면 참과 거짓이 분별되고 시비를 가릴 수 있었으며, 일흔 살이 되어서는 마음속에 하고 싶은 대로 하되 어떠한 생각도 법도에 어긋나지 않게 되었다.

―『논어』 2편 4장, 박종연 옮김, 을유문화사, 2006

공자가 이런 자기 서사를 가진 사람이 될 수 있었던 것은 "군자라면 진실로 곤궁함을 견딜 수 있다"라는 그의 말처럼, 공자 자신이 어렵고 힘든 삶을 견뎌 냈기 때문인 것 같다. 공자는 나이가 많은 무인의 아들로 태어났다. 그런데 알려진 바로는 본부인의 자식도 아니고, 둘째 부인의 자식도 아니고, 아무런 혼인 관계가 없는 16세 어린 여인에게서 태어났다고 한다. 더구나 공자는 두 살 때 아버지를 여의고 아무 재산도 없는 어린 어머니와 함께 맨주먹으로 살았다. 자세히 전해진 것은 없지만, 홀어머니와 함께 살던 공자의 삶이 얼마나 힘들고 고통스러웠을지 짐작이 간다. 그러나 공자는 인간다운 삶이 무엇인지 고민했고, 자신의 삶을 성찰했으며, 자신을 돌보면서 살았다.

주격 나와 목적격 나

그런데 인간의 자기 이해가 이렇게 자기 인생을 되돌아보며 자기 서사를 만드는 자기만의 작업, 즉 자기중심적 방식으로만 이루어지는 것은 아니다. 인간은 사회적 존재이기 때문에 자기 이해는 타인과의 관계에서도 이루어진다. 미국의 사회심리학자 조지 허버트 미드George Herbert Mead(1863~1931)에 따르면 인간이 태어나 성장하면서 최초로 자기에 대한 의식이나 자기 이해에 도달하게 되는 것은 타인의 시각을 통해서라고 한다. 즉 어린아이는 자기를 보살펴 주는 사람들이 자기에 대해 어떻게 생각하는지 알게 되면서 비로소 자기가 어떤 존재인지 알게 된다는 것이다. 이 때문인지 어린아이는 자신을 1인칭이 아닌, 3인칭으로 말하곤 한다. 예를 들어 '혜인'이라는 이름을 가진 아이에게 어른들은 "우리 혜인이 예쁘지, 혜인아! 이거 먹어."라고 한다. 이런 식의 대우를 받다 보면 이 아이는 "나 예뻐, 나 이거 먹을 거야!"라고 말하는 것이 아니라, 자기를 혜인이라고 지칭하며, "혜인이 예뻐, 혜인이 이거 먹을 거야!"라고 말한다는 것이다.

이렇게 어린아이는 자기를 보살펴 주는 사람들이 이해

한 대로 자기를 이해하지만, 점차 자신이 접하는 사람들이 늘어나면 이 사람들 사이에서 공통으로 나타나는 관점을 통해 자기를 이해하게 된다. 미드는 이렇게 이해된 자기를 '목적격 나'라고 부른다. 그렇다면 내가 나를 안다는 것이 이 목적격 나를 알게 되었다는 뜻일까? 그렇지 않다. 미드는 목적격 나에 반발하는 '주격 나'라는 또 다른 나가 있음을 지적한다. 흔히 어린아이가 처음으로 '나'라는 말을 쓰기 시작하는 때는 반항하는 시기다. 아이에게 '자아'가 생기기 시작하면서 보호자나 주변 사람들에게 순종하지 않고 생떼를 부리거나 어른들의 말을 거역하고 자기주장을 한다는 것이다. 이런 반항은 유아기 때의 1차 반항기와 사춘기 시절의 2차 반항기에 흔히 나타난다. 이럴 때 아이가 '나'라고 말하는 것이 바로 '주격 나'에 해당한다. 미드는 이런 주격 나를 목적격 나의 대립 항으로 설정한다. 즉, 주격 나의 반항은 바로 사람들이 나에 대해 생각하는 목적격 나에 대한 반항이라는 것이다. 그런데 이 주격 나는 단지 목적격 나에 대한 반발로만 체험된다는 점에서, 과연 주격 나가 구체적으로 어떤 자아상으로 이해될 수 있을지는 모호하다. 그렇기에 자기 탐색을 통해 이 주격 나를 사람들이 이해할 수 있는 자아상으로 구체화해야 한다. 그렇지 못하면 주격 나의 요구는 단지 맹목적 반항으로 그친다. 2차 반항기라고 알려진 사춘기 시절의 반항도 대개 주변 사람들이 생각하는 '목적격 나'에 대한 반항이지만, 정작 자신이 원하는 자아상이 무엇인지 구체화하지 못할 때 '반항을 위한 반항'으로 그치고 만다.

이렇게 '나'가 목적격 나와 주격 나라는 두 가지 차원을 갖는다면, 진짜 나는 어떤 것일까? 그리고 내가 나를 알고 돌본다는 것은 무슨 뜻일까? 목적격 나와 주격 나라는 미드의 자아관을 전제한다면, 진짜 나는 목적격 나도 아니고, 주격 나도 아니다. 이 둘을 화해시킬 때 진짜 '나'가 형성된다. 주격 나의 요구를 구체화하고 이를 주변 사람들이 수용한다면, 이제 사람들이 생각하는 '나'와 내가 생각하는 '나'가 같아질 수 있다. 물론 이런 진짜 나가 불변적인 것은 아니다. 내가 만나고 관계하는 사람의 폭이 넓어지고, 새로운 사람들을 만나면서 자아에 대한 그들의 시각과 나의 시각이 대립과 갈등의 과정을 겪을 수 있으며, 이런 시각차를 조절하려고 노력한다면 진짜 나도 변한다. 이런 점에서 나를 안다는 것은 목적격 나와 주격 나를 안다는 것이고, 나를 돌본다는 것은 목적격 나와 주격 나를 화해시킬 수 있는 진짜 나를 만들어 가는 것이다.

공자와 노자의 만남

공자 역시 혼자 산 것이 아니라, 타인과의 교류 속에서 살았기에 공자가 생각하는 자아상과 타인이 생각하는 자아상 사이에서 갈등을 겪었을 것이다. 그리고 이를 해결하는 과정에서 앞서 밝힌 공자의 '자기 서사'처럼 훗날 성인으로 추앙받은 자신의 인격을 형성하지 않았을까 추측해 볼 수 있다.『논어』9편「자한」을 보면 공자는 자신이 젊었을 때 천하게 살았다고 한다. 그렇기에 비천한 일에 여러 가지로 능하다고 말한다. 이런 공자의 말을 곱씹어 보면, 공자는 성인군자의 기질을 타고난 것도 아니고, 하늘이 공자를 성인군자로 삼은 것도 아니다. 아마도 공자는 온갖 역경을 딛고 '공자'라는 한 인물로 성장했을 것이다. 그리고 이런 과정에서 수많은 사람과도 갈등했을 것이다.

사마천의『사기(사기열전)』의「노자한비열전」에는 공자와 노자의 만남을 서술한 부분이 있다. 공자가 활동하던 당대에 공자 자신이 만났던 '타인'이 공자를 어떻게 보았을지 알 수 있는 부분이다. 과연 공자의 '자기 서사'에서 묘사된 공자의 모습과 도가를 상징하는 노자라는 타인이 생각하는 공자의 모습이 일치했을까? 공자는 노자를 만나 '예禮'

에 관해 물었고, 노자는 다음과 같이 대답했다.

> "그대가 말하는 성현들은 그 육신과 뼈가 모두 이미 썩어 버리고 단지 그 말만 남아 있을 뿐이오. 하물며 군자도 그 때를 만나면 관직에 나아가지만, 때를 못 만나면 이리저리 날려 다니는 다북쑥처럼 떠돌아다니는 유랑의 신세가 될 것이오. (…) 그대의 교만과 탐욕, 허세와 지나친 욕망을 버리도록 하시오. 이런 것들 모두가 그대에게 아무런 도움이 되지 않을 것이오. 내가 그대에게 말할 것은 단지 이것뿐이오."

이는 공자가 당대에 도가 사상의 시조인 노자에게 들었던 말로, 동양 문화에서 성인으로 추앙되던 공자의 모습이 아니다. 교만과 탐욕, 허세와 욕망. 이런 것들은 공자가 비판하고 경계하던 것들이 아니던가? 노자는 공자와는 인생관과 세계관이 다른 사람이다. 공자가 군주, 신하, 부모, 자식이 지켜야 할 도리를 강조했다면, 노자는 무위자연을 말했다. 그렇기에 노자의 눈에는 공자가 좋게 보였을 리 없다. 이를 감안하더라도 공자에 대한 노자의 평가는 우리가 가지고 있는 공자의 이미지와는 거리가 너무 멀다. 물론 사마천이 노자와 공자의 만남에 관해 서술하고 있지만, 실제로 둘이 만났었는지도 불명확하다. 그러나 이것이 사실이라면 공자는 노자의 평가에 대해 어떻게 생각했을까?

> "용은 구름과 바람을 타고 하늘로 올라가니 용에 대해서 나는 아무것도 알 수가 없구나. 오늘 내가 노자를 만나 보니 그는 마치 용과 같은 사람이다."

사마천의 『사기』를 보면 공자는 노자를 용에 비유했다. 한 마디로 말해 노자는 알 수 없는 사람이라는 뜻인 것 같다. 이것 말고 공자가 노자의 평가에 대해 뭐라고 반응했는지는 전해진 바가 없다. 그러나 공자의 반응을 추측해 보는 것은 어렵지 않을 것이다. 공자는 항상 자기 돌봄을 게을리 하지 않던 사람이다. 그는 "인격을 수양하지 못하는 것, 배운 것을 익히지 못하는 것, 옳은 일을 듣고 실천하지 못하는 것, 잘못을 고치지 못하는 것"을 늘 걱정했던 사람이다. 아마도 공자가 노자의 평가를 실제로 들었다면, 이를 통해 자신을 되돌아보려 했을 것이다. 그리고 이를 통해 자신이 생각하는 자아상과 노자가 생각하는 자신에 대한 자아상을 화해시키려고 노력했을 것이다. 누구를 만나든 그의 말을

2부 나를 알다

경청하며 자신을 돌아보지 않았다면, 아마도 성인으로 추앙된 공자는 없었을 것이기 때문이다.

지금까지의 이야기를 종합해 본다면, 내가 나를 안다는 것이 나의 한 부분만 아는 것은 아니다. 나도 인간이기에 좋은 것과 나쁜 것, 이로운 것과 해로운 것, 정의로운 것과 불의한 것을 분별할 수 있는 이성적 존재지만, 동시에 나는 인생 과정을 통해 형성된 특수한 존재이며, 타인과의 지속적 교류 속에서 자신을 만들어 가는 존재이기도 하다. 따라서 내가 잘 살기 원한다면 이 모든 나를 잘 돌봐야 한다.

2.   소크라테스의 자기 돌봄

영국의 철학자 앨프리드 노스 화이트헤드Alfred North White-head(1861~1947)는 서양철학사를 플라톤 철학에 대한 주석으로 본다. 서양철학은 플라톤 철학을 계승하거나 비판하거나 대안을 제시하거나 플라톤이 제시한 문제의식에 기초하고 있다는 뜻이다. 소크라테스는 플라톤의 스승이고, 플라톤이 남긴 저술은 소크라테스가 철학적 주제에 대해 다른 사람과 나눈 대화를 기술한 것이다. 이런 점에서 소크라테스 이전에도 철학자는 있었지만, 그를 서양철학의 아버지로 평가한다고 해도 지나치지 않다.

테스형

가수 나훈아는 2020년 추석에 「테스형」이라는 노래를 발표했다. 「테스형」이라는 노래 제목만 들었을 땐 테스형이 나훈아의 외국인 친구쯤 되는 줄 알았는데, 노래를 다 듣고 보니 테스는 바로 소크라테스를 줄여 부른 말이었다. 나훈아에게 소크라테스가 어떤 사람이길래 자신의 노래에 그를

끌어들였을까? 나훈아가 철학에 심취한 걸까? 그렇기에 서양철학의 아버지 격인 소크라테스를 노래한 걸까? 이 노래 가사를 보면 여러 군데에 소크라테스라는 이름이 나온다. "아! 테스형 세상이 왜 이래, 왜 이렇게 힘들어. 아! 테스형 소크라테스형 사랑은 또 왜 이래. 너 자신을 알라며 툭 내뱉고 간 말을 내가 어찌 알겠소", "아! 테스형 아프다 세상이 눈물 많은 나에게. 아! 테스형 소크라테스형 세월은 또 왜 저래. 먼저 가 본 저세상 어떤가요 테스형 가 보니까 천국은 있던가요 테스형" 이런 노래 가사만 보면, 나훈아가 철학에 심취했는지는 알 수 없다. 그리고 나훈아가 소크라테스의 대화가 실린 플라톤의 저작을 탐독했을 것 같은 느낌을 주지도 않는다. 나훈아가 "너 자신을 알라"라는 소크라테스의 말을 상기하고 있지만, 이 노래에서 그 뜻은 중요하지 않다. 나훈아는 지금 소크라테스에게 하소연하고 있기 때문이다. 세상이 왜 이래, 사랑은 또 왜 이래, 세월은 또 왜 저래. 이 세상에서 한평생을 보내며 많은 사람을 사랑하며 살았건만 이렇게 사는 게 잘 산 것일까? 이제 죽음을 생각하니 이렇게 힘들고, 아프고, 눈물로 살아온 인생이 이렇게 끝나 버리는 것인지, 아니면 사후에 또 다른 삶이 기다리고 있는지, 그렇다면 그 삶은 괴롭고 힘들지, 아니면 즐겁고 행복할지……. 나훈아가 소크라테스에게 하소연하고, 죽음 이후를 물은 것은 그가 인생의 의미, 잘 산다는 것이 무엇인지 잘 알고 있는 사람이라고 생각했기 때문일 것이다. 그리고 이런 소크라테스가 마치 아버지처럼 나훈아 자신을 보살펴 주길 원했는지도 모른다. 나훈아의 생각은 틀리지 않았다. 소크라테스는 "너 자신을 알라."라는 말로 유명하지만, 그가 이 말을 한 이유는 세상 사람들에게 자기 자신을 돌보라는 말을 하기 위해서였다. 누구나 자기를 돌보기 위해서는 자기를 알아야 하기 때문이다. 또한 누구나 자기를 돌봐야 하는 이유는 아무렇게나 사는 것이 아니라, 잘 살기 위해서라고 소크라테스는 말한다. 이런 소크라테스는 신이 부여한 자신의 역할이 타인의 영혼을 보살피는 데 있다고 믿었던 사람이다. 나훈아는 인생을 묻고 하소연하기에 가장 적합한 철학자를 찾은 것 같다.

너 자신을 알라

그런데 소크라테스는 "너 자신을 알라"라는 말처럼 정작 자기 자신을 알려고 했고, 또한 자기를 돌보며 살았을까? 그리고 그가 인생을 잘 살았다고 볼 수 있을까? 인류 역사에 등장했던 철학자들을 보면 말과 삶이 꼭 일치한 것은 아니다. 물론 철학자의 주장과 실제 삶이 일치하지 않는다고 해서 그 주장이 틀렸다고 말할 수는 없다. 건강을 위해 금연을 권하는 의사가 골초라고 해서 이 의사의 말이 틀린 것은 아니다. 그래서 사람들은 달을 봐야지, 왜 달을 가리키는 손가락만 탓하느냐고 항변하기도 한다. 그러나 메시지에 담긴 진실을 받아들이기 싫을 때 메신저를 공격하는 것은 흔한 일이다. 그런데 소크라테스는 이런 사람들과는 달랐다. 소크라테스는 자기 말처럼 살았다.

그렇다면 소크라테스가 "너 자신을 알라"라는 말처럼 자신을 알고, 자신을 돌보며 살았다고 볼 수 있는 이유는 무엇일까? 소크라테스에 관한 기록을 보면 그는 툭 불거진 눈에 주먹코, 두툼한 입술, 땅딸막한 키, 불룩하게 나온 배를 가진 외모의 인물이었다. 그리고 그는 추위와 힘든 일을 견뎌 내는 강인한 체력의 소유자였다고 한다. 소크라테스가 자신을 안다는 것이 이렇듯 자기 외모와 체력에 대해서 안다는 뜻일까? 그렇지 않다.

소크라테스에게는 별명도 있었다. 별명은 대개 주변 사람들의 평가를 담기 마련이다. 사람들은 소크라테스가 많은 질문으로 주위 사람들의 말문을 막히게 한다고 해서 그를 가리켜 가시로 찔러 침입자를 마비시키는 '가시 달린 가오리(전기가오리)'라고 했고, 소크라테스가 사람들을 귀찮게 따라다니며 질문한다고 해서 그를 황소 등에 들러붙어 끊임없이 성가시게 하는 '등에(쇠파리)' 같다고도 했다. 그리고 희극 작가 아리스토파네스는 그를 가리켜 구름 위를 걷는 사람처럼 엉뚱한 소리만 늘어놓는다며 조롱했다. 요즘 말로 소크라테스는 뜬구름 잡는 소리만 한다는 것이다. 소크라테스가 자신을 안다는 것이 이런 자신에 대한 평가를 안다는 뜻일까? 그렇지 않다.

소크라테스의 아버지는 석공이었고, 어머니는 산파였다. 그는 약간의 유산이 있었고, 경제적으로 부유하지는 않았지만 아테네 시민에게 주는 국가 보조금 덕분에 독립적으로 살 수 있었다. 일설에 의하면 아버지로부터 물려받은 석공 작업장을 부인인 크산티페가 운영하면서 생계를 유지했다고도 한다. 소크라테스가 자신을 안다는 것은 이런 자신의 가정 환경에 관해 안다는 뜻일까? 이런 사실들은 소크라테스 자신만이 아니라, 남들도 쉽게 알 수 있다.

소크라테스가 자신을 안다고 했을 때, 이는 자기 삶에 대한 진지한 검토를 통해서만 알 수 있는 진짜 '나', 자기 자신의 가장 핵심적인 부분을 안다는 뜻이다. 그리고 소크라테스는 이 진짜 '나'를 좋은 것과 나쁜 것, 이로운 것과 해로운 것, 정의로운 것과 불의한 것을 분별하는 이성적 주체로 보았다. 그렇다면 소크라테스의 '나'는 어떤 상태에 있었을까? 그리고 소크라테스는 이를 잘 알고 있었을까?

가장 지혜로운 자

플라톤이 저작한 대화편 중 『소크라테스의 변명』에는 소크라테스가 자기를 알게 된 유명한 일화가 나온다. 한번은 소크라테스의 죽마고우였던 카이레폰이 고대 그리스 델포이에 있는 아폴론 신전에 가서 누가 가장 지혜로운 자인지 여자 사제에게 물었다. 이때 여자 사제의 답은 소크라테스보다 지혜로운 자는 없다는 것이었다. 당시 그리스에서 여자 사제는 자기 의견을 말하는 사람이 아니라, 신의 계시를 전하는 사람이었다. 따라서 그 사제의 말은 신탁에 해당한다.

이 말을 들은 소크라테스는 그 뜻이 무엇인지를 두고 고민했다. 소크라테스는 한 번도 자신이 지혜로운 사람이라고 생각해 본 적이 없었기 때문이다. 그러나 신이 거짓말할 까닭이 없기에, 과연 이 말이 무슨 뜻인지 고민했다. 그리고 소크라테스는 이 고민을 풀기 위해 지혜로운 자로 소문난 사람들을 찾아가 이들보다 자신이 더 지혜로운지 알아보려고 했다. 소크라테스는 유명한 정치가들을 만났지만, 그들은 자신보다 지혜로운 자가 아니었다. 소크라테스는 이들과 무엇이 좋은 것이고, 무엇이 이로운 것이고, 무엇이 정의로운 것인지 토론해 보았지만, 이들은 이런 문제에 대해 잘 알지 못하면서 스스로는 잘 알고 있다고 생각하는 것 같았다. 소크라테스는 시인들도 만났다. 이들은 훌륭한 말을 많이 하지만, 정작 자신이 하는 말이 무슨 뜻인지 잘 모르는 것 같았다. 소크라테스는 물건 잘 만드는 장인들도 만났다. 이들은 자기가 기술적인 일을 잘한다고 다른 모든 문제에 대해서도 잘 아는 것처럼 착각하고 있었다. 이렇게 소크라테스는 많은 사람을 만나면서 감히 자신이 이들보다 지혜롭다는 결론을 내린다. 결과적으로 자기보다 지혜로운 자가 없다는 신탁이 옳다는 것을 깨달은 것이다. 그 이유는 간단하다. 소크라테스는 자신이 모른다는 사실을 잘 알고 있지만, 지혜롭다고 소문난 사람들은 자신이 모른다는 사실을 모르고 있었다. 이런 점에서 소크라테스는 '무지에 대한 자각'을 자기가 지혜롭다는 증거로 본 것이다.

그런데 아무것도 모르는 사람이나, 모른다는 것을 아는 사람이나 모른다는 것은 마찬가지인데 왜 무지를 자각한 자가 가장 지혜로운 사람일까? 사실 자신이 무엇이든 잘 안다고 생각하는 사람이나 자신이 모른다는 것을 모르는 사람은 더 배우거나 탐구하려 들지 않는다. 이런 점에서 무지를 자각하지 못하면 지적 자만에 빠지기 쉽다. 더구나 자신이 알고 있는 것이 잘못되었음에도 자신의 무지를 자각하지 못한다면, 이런 사람은 자신만이 아니라 타인에게도 해를 끼칠 수 있다. 무지에 대한 자각은 사람들을 지적 자만이나 잘못된 지식에서 해방한다. 그리고 이렇게 해방된 사람만이 비로소 진리에 대한 탐구로 나아갈 수 있다.

소크라테스가 생각한 진짜 '나'는 좋은 것과 나쁜 것, 이로운 것과 해로운 것, 정의로운 것과 불의한 것을 분별함으로써 진리를 인식하는 이성적 주체를 말한다. 즉 나라는 존재는 합리적으로 사고하고, 몸을 통해 생명을 유지하고, 사회적 역할을 수행하는 등 다양한 특징을 갖지만, 이 중 합리적으로 사고하면서 진리를 인식하는 이성적 주체가 나의 가장 핵심적인 부분이라는 것이다. 이성적 주체로서 분별력을 잘 발휘해 진리를 인식할 때 나는 비로소 나의 인생 전반을 올바로 인도할 수 있기 때문이다. 그러나 이성적 주체인 '나'가 지적 자만에 빠진다든지, 잘못된 지식을 옳다고 믿고 있다면, 이 '나'는 가장 나쁜 상태에 있다고 할 수 있다. 이에 반해 소크라테스는 이성적 주체로서 진리를 인식할 수 있는 사람이었다. 그는 이미 분별력을 잘 발휘함으로써 무지를 자각했기에 비로소 지적 자만이나 잘못된 인식에서 벗어날 수 있었기 때문이다. 이런 점에서 소크라테스의 '나'는 가장 좋은 상태에 있었다.

신이 내린 사명

소크라테스는 자신이 무지를 자각하고 있다는 사실을 통해 자신이 가장 지혜로운 사람이라는 사실을 깨닫게 되었지만, 이 점이 자신에 대해 알게 된 전부는 아니다. 자기를 알기 위한 소크라테스의 자기 검토는 왜 신이 자기가 가장 지혜롭다는 신탁을 내렸는지, 그리고 가장 지혜로운 자기 자신은 어떻게 살아야 할지 검토하는 것으로 발전한다. 원래 "너 자신을 알라"라는 말은 델포이 아폴론 신전 입구에 새겨진 경구였다. 그리고 이는 영원한 존재인 신과 달리 인간은 죽을 수밖에 없는 유한한 존재임을 깨닫고 신 앞에 겸손하라는 뜻이었다. 이렇게 보면 자신이 아무것도 모른다는 점을 고백한 소크라테스는 가장 먼저 신의 뜻을 깨우치고 이에 순종한 사람이다.

그렇다면 신은 왜 소크라테스가 자신이 가장 지혜로운 자임을 알게 했을까? 혹시 신은 이를 통해 소크라테스에게 가장 지혜로운 자로서의 사명을 부여하고자 했던 것은 아닐까? 소크라테스는 자신이 가장 지혜로운 자임을 알게 한 신의 의도가 이제 자신처럼 다른 사람들도 무지함을 깨닫게 해 주고, 자신처럼 지혜로운 자가 되도록 권면하고 도와주라는 것이 아닌가 생각한다. 소크라테스가 가장 지혜로운 자라면, 이런 일에 가장 적합한 사람은 다름 아닌 소크라테스이기 때문이다. 이렇게 신의 명령을 해석한 소크라테스는 다른 사람들을 만나 대화하고 토론하면서 이들도 자기 자신을 검토하도록 자극하고 이끌어 주는 것을 자신의 사명으로 삼았다.

그런데 자신의 무지를 안다는 것은 이제 무엇이 좋고, 이롭고, 정의로운지 인생의 핵심 사안을 탐구하는 출발점이 되며, 결국 이를 통해 자신의 삶을 새롭게 주도하는 결정적 계기가 된다. 이런 점에서 자신의 무지를 안다는 것은 자기 돌봄을 위한 하나의 과정이다. 이렇게 보면 소크라테스의 사명은 단지 타인이 무지를 자각하게 하는 데 그치는 것이 아니라, 타인이 무지를 자각하게 하면서 이 사람도 자신의 삶을 검토하도록 유도한 것이고, 결국 이 사람도 잘 살 수 있도록 그의 조력자가 된다는 뜻이다. 소크라테스는 이른바 타인의 영혼을 보살피는 일을 자신의 사명으로 본 것이다.

사형 선고를 수용한 소크라테스

소크라테스는 이처럼 자신이 무지를 깨닫고 있다는 점에서 가장 지혜로운 사람이라는 것, 그리고 이를 통해 신이 부여한 자신의 사명도 깨달았다는 점에서 자신을 잘 알고 있는 사람이었다. 그렇다면 한 걸음 더 나아가 소크라테스가 이러한 자기 인식을 통해 자기를 돌보는 삶을 살았다고 볼 수 있는 이유는 무엇일까?

이는 그의 죽음과 깊은 관련이 있다. 소크라테스는 널리 알려져 있듯이 그의 나이 70세가 되던 해에 사형 선고를 받고 죽었다. 그의 죄목은 아테네의 신을 믿지 않았고, 젊은이를 타락시켰다는 것이었다. 하지만 소크라테스는 자신이 이런 죄를 저질렀다고 생각하지 않았다. 소크라테스는 자신이 누명을 썼다고 생각했다. 그렇기에 그의 친구들은 소크라테스에게 탈옥을 권유하기도 했다. 더구나 재판관들은 소크라테스가 지금까지 하던 일, 즉 자신과 타인을 돌보는 일을 하지 않는다면 석방해 주겠다는 조건을 제시한다. 하지만 소크라테스는 담담히 사형을 받아들이고 독약을 마셨다. 여기서 중요한 것은 소크라테스가 사형을 피할 수도 있었는데 이를 수용했다는 점이다. 소크라테스는 왜 사형 선고를 받아들였을까? 이 점이 소크라테스의 자기 돌봄을 이해할 수 있는 열쇠다.

플라톤이 남긴 대화편 중 『크리톤』은 소크라테스의 평생 친구인 크리톤이 그의 억울함을 알고 탈옥을 권하며 소크라테스와 나눈 대화다. 여기서 소크라테스는 자신에게 중요한 것은 그저 사는 것이 아니라, 잘 사는 것임을 주장하며 탈옥을 거부한다. 잘 산다는 것이 소크라테스에게 어떤 것이기에 탈옥을 거부하고 죽음을 선택했을까? 잘 산다는 말은 우리도 많이 사용하는 말이다. 어떤 사람이 부유하면 그 사람이 잘산다고 말하고, 어떤 사람이 가난하면 못산다고 말한다. 그러나 소크라테스에게 잘 산다는 것이 부유한 삶을 의미하는 것은 아니다.

　소크라테스에게 인간이 자신을 돌본다는 것은 '나'를 최상의 상태로 만드는 것이며, 잘 산다는 것은 이 최상의 상태인 '나'가 이끌고 주도하는 삶이다. 그리고 이 최상의 '나'

가 주도하는 삶이란 자신이 잘못된 생각이나 헛된 욕망에 빠져 있는 것은 아닌지 면밀히 검토하면서 올바른 삶을 찾아 나가는 과정이다. 소크라테스는 신이 가장 지혜로운 사람이라고 했듯이 항상 자신을 검토하며 살았고, 자신의 무지함을 알았고, 또 무엇이 올바른지 탐구하며 살았다. 이러한 자기 돌봄은 자신에게만 국한된 것이 아니다. 소크라테스는 타인들 역시 자신을 돌보도록 권면하고 도와주는 것을 자신의 사명으로 알았다. 소크라테스가 가장 지혜로운 자였기에, 이런 일은 소크라테스에게 가장 적합한 일이었고, 자기 능력을 가장 잘 발휘할 수 있는 일이었다. 그렇기에 소크라테스는 부자든 가난한 사람이든, 청년이든 노인이든, 내국인이든 외국인이든 누구든지 만나면 무엇이 좋고, 이롭고, 정의로운지 인생사와 관련된 많은 문제에 관해 대화하고 토론하며 탐구하고, 시험하고, 조사하면서 각자의 삶을 검토하게 했다.

　　이렇게 자신과 타인의 삶을 검토하며 인생을 살았던 소크라테스는 비록 억울한 판결이지만 사형 선고를 받았고, 죽음에 직면했다. 하지만 이런 상황에서 그가 죽음을 두려워해 자신의 사명을 포기해야 했을까? 사형 선고 이전까지 자신의 사명에 따라 살아온 삶이 옳다면, 사형 선고 이후에도 이렇게 사는 것이 옳다. 재판관들은 소크라테스가 이러한 자신의 사명을 포기할 것을 석방 조건으로 제시했지만, 소크라테스는 이를 거부한다. 자신과 남을 돌보지 않는 것은 신에 대한 거역일 뿐만 아니라, 자신의 사명을 포기하는 일이기 때문이다. 소크라테스는 누군가 최선이라 생각해서 자신을 어떤 자리에 배치했을 때, 죽음이 두려워 이 자리를 떠난다는 것은 올바르지 않을 뿐만 아니라, 정말로 무서운 일이고, 삶의 의미 자체를 포기하는 일이라고 말한다.

그렇다고 탈옥하여 다른 나라로 도망가는 것이 옳을까? 소크라테스는 과연 탈옥이 올바른 행동인지 크리톤과 대화하고 토론한다. 그리고 탈옥이 올바른 행동이 아니라는 결론에 도달한다. 그 이유는 시민과 국가의 관계 때문이다. 소크라테스는 아테네에서 태어나서 양육되고 교육받았고, 아테네가 주는 모든 혜택을 받았다고 말한다. 그리고 자신이 칠십 평생을 아테네에서 살았다는 것은 아테네의 법과 관습을 지키겠다는 무언의 약속이었다고 말한다. 만약 아테네가 싫었다면 그는 얼마든지 다른 도시 국가로 이주할 수 있었다. 그런데도 아테네는 원하지만, 아테네의 국법만은 피하고 싶다고 말할 수 있을까? 더구나 다른 나라로 이주한다면, 그곳 사람들이 자신을 그 나라 국법을 잘 지키며 살 사람이라고 생각할까? 소크라테스는 자신이 다른 나라로 이주한다고 해도 국법을 어기고 탈옥한 사람이라는 낙인 때문에 신이 부여한 사명을 다할 수 없다고 생각했다. 그래서 그는 죽음을 선택했다. 그에게는 그저 목숨만 부지하는 것보다 잘 사는 것이 중요했기 때문이다.

소크라테스는 후회 없는 인생을 살았다. 그는 사형 선고까지 받아들인 자신이 한평생 잘 살았다고 생각했다. 그래서 그는 편안한 마음으로 아무 일도 아니라는 듯 담담하게 죽음을 맞았다. 친구 크리톤에게 남긴 그의 유언이 이를 말해 준다.

"크리톤, 우리는 아스클레피오스에게 닭 한 마리를 빚지고 있네. 부디 갚아 주게. 잊지 말고."

3. 인간이란 존재

사람은 누구나 다르다. 개개의 인간은 다 개성을 가진 특수한 존재이기 때문이다. 하지만 인간이란 점에서 공통점도 있다. 철학에서는 흔히 이를 가리켜 인간의 본성이라고 말한다. 하지만 인간의 본성에 대한 철학적 대답은 하나가 아니라 다양하다. 이는 그만큼 인간의 본성을 파악하기가 어렵다는 뜻이기도 하지만, 인간에게는 그만큼 어떤 불변적 본성이 없다는 뜻이기도 하다. 만약 후자의 입장에 선다면 인간의 특성은 가변적이고, 이미 정해진 것이 아니라 사회적으로 혹은 개인적 노력을 통해 형성된 것이다. 그렇다면 인간의 특성이 불변적으로 이미 정해져 있든, 아니면 가변적이고 형성된 것이든 인간에게 공통적으로 나타나는 특성이 있기는 할까? 내가 나를 이해하기 위해서는 나의 개성을 탐색하는 것도 중요하지만, 나 역시 인간이라는 점에서 인간의 특성을 아는 것도 필요하다.

자기애, 공감, 정의

고전 경제학의 기초를 마련한 애덤 스미스Adam Smith (1723~1790)는 근대 경제학의 창시자답게 『국부론』을 저술했지만, 그는 『도덕감정론』에서 인간의 본성에 관해서도 말하고 있다. 이 책에 따르면 우리가 사는 세계는 이를 창조한 신의 섭리에 따라 운행되며, 신의 피조물인 인간 역시 신의 섭리에 따라 살도록 그 본성이 부여되었다. 스미스는 이 본성 중 하나가 타인보다 자기 자신을 우선시하는 '자기애'라고 본다. 인간 역시 다른 생명체와 마찬가지로 자기 생명을 보존하고 번식하려는 섭리의 지배를 받고 있기 때문이다. 스미스에 따르면, 이러한 자기애는 인간에게서 발견할 수 있는 가장 강력하고 근원적인 열정이기에 인간은 자기 보존과 종족 보존을 위한 것이라면 아무리 작은 것이라도 이에 대한 욕구를 가지며, 설령 타인에게 파괴적이더라도 이런 욕구를 억제하기 어렵다. 이런 점에서 스미스는 지구상에 있는 어떤 나라에서 엄청난 지진이 일어나 1억 명이 넘는 사람이 목숨을 잃었다고 하더라도 이에 대한 슬픔은 잠시일 뿐 우리는 다시 일상생활의 편안함으로 돌아가지만, 자신의 새끼손가락 하나라도 잃게 될 것 같으면 밤잠을 설칠 것이라고 말한다.

그런데 스미스는 인간에게 이러한 자기애에 반하는 또 다른 본성이 있음을 지적한다. 타인의 슬픔을 목격할 때 함께 슬퍼하고, 타인의 기쁨을 보면서 함께 기뻐하는 '공감sympathy'*의 본성이 그것이다. 공감은 인간이 상상력을 발휘하여 타인의 입장에 설 때 갖게 되는 감정으로, 인간애가 풍부한 사람만이 아니라 극악무도한 사람에게조차 발견된다. 우리는 병 때문에 고통스러워하는 갓난아이를 보면 가슴 아파하고, 심지어 죽은 사람의 시신을 보고도 슬퍼한다. 그리고 우리는 타인의 몸에 칼이 겨누어진 광경을 보면 마치 우리에게 칼이 겨누어진 것처럼 몸을 움츠리고, 밧줄 위에서 춤추는 무용수를 보면, 마치 우리가 줄을 타는 양 가슴을 졸인다. 이런 점은 비극이나 연애 소설을 읽을 때도 마찬가지다. 주인공이 고난을 겪으면 우리 자신이 겪는 것처럼 슬퍼하고, 주인공이 위기에서 벗어날 때면 우리 자신이 벗어난 것처럼 기뻐한다. 이런 점에서 스미스는 인간에게 타

---

* 영어의 'sympathy'는 공감, 동감, 동정심 등으로 번역되지만, 이 책에서는 '공감'으로 통일해서 사용한다.

인의 상황에 자신을 이입함으로써 타인과 공감하는 본성이 있다는 점을 자명한 사실로 본다.

이렇게 인간에게 자기애와 공감이라는 두 가지 본성이 있다면, 우리는 어떻게 살아야 할까? 자기애의 본성에 따라 살아야 할까? 아니면 공감의 본성에 따라 살아야 할까? 인간이 공감의 본성에 따라 살면 아마도 인간 사회는 사람들이 하나가 되어 서로 돕고 협력하는 사회가 될지 모른다. 그러나 이에 반해 인간이 자기애의 본성에 따라 살면 인간 사회는 갈등과 대립은 물론, 결국엔 만인에 대한 만인의 전쟁 상태가 될지도 모른다. 이런 문제에 대한 스미스의 답은 이중적이다. 그는 인간이 자기애를 발휘하며 사는 것은 그것이 생명 보존과 종족 번식이라는 신의 섭리에 기인하다는 점에서 자연스러운 과정으로 본다. 그러나 이러한 자기애가 지나쳐 타인의 생명과 재산을 침해하는 것에는 반대한다. 이렇게 되면 사회 구성원 간의 대립이 격화되어 모두에게 해가 될 뿐만 아니라, 사회 자체가 유지될 수 없기 때문이다. 이런 점에서 스미스는 타인의 생명과 재산 침해 금지를 사회 정의로 규정하면서 국가가 공권력을 통해 이를 보장해야 한다고 본다.

그렇다면 자기애와 반대되는 공감의 본성은 어떨까?

스미스는 사회 구성원들이 공감을 발휘하며 산다면, 인간 사회는 애정이 넘치는 즐거운 사회가 될 수 있다고 본다. 그리고 인간이 자기애를 억누르고 공감의 본성을 발휘하여 타인과 서로 돕고 협력하며 사는 것을 인격의 완성으로 평가한다. 그러나 국가가 타인을 돕고 협력하는 행위를 공권력으로 강제할 수는 없다. 사람들이 이런 행위를 하지 않더라도 타인에게 해를 끼치는 것은 아니기 때문이다. 이런 점에서 스미스는 타인의 생명과 재산을 침해하지 않는 사회정의는 사회라는 건물을 지탱하는 기둥과 같고, 타인을 돕고 협력하는 행위는 사회라는 건물을 꾸미는 아름다운 장식과 같다고 말한다.

이런 스미스의 입장을 따른다면, 인간이 자기애에 따라 사는 것은 당연한 일이지만, 자기애가 지나쳐 타인의 생명과 재산을 침해해서는 안 된다. 물론 한 걸음 더 나아가 자기애를 억누르고 타인에게 공감하며 도와주고, 협력하며 산다면 인격을 완성하고 사회를 아름답게 장식할 수 있지만, 이런 행위가 필수적인 것은 아니다. 어떻게 보면 스미스가 말하는 인간의 삶은 우리 자신의 모습일 수 있다. 우리 대부분은 자기나 가족의 생존과 재산을 위해 살며, 여유가 있는 사람은 남을 돕거나 자기 재산을 기부하기도 하지만,

이런 행동을 하지 않는다고 특별히 잘못이라고 생각하지는 않는다.

그런데 타인의 생명과 재산을 침해하지 않고 자기애에 따라 산다는 것이 타인과 좋은 관계를 형성하며 산다는 뜻은 아니다. 물론 이렇게 살더라도 타인에게 해악을 끼치는 것은 아니지만, 자기애는 타인과의 무한 경쟁으로 이어질 수 있기 때문이다. 자기애는 자신의 이익을 우선시하는 태도이기에 경쟁이 불가피하다. 스미스 역시 타인의 생명과 재산을 침해하지 않는 한 누구나 타인과 경쟁하며 자신의 방식대로 자기 이익을 추구하는 것은 자연이 부여한 자유라고 말한다. 그런데 경쟁이 비록 타인의 생명과 재산을 침해하지 않는 방법으로 진행되더라도, 그 결과는 참혹할 수 있다. 경쟁의 승자는 모든 것을 얻지만, 패자는 모든 것을 잃을 수 있기 때문이다. 이런 점에서 자기애에 따라 산다는 것은 승자에게는 자신이 원하는 것을 획득하는 행복의 길일지 몰라도, 패자에게는 파멸의 길일 수 있다.

자기애와 공감의 선순환

스미스는 이렇게 자기애와 공감을 상반되는 인간의 본성으로 보았지만, 장 자크 루소Jean Jacques Rousseau(1712~1778)는 생각이 다르다. 물론 루소 역시 인간은 자신의 생명을 보존하고 종족을 번식하려는 본능적 욕구를 가지고 있기에 자기 욕구 충족을 우선시하는 자기애의 성향을 보인다고 생각한다. 그러나 루소는 이런 자기애가 만인에 대한 만인의 전쟁 상태로까지 치닫는다고 생각하지는 않았다. 인간이 생존이나 종족 번식을 위해 타인과 갈등을 벌일 수는 있어도, 이 갈등 때문에 생명의 위협까지 무릅쓰고 타인과 싸우는 자기모순적 행동으로 나가지는 않는다는 것이다.

또한 루소는 인간에게는 자신을 타인과 일체화시키면서 타인의 고통을 자신의 고통처럼 느끼는 공감의 본성 역시 있다고 본다. 인간은 전지전능한 신이 아닌 불완전하고 연약한 존재지만, 이런 공감의 본성이 있기에 타인과 하나가 되어 자신의 불완전함과 연약함을 극복할 수 있다. 따라서 공감의 본성은 자신만이 아니라, 인간 전체의 생존에 기여한다. 이런 점에서 공감의 본성은 자기애와 대립하는 것이 아니며, 더 나아가 자기애와 공감의 본성은 서로를 강화하는 선순환 관계에 있기도 하다. 자기애가 강한 사람은 타인의 공감이 자신의 생존에 유리하기 때문에, 자신에게 공감을 표하고 도움을 주는 사람을 좋아할 수밖에 없다. 그렇기에 인간은 자신에게 공감을 표하는 사람에게 자기 역시 공감을 표하게 된다. 따라서 진짜 자기를 위하는 사람은 결국 타인과 서로 도와주면서 협력하며 살게 된다.

그런데 이렇게 자기애와 공감의 본성은 서로 화합할 수 있지만, 문제는 이기심이다. 루소에 따르면, 자기애는 근본적으로 자신의 본능적 욕구 충족을 우선시하는 성향이지만, 이기심은 남들과 자기를 비교하면서 우월해지려는 욕구라는 점에서 자기애와 다르다. 우리는 일상적으로 자기애나 이기심을 거의 동의어로 사용하지만, 루소는 이렇게 예리하게 서로를 구별했다. 그가 이기심으로 지칭한 우월성 욕구는 역사적으로 볼 때 인간 사회가 지배자와 피지배자로 양분되는 시기에 등장했다. 이런 점에서 우월성 욕구는 타인에 대한 지배 욕구와도 연결되어 있다. 루소에 따르면 인간은 본래 자유롭고 평등한 존재로서 서로 돕고 협력하며 살았다. 그런데 농경과 목축이 본격화되면서 생산력이 증대되고 잉여 생산이 가능해지자, 자신은 일하지 않고 타인을 노예처럼 부리면 얼마든지 생존할 수 있게 되었다. 그리고 이렇게 하기 위해서는 그것이 신체적 힘이든, 경제적 부든, 정치적 권력이든 타인을 지배할 수 있을 만큼 힘의 우위를 확보해야 한다. 더구나 장차 누군가 자신을 지배하는 일이 생기지 않도록 항상 더 많은 힘을 가져야 한다. 이런 점에서 타인과 자신을 비교하면서 더 우월한 존재가 되려는 이기심은 타인의 생명과 재산을 침해하는 것은 물론 타인을 정복하기 위한 전쟁까지 초래할 수 있다.

오늘날 민주주의 사회는 신분 사회가 아니며, 따라서 사회 구성원이 지배자와 피지배로 양분되지 않는다. 민주주의 사회는 모든 국민의 자유와 평등을 법적으로 보장하기 때문이다. 그러나 우월성 욕구 자체가 사라진 것은 아니다. 우리가 나날이 겪는 경쟁은 타인과 자기를 비교하면서 자기가 타인보다 우월한 존재가 되기 위한 욕구에서 비롯된 것이다. 물론 자기애도 경쟁을 초래할 수 있다. 사람은 많지만 먹을 것이 적을 때, 먹을 것을 위해 경쟁할 수밖에 없다. 더구나 생존을 위해 일자리가 필요하지만, 일자리가 적다면 마찬가지로 경쟁할 수밖에 없다. 하지만 이런 경쟁은 제한적이다. 먹을 것과 일자리가 있고 본능적 욕구가 충족되어 생존에 아무 문제가 없다면 자기애로 인해 초래되는 경쟁은 더 이상 발생하지 않는다. 그러나 우월성 욕구로 인한 경쟁은 끝이 없다. 현재 내가 속한 집단에서 내가 힘의 우위를 확보하고 있더라도 다른 사람의 도전으로 우월성을 상실할 수 있고, 새로운 사람이 나타나면 다시 힘의 우위를 두고 경쟁해야 한다. 그리고 바로 이 때문에 내 힘을 미리미리 더 크게 만들어야 한다. 오늘날 사람들은 단지 먹고살기 위해 경쟁하는 것이 아니라 재산, 지위, 권력 등과 관련하여 남들보다 더 성공한 사람이 되기 위해 경쟁한다. 이런 점에서 타인과 비교하여 우월한 사람이 되고자 하는 이기심 역시 끝이 없다.

루소의 견해에 따른다면, 우리는 자기애를 추구하면서도 얼마든지 타인에게 공감을 발휘하여 서로 돕고 협력할 수 있다. 사람들이 서로 돕고 협력하며 사는 것은 자기애와 대립하는 것이 아니라, 오히려 개개 인간의 불완전함을 극복할 수 있는 길이기 때문이다. 그러나 타인과 나를 비교하기 시작하면, 우리는 끝없는 경쟁의 길로 들어서야 한다. 그리고 이 때문에 사람들은 서로 돕고 협력하는 것이 아니라, 끊임없이 타인보다 우월한 사람이 되려고 하고, 타인을 지배하려 할지도 모른다.

생존 경쟁과 상호 협력

분명 우리에게는 스미스나 루소가 말하는 인간의 특성이 다 있다. 우리에게는 자기애도 있고, 공감의 성향도 있고, 분명 남보다 우월해지려는 이기심도 있다. 그렇기에 우리는 다른 사람과 서로 돕고 협력하며 살 수도 있고, 끝없이 타인과 자기를 비교하며 경쟁으로 일관할 수도 있다. 우리는 흔히 생존 경쟁은 비단 인간 사회에서만 나타나는 것이 아니라, 모든 생명체를 지배하는 자연의 법칙이라고까지 생각하곤 한다. 그리고 생존 경쟁에 승리한 개체가 살아남아 오늘날의 모습으로 진화했다고 믿는다. 그런데 『만물은 서로 돕는다』(김영범 옮김, 르네상스)라는 저서를 남긴 러시아 철학자 표트르 크로포트킨Pyotr Kropotkin(1842~1921)은 전혀 다르게 생각했다. 크로포트킨에 따르면 다윈이 진화의 요인으로 생존 경쟁 개념을 도입했지만, 그는 이 용어의 확대 해석을 경계했다. 다윈은 개체 간의 생존 경쟁이 협력으로 대체될 때 최상의 생존 조건을 확보할 수 있음을 지적하면서 가장 적응을 잘한 종은 가장 협력을 잘한 종이라고 보기 때문이다. 따라서 상호 경쟁만이 아니라, 상호 협력 역시 진화의 중요한 요인이며, 개체가 자연계에서 살아남는 데는 오히려 상호 협력이 상호 경쟁보다 더 효과적인 방법일 수 있다. 크로포트킨은 동물의 세계가 피에 주린 개체들이 벌이는 투쟁의 세계가 아니라고 본다. 그리고 이 점을 보여 주기 위해 송장벌레, 개미, 참게, 사다새, 두루미, 앵무새, 갈매기, 거위, 독수리, 흑다람쥐, 사향쥐, 비버, 물범, 바다코끼리, 고래, 사슴, 가젤영양, 다마사슴, 버펄로, 야생 염소, 코끼리, 코뿔소, 원숭이 등 군집 생활을 하는 수많은 동물의 사례를 제시했다.

크로포트킨은 인간 사회에도 상호 경쟁과 상호 협력이라는 두 가지 요소가 공존한다고 본다. 그러나 그는 상호 협력이야말로 생존을 위한 가장 확실한 수단이라는 점을 자연이 가르쳐 주고 있으며, 인간이 현재 수준으로 진화할 수 있었던 것도 이 때문이라고 생각한다. 역사적 연구에 따르면 인간은 본래부터 군집을 이루며 살았고 가족, 씨족, 부족 등이 형성되기까지 매우 느리고 긴 진화의 과정을 밟았다. 인간은 구석기, 신석기 시대부터 상호 협력을 보장하는 관습 속에서 살았으며, 그 후 촌락 공동체를 형성하며 살 때나 중세 시대 유럽에서 도시를 형성하며 살 때도 상호 협력은 사회를 형성하고 유지하는 가장 기본적인 원리였다. 물론 오늘날에는 자신만의 행복을 추구하는 개인주의적 삶의 방식이 타인과의 협력이 아닌 경쟁과 대립을 확산시키고 있지만, 인간의 본성에 자리 잡은 상호 협력의 성향은 그 어떤 제도적 변화에도 불구하고 결코 사라진 적이 없다. 오늘날에도 협동조합이나 공제회, 협회, 연합 등 인간이 만들어 놓은 다양한 형태의 집단을 통해 상호 협력의 흔적이 여전히 남아 있기 때문이다. 크로포트킨은 동물 세계에서 모두가 생존할 수 있는 상호 협력이 상호 경쟁보다 우월한 진화의 원리이듯이, 인간 사회에서도 상호 경쟁이 아닌 상호 협력을 "윤리적 진보"의 척도이자 진보의 잠재력으로 본다.

눈에는 눈, 이에는 이

게임이론가로 알려진 로버트 액설로드는 『협력의 진화』(이경식 옮김, 시스테마)라는 책에서 매우 흥미로운 게임의 사례를 소개하고 있다. 항상 타인과 협력하는 사람, 항상 타인을 이용하고 배신하는 사람, 기본적으로 타인과 협력하지만 타인이 자신을 배신할 때 철저히 응징하는 사람, 이 세 종류의 사람이 게임을 하면 과연 누가 승리할까? 게임의 결과 최종 승자는 타인과 협력하지만 타인이 배신할 때 철저히 응징하는 사람이었다. 게임이론에서는 이런 사람의 전략을 '눈에는 눈, 이에는 이(Tit for Tat)' 전략이라고 한다.

그런데 왜 이 사람이 최종 승자였을까? 항상 타인과 협력하며 살려는 사람은 타인에게 이용당하기 쉽다. 그렇기에 배신도 많이 당한다. 이런 사람은 살아남기 어렵다. 그렇다면 항상 배신하고 남을 이용하려는 사람은 어떨까? 처음에는 이 사람에게 이용당하고 속는 사람이 있을 수 있지만, 시간이 지나면 사람들은 이 사람과 절대 협력하지 않고, 역으로 이 사람을 이용하려는 태도를 보인다. 그렇기에 이 사람 역시 살아남기 어렵다. 이에 반해 기본적으로 타인과 협력하지만 한번 배신당할 때 철저히 응징하는 사람이 최종 승자가 된 이유는 사람들이 이 사람과는 협력하려고 하기 때문이다. 왜 그럴까? 그 이유는 이 사람이 협력적이라고 믿기 때문이고, 이 사람과 협력하지 않고 이용하고 배신하면 자신도 철저히 당하게 된다는 것을 알기 때문이다.

우리가 잘 살기 위해서는 타인과 협력적으로 사는 것이 좋을까? 아니면 끝없는 경쟁의 길을 가는 것이 좋을까?

4.　　　　내 탓이 아니다

사람들은 경쟁을 하면서 내일 아침을 먹지 못할까 봐 두려워하는 것이 아니라, 옆 사람을 뛰어넘지 못할까 봐 두려워한다.

— 버트런드 러셀, 『행복의 정복』, 이순희 옮김, 사회평론, 2005

성공 경쟁

위 말은 『러셀 서양철학사』(서상복 옮김, 을유문화사)로 유명한 영국의 철학자이자 노벨문학상 수상자이기도 한 버트런드 러셀Bertrand Russell(1872~1970)의 말이다. 러셀은 이 말을 통해 '생존 경쟁'과 '성공 경쟁'을 구분하고자 했다. 인간에게는 생존 본능이 있기에 생존을 위해 타인과 경쟁하고, 때로는 투쟁과 전쟁도 불사한다. 그러나 오늘날 우리나라에서 목숨을 부지하기 위해 타인과 생존 경쟁을 하는 경우는 드물다. 사회 복지 제도의 사각지대에 놓인 사람이 아니라면, 비록 호의호식은 아니더라도 먹을 것, 입을 것이 없어 헐벗고 굶주리는 일은 매우 이례적이기 때문이다.

이렇게 어느 정도 생존이 보장된 상태에서의 경쟁은 보통 성공을 위한 것이고, 그것도 경제적 성공을 위한 경쟁이 대부분이다. 다시 말해 생존 수단이기도 한 돈을 단지 생존하기 위해서가 아니라, 남들보다 더 벌기 위해 경쟁한다는 것이다. 이런 경쟁은 평생 먹고살 만한 재산을 마련했어도 끝나지 않는다. 물론 경제적으로 성공한 사람들은 남들보다 더 좋은 집에서, 더 좋은 옷을 입고, 더 좋은 음식을 먹고, 온갖 명품을 소비하며 호사를 누린다. 그러나 성공하면 할수록 더 큰 성공을 위해 또 경쟁한다.

   사람들은 왜 이렇게 성공 경쟁에 몰두할까? 러셀이 말하듯이 그것은 자기가 옆 사람을 뛰어넘지 못할까 봐 두렵기 때문이다. 남을 뛰어넘지 못하면 자기가 뒤처진다. 따라서 남을 뛰어넘지 못할까 봐 두렵다는 것은 남에게 뒤처지기 싫다는 것이고, 남에게 뒤처지기 싫다는 것은 자기가 남을 뛰어넘는 사람이 되고 싶다는 뜻이다. 물론 이런 성공 경쟁이 꼭 더 많은 돈을 벌기 위해서만 일어나는 것은 아니다. 사람들은 더 좋은 학벌, 더 높은 사회적 지위를 위해서도 경쟁한다. 이런 경쟁도 자신이 남보다 앞서는 사람이 되기 위한 성공 경쟁이다.

속물주의

그렇다면 남보다 더 많은 재산, 더 좋은 학벌, 더 높은 지위, 다시 말해 남보다 앞선다는 것이 어떤 의미가 있기에 사람들은 이를 위한 경쟁에 집착할까? 그 이유는 한마디로 남에게 선망의 대상이 되고, 우대받으며 살기 위해서다. 그리고 그렇지 않으면 남에게 무시당하거나 차별받기 십상이라고 생각하기 때문이다. 불행하게도 우리는 재산이 많으냐 적으냐, 학벌이 좋으냐 나쁘냐, 사회적 지위가 높으냐 낮으냐에 따라 사람들이 서로를 무시하거나 차별한다는 사실을 잘 알고 있다. 나는 우리 사회에서 이런 일이 벌어지는 것은 이른바 '속물주의snobbism' 때문이라고 생각한다. 속물주의는 사람의 내면이나 인격보다 재산, 학벌, 지위 등 외적인 성공을 기준으로 사람을 판단하고 대우하려는 생활 태도를 말한다. 따라서 속물주의에 빠진 사람은 성공한 사람을 선망하고 우대하지만, 반대로 실패한 사람은 무시하고 차별한다.

만약 재산 많고, 학벌 좋고, 지위가 높은 사람을 보면 이들을 부러워하고, 이들에게 호의를 보이고, 이들을 즐겁게 하려고 하고, 이들에게 봉사하고, 이들을 숭배하고 복종까지 하려고 한다면 이런 사람은 속물이다. 마찬가지로 재산, 학벌, 지위를 과시하며 모든 사람의 관심과 선망의 대상이 되려 하고, 또 그렇게 될 때 가슴이 뿌듯해지는 즐거움을 느끼며, 외모나 태도, 행동거지, 소비 행태를 통해 끊임없이 자신의 우월함을 드러내려 한다면 이런 사람 역시 속물이다. 그렇다면 재산도, 학벌도, 지위도 없는 사람은 어떻게 될까? 속물근성에 빠진 사람들은 이들에게 관심이 없고, 이들에게 주목하지 않고, 이들과는 상대도 하지 않는다.

과연 우리 중에 이런 속물주의 때문에 마음에 상처를 입거나, 반대로 타인에게 상처를 입히지 않은 사람이 있을까? 우리가 원하든 원치 않든 어느덧 우리 마음속에는 속물근성이 자라고 있는지도 모른다. 우리는 선망의 대상이 되거나 우대받는 것은 둘째 치고, 무시당하고 차별받지 않기 위해서라도 속물이 되어야 하기 때문이다. 하지만 속물주의로 혜택을 보는 사람은 극소수일 수밖에 없다. 성공 경쟁은 재산을 위한 것이든, 아니면 학벌이나 지위를 위한 것이든 사회 구성원을 서열화하기 마련이기 때문이다. 경쟁에는 승자와 패자가 있고, 경쟁이 계속되는 한 승자끼리의 경쟁을 통해 또다시 승자와 패자가 나누어진다. 이렇게 되면 재산을 기준으로, 아니면 학벌이나 지위를 기준으로 사회 구성원 모두는 1등부터 꼴등까지 서열화된다. 그리고 최종 승자가 아닌 한 자기보다 상위 서열의 사람으로부터 무시당하고 차별받는다. 이렇게 무시당하고 차별받는 사람은 자기보다 하위 서열의 사람들을 무시하고 차별하는 것으로 자신의 분함을 되갚는다. 이렇게 되면 최상층을 제외한 거의 모든 사람은 속물주의의 피해자가 된다. 우리가 속물주의에 빠진다면 이는 내가 내 눈을 찌르고, 내가 내 목을 조르는 자충수나 마찬가지다. 과연 이렇게 살아야 할까?

허영심

인간의 본성을 자기애와 공감으로 보았던 애덤 스미스는 이런 속물주의의 기원을 '허영심'으로 본다. 허영심이란 자신이 우월한 존재라고 생각하며, 다른 사람들로부터 주목받는 선망의 대상이 되려는 마음 상태다. 따라서 허영심에 빠진 사람은 항상 자신이 남들보다 우월하다는 징표를 과시하려고 한다. 스미스에 따르면 이것이 더 많은 재산, 더 좋은 학벌, 더 높은 지위에 집착하는 이유이며, 이런 점에서 성공 경쟁은 허영심 때문에 생기는 우월성 경쟁이다. 그래서 허영심에 빠진 사람은 사람의 내면이나 인격을 보는 것이 아니라, 오직 외적인 조건을 기준으로 타인을 평가하는 속물주의로 나아간다.

스미스가 이렇게 속물주의의 기원을 허영심으로 본 이유는 이를 도덕적 타락으로 규정하기 위해서였다. 그는 다음과 같이 말한다.

> 부유한 사람과 권세가를 존경하고 거의 숭배까지 하는 반면에 가난하거나 비천한 처지에 있는 사람을 경멸하거나 아니면 적어도 무시하는 세상 사람들의 성향은 (…) 우리의 도덕감정을 타락시키는 거대하고, 가장 보편적인 원인이 되어 왔다.
>
> — 애덤 스미스, 『도덕감정론』, 김광수 옮김, 한길사, 2016

스미스는 인간에게 타인에 공감하는 도덕적 본성이 있다고 생각했다. 인간은 타인의 처지에 서서 기쁨과 슬픔 등 그의 감정을 함께 느낀다는 것이다. 그리고 인간은 타인과 공감하며, 타인이 자신과 같은 존재라는 일종의 동료 감정을 갖게 된다. 스미스에 따르면, 이러한 공감은 두 가지 방식으로 표현된다. 만약 우리가 타인의 기쁨과 슬픔을 마치 우리 일처럼 느끼며 타인에게 일일이 공감을 표하면, 타인은 우리에게 호감을 느낀다. 그런데 어떤 사람이 자신의 기쁨과 슬픔에 대해 단지 타인의 공감만을 바라는 것이 아니라, 침착함과 자기 억제 속에서 기쁨과 슬픔 등 자신의 감정을 잘 통제한다면, 우리는 이런 사람에게 공감하면서 존경심까지 갖는다. 이런 점에서 공감에는 타인의 호감을 유도하는 공감이 있고, 타인에 대한 존경심을 표하는 공감이 있다는 것이다. 물론 이 둘은 분리된 것이 아니다. 스미스는 타인을 위해 많은 것을 공감해 주면서도 자기 감정은 억제할 줄 안다면, 이는 공감이라는 인간의 도덕적 본성을 완성한 것으로 평가한다.

이렇게 보면 우리는 기쁘거나 슬플 때 타인의 공감을 원하지만, 타인의 존경심이 담긴 공감을 받기 위해서는 우리 자신이 존경할 만한 사람, 즉 침착함과 자기 억제 속에서 자신을 다스릴 줄 아는 사람, 스미스의 표현에 따르면 지혜와 덕성을 갖춘 사람이 되어야 한다. 그런데 타인에 대한 존경이 그 사람의 지혜와 미덕 때문이 아니라, 그가 가지고 있는 부와 권력 때문이라면 이는 공감이라는 도덕적 감정을 타락시킨다. 부와 권력이 존경과 숭배의 대상이 되면, 반대로 부와 권력을 가지지 못한 사람은 경멸의 대상이 되며 지혜와 미덕은 더 이상 존경과 숭배의 대상이 되지 못한다. 이제 사람들은 사람의 내면에 주목하고 공감하는 것이 아니라, 부와 권력만 보기 때문이다. 따라서 타인에게 공감하고 동료 감정을 느끼는 인간의 도덕적 본성 자체가 파괴된다.

김주혁, 조여정, 류승범이 출연한 영화 〈방자전〉(2010)에는 흥미로운 점이 있다. 이 영화에서는 사고의 전복이 나타나기 때문이다. 이 영화는 『춘향전』을 모티브로 한 영화인데 정작 이몽룡이 아니라, 그의 몸종인 방자가 주인공이다. 이것이 첫 번째 전복이다. 두 번째 전복은 성춘향이 양반집 자제인 이몽룡에게 연정을 느끼는 것이 아니라, 비천한 신분인 방자에게 연정을 느낀다는 것이다. 가장 결정적인 전복은 세 번째다. 이 영화에서 이몽룡은 사악하고 우매한 사람으로 묘사되지만, 방자는 지혜와 미덕을 갖춘 사람, 호감과 존경심을 불러일으키는 캐릭터로 묘사된다. 하지만 이몽룡은 양반집 자제이니 부와 권력을 가진 사람이고, 방자는 몸종이니 아무것도 가진 것 없는 사람이 아닌가? 속물주의 관점에서는 이몽룡이 존경과 숭배의 대상이겠지만, 〈방자전〉은 아무것도 가진 것 없는 방자를 존경과 숭배의 대상으로 묘사한 셈이다. 방자에게는 호감과 존경심을 불러일으키는 지혜와 미덕이 있기 때문이다.

우리가 진정 어떤 사람에게 호감과 존경심을 갖는다면, 과연 그 사람의 부와 권력 때문일까? 비록 부와 권력을 가진 사람에게 존경과 숭배의 마음을 표한다고 해도 그것은 그 사람이 가진 부와 권력에 대한 것일 뿐, 그 사람 자체에 대한 것은 아니지 않을까?

실력주의

스미스는 허영심과 이로 인한 속물주의를 도덕적 타락으로 보지만, 오늘날 이런 풍조는 도덕적 정당성을 갖게 되었다. 그 이유는 '실력주의meritocracy' 때문이다. 실력주의는 개인의 실력을 숭상하는 가치관으로, 실력을 기준으로 사회적 재화를 분배하는 사회가 정의로운 사회라고 주장한다. 일상적으로 보면 실력주의란 실력에 따라 직업과 소득이 결정되고, 학벌과 지위도 그래야 한다는 가치관이다. 그리고 개인의 실력은 공정한 시험을 통해 객관적으로 평가될 수 있다고 본다. 따라서 실력주의에 따르면 재산, 학벌, 지위가 낮다면 그것은 실력이 없기 때문이고, 남보다 더 많은 재산,

더 좋은 학벌, 더 높은 지위를 갖고 있다면 이 사람은 실력 있는 사람이 된다.

스미스는 부와 권력을 지혜와 미덕으로 보지 않았고, 부와 권력을 가진 사람을 존경의 대상으로 보지도 않았지만, 이런 실력주의 관점에서는 부와 권력을 갖춘 사람이 존경의 대상이 된다. 실력주의에 따르면 이제 사회 정의의 원칙인 개인의 실력이 지혜와 미덕이나 마찬가지며, 부와 권력은 바로 실력의 표현이기 때문이다. 이렇게 부와 권력이 도덕적 정당성을 갖게 된다면, 부와 권력을 갖지 못한 사람은 도덕적 경멸의 대상이 된다. 이들은 사회 정의의 원칙인 실력이라는 미덕을 갖추지 못한 사람이기 때문이다. 그래서인지 오늘날 부와 권력을 갖지 못한 사람은 '루저'로 취급될 뿐만 아니라, 자기 스스로도 자책감에 빠져 자신을 수치스러워한다.

이렇게 부와 권력에서 배제된 사람이 자기에게 책임을 돌리는 것은 어느 시대에나 있는 일은 아니다. 근대 이전의 농경 사회에서 농부들 대부분은 자급자족을 통해 생계를 유지했으며, 다른 농부들과 경쟁하지 않았다. 따라서 비록 빈곤하더라도, 자신이 다른 사람보다 실력이 없기 때문이라고 자책하는 일은 거의 없었다. 더구나 신분 사회에서 부와 권력은 지배 계급이 독점하지만, 이러한 신분은 선천적으로 결정되기에 부와 권력에서 배제된 사람이 자기를 탓한다는 것은 의미가 없었다. 물론 우리처럼 과거 제도가 있던 나라에서는 과거 급제를 위한 경쟁이 있었고, 낙방한 사람이 자신의 실력을 탓했을 수 있겠지만, 이 역시 소수 양반층에 한정된 일이었다.

영국의 현대 정치철학자 브라이언 배리Brian Barry(1936~2009)는 오늘날 경제적 영역에서 책임 개념을 둘러싼 중대한 변화가 일어나고 있음을 지적했다. 배리가 주목한 것은 1990년대 이후 신자유주의의 확산에 따른 노동 시장의 변화다. 물론 서구 유럽의 사례지만, 당시까지 노동 시장은 노동 조건을 개선하고, 고용 안정을 유지하고, 노사 간의 공동 결정을 강화하기 위한 국가의 엄격한 통제하에 있었다. 자유 시장 경제 체제에서는 기업과 기업이 경쟁하고, 노동자는 일자리를 두고 다른 노동자와 경쟁한다. 그러나 자유 시장 경제는 광범위한 분업적 협력을 통해 유지된다. 국가가 노동 시장에 개입한 것은 이러한 협력을 유지하기 위해서였다.

하지만 노동 시장의 탈규제를 추진한 신자유주의 정책

이 도입되면서 자본 이윤만을 추구하는 경제 정책이 시행되고, 인건비 절감을 위한 구조 조정이 단행되는가 하면, 노사 간의 공동 결정이 쇠퇴하고, 임금 협상마저 축소되었다. 그 결과 최저 생계비 수준의 임금이 일상화되는 저임금화 현상, 노동 시장의 유연화에 따른 고용 불안이 확대되었다. 이런 상황에서 노동자는 시장의 요구에 맞게 자기 노동력을 최적화시키고, 이윤을 목적으로 노동력을 판매하는 1인 기업가처럼 변모했으며, 경제 활동의 성공과 실패는 전적으로 개인의 책임이 되었다. 다시 말해 국가, 기업가, 노동자의 공동 책임하에 엄격하게 규제되던 노동 시장이 탈규제화되면서 노동자들의 경제 활동에 대한 책임 소재가 전적으로 당사자 개인에게 이전되었다는 것이다. 이를 실력주의와 연결한다면, 이제 노동 시장에서 성공과 실패는 전적으로 노동자 개인이 책임져야 할 개인적 실력 문제가 되었다는 것이다. 이런 점에서 자신을 '루저'라고 생각하며 수치심을 느끼고 자신을 책망하는 것은 이렇게 경제적 성공과 실패를 개개인 자신의 책임으로 돌리는 최근의 현상 때문이라고 볼 수 있다.

정의롭지 않은 실력

그런데 모든 책임을 개인에게 돌리는 이런 실력주의는 과연 정당할까? 더구나 개인의 실력이 진정 사회적 재화를 분배하는 정의로운 기준이 될 수 있을까? 물론 상대적이지만 어떤 사람은 실력이 있고, 어떤 사람은 실력이 없다. 이런 차이는 어떻게 생길까? 실력 차이가 선천적 능력에 기인한다면, 이런 차이를 이유로 분배의 차등을 두는 것이 과연 정당할까? 사실 선천적 능력의 차이는 개인 당사자에게 그 책임을 물을 수 없다. 도덕적 책임은 행위 당사자에게 물어야 하지만, 선천적 능력은 당사자가 선택한 것도, 당사자가 노력한 결과도 아니기 때문이다. 선천적 능력 같은 것은 흡사 행운처럼 우연히 주어질 뿐이다. 그런데도 운 좋은 사람은 많이 갖고, 운 나쁜 사람은 적게 가지라는 식으로 분배의 원칙을 설정한다면 이런 원칙이 도덕적 정당성을 가질 수 있을까? 우리에게 『정의론』(황경식 옮김, 이학사)의 저자로 유명한 미국의 정치철학자 존 롤스John Rawls(1921~2002)는 사회적 재화의 분배가 천부적인 재능과 능력같이 우연적이고 임의적인 요인에 의해 좌우되는 것은 정의롭지 못하다고 보았다.

그렇다면 후천적 능력은 당사자에게 책임을 물을 수 있을까? 후천적 능력이 개인의 노력이나 행위의 결과라면 당사자에게 그 책임을 물을 수 있다. 그런데 후천적 능력이 과연 개인의 노력에 의해서만 결정될까? 사실 선천적 능력 면에서 별 차이가 없는 사람이라도 개인의 능력을 개발할 수 있는 충분한 교육 기회를 얻느냐 그렇지 못하느냐에 따라 후천적 능력이 천양지차로 달라진다. 하지만 우리가 충분한 교육 기회를 얻느냐 그렇지 못하느냐는 우리 각자가 어떤 사회적 조건이나 가정 환경 속에서 성장하느냐에 따라 달라진다. 사회 구성원 모두에게 동등한 교육 기회를 부여하는 사회라면, 개인적 능력 차이는 개인의 책임이다. 그러나 그렇지 못한 경우 개인의 능력 차이를 당사자의 책임으로 돌리기는 어렵다. 더구나 교육 기회가 가정 환경에 따라 달라진다면, 개인적 능력 차이를 당사자의 책임으로 돌리기는 더더욱 어렵다.

우리나라는 그 어느 나라보다 사교육이 확산해 있다. 사교육에 투자한 만큼 성적을 올릴 수 있다는 믿음 때문이다. 그리고 실제 상황 역시 크게 다르지 않다. 이런 이유 때문인지 오늘날 '개천에서 용 났다'라는 말이 사라진 지 오래다. 어려운 가정 환경에서도 오로지 자신의 노력만으로 성공할 수 있다는 것은 옛이야기가 된 것이다. 사교육 투자는 부모의 재력에 따라 좌우된다. 동네 학원 정도가 아니라 입시 전문가의 카운슬링하에 소수 정예반에서 최고의 강사진에게 맞춤형 지도를 받으면, 그 비용은 중산층 월급쟁이 부모가 감당할 수 있는 수준이 아니다. 이렇게 고액의 사교육을 통해 개인의 능력이 길러진다면, 그렇지 못한 사람의 능력 차이를 당사자의 탓으로 돌리는 것이 과연 정의로운 일일까?

실력 아닌 실력

실력주의의 또 다른 문제점은 무엇이 실력인지에 있다. 상식적으로 볼 때 실력이란 해당 업무를 잘 수행할 수 있는 능력이라고 볼 수 있다. 오늘날 현대 사회에는 경영, 관리, 판매, 홍보, 기술, 공공, 의료, 교육, 법률, 복지, 연구, 스포츠, 문화 예술 등 수많은 직업 분야가 있고, 이런 분야에서 실력을 인정받으려면 각 분야에 적합한 특수한 능력을 발휘해야 한다. 그리고 실력주의를 표방한다면, 이러한 능력에 따라 사람을 선발하고 보상해야 한다. 그런데 실력주의에서 실력을 평가하는 객관적 기준은 이른바 공정한 시험이며,

이는 근본적으로 고등학교 내신이나 수능 성적으로 소급된다. 내신이나 수능 성적이 대학 학벌을 결정하고, 우리나라처럼 학벌이 중시되는 사회에서는 대학 학벌이 사회에 나가 취직하고 승진하는 데 결정적 영향을 미치기 때문이다. 이런 점에서 결국 실력이란 시험 잘 치는 능력일 뿐이다.

하지만 시험 잘 치는 능력이 과연 실력일까? 더구나 고등학교 내신이나 수능 성적이 대학 졸업 이후의 실력까지 보장할까? 정권 유지만이 아니라 장기 집권이라는 망상에 빠져 2024년 12.3 내란을 일으켰고, 결국 파면당한 윤석열 정권은 이른바 시험 잘 치는 능력이 얼마나 허망한지 웅변으로 보여 주었다. 윤석열 정권의 권력 기반이 된 것은 우리나라 최고 학부라는 서울대 법대를 나와 고시에 합격한 검사, 판사, 여기에 더해 사회 각 분야의 고위층에 포진한 학벌 엘리트들이다. 이런 점에서 윤석열 정권은 '학벌 정권'이라 칭해도 과언이 아니지만, 이들이 보여 준 모습은 실력하고는 거리가 멀었다. 이들의 지식수준은 수십 년 전 자신이 고시 공부하던 시기에 머물러 있을 뿐 전혀 발전하지 않았다. 그렇기에 이들의 의식은 시대에 뒤떨어져 있으며, 시대적 변화에도 둔감하다. 이들이 시험공부는 잘했을지 모르지만, 실력이 있는 것은 아니었다. 이들이 모여서 한 일이라고는 자리 나눠 먹기나 하면서, 자기 잇속이나 채우자고 서로 공모하여 국정을 농단하고 국가 권력을 사유화한 것뿐이다. 그 결과 우리나라는 '눈떠 보니 후진국'이라는 말이 나올 정도로 참담한 상황에 처했었다. 이들은 대학 입학시험 잘 치고, 고시 패스했다는 것 하나로 스스로 우월감에 빠져 부와 권력을 기준으로 사람을 무시하고 차별했던 속물 이상이 아니었다.

생각의 전환

생각을 바꿔 보자. 개인의 능력 차이에 따라 대우가 달라져야 한다는 주장은 쉽게 반박하기 어렵지만, 개인의 능력 차이가 당사자의 책임이 아니라면 이런 주장을 받아들이기는 쉽지 않다. 더구나 직업에 따라 요구되는 개인의 능력이 다양하다는 주장은 수용할 수 있지만, 시험 잘 보는 능력만 있으면 모든 것을 잘할 수 있다는 생각은 받아들이기 어렵다. 그리고 사회 자체가 분업적 협력에 기초해 있다면 어떤 특정한 직업만 우대할 것이 아니라, 모든 직업에 나름의 가치를 부여해야 한다. 이 모든 것이 합해져 사회가 유지되고 발전할 수 있기 때문이다.

이렇게 생각을 바꿔 본다면 부와 권력을 가진 사람은 숭배하고 존경하고, 그렇지 못한 사람은 경멸해야 할까? 재산, 학벌, 지위 이 모든 게 자기 노력으로 된 것이 아니라면 과연 이를 통해 자신의 우월함을 과시하는 것이 타당할까? 더구나 재산, 학벌, 지위가 없다고 해서 열심히 노력하며 사는 내가 이 모든 것에 책임이 있다고 스스로 자책하며 수치스러워해야 할까? 내 능력의 차이가 선천적 능력에 기인한다면, 이는 내 탓이 아니다. 내 능력의 차이가 불평등한 교육 기회에 기인한다면, 이 역시 내 탓이 아니다. 열심히 공부했고, 열심히 일했던 내가 오직 학벌 때문에 부와 권력에서 배제되어 무시와 차별의 대상이 된다면 이 모든 것은 결단코 내 탓이 아니다.

5. 나는 존엄하다

 부와 권력을 가진 사람은 존경하고 숭배하고, 그렇지 못한 사람은 경멸하고 무시하는 도덕적 타락. 오로지 학벌, 재산, 지위만으로 사람을 평가하며 거의 모든 사람을 피해자로 만드는 속물주의. 실력에 따른 부와 권력의 분배를 정의롭다고 보지만, 정작 사교육 투자가 만들어 낸 시험 잘 치는 능력을 실력으로 보는 실력주의. 어떻게 하면 이런 불의한 상황에서 자신을 탓하지 않고 살 수 있을까? 애덤 스미스가 던진 말은 "비교하지 말라"는 것이다. 비교하지 말라? 그렇다. 누가 더 많은 부와 권력을 가졌는지 자신과 남을 비교하지 말라는 것이다.

 황정민, 유아인이 출연했던 영화 〈베테랑〉(2015)은 광역수사대 베테랑 형사들이 돈과 권력 하나만 믿고 세상 사람들을 깔보며 할 짓 못할 짓 다 해 대는 속물 중의 속물, 어느 재벌 3세의 범죄를 추적하는 내용이다. 이 영화는 엄청난 흥행으로 누적 관객 1300만 명을 넘겼다. 이 영화가 이렇게 흥행을 거둔 데는 여러 가지 이유가 있겠지만, 여기서 빼놓을 수 없는 것은 주인공 형사 서도철(황정민 분)의 명대

사였다. "우리가 돈이 없지, 가오가 없냐?"

이 명대사가 말해 주는 것은 돈과 권력이 없다고 해도 자존감마저 포기할 수는 없다는 것, 돈과 권력 앞에 굴복할 아무런 이유가 없다는 것, 나도 당당하게 행동할 수 있다는 것. 한마디로 돈과 권력을 잣대로 자신을 남과 비교하며 아무것도 가지지 못한 자신을 탓하지 않겠다는 것. 이런 점에서 이 대사는 돈과 권력만으로 사람을 평가하는 속물주의에 대한 저항이라 할 수 있다.

사실 자신과 남을 비교한다는 것은 다음과 같은 두 가지 입장을 전제한다. 첫째는 내가 남과 다르다는 것이고, 둘째는 이 다름을 우열로 평가할 수 있다는 것이다. 그런데 비록 사람들이 서로 다르다고 해도 이 다름을 우열로 평가할 수 있을까? 돈과 권력의 차이가 있고, 시험 보는 능력에도 차이가 있겠지만, 이것은 개인적 다름을 이루는 많은 요소 중 하나일 뿐, 개인의 특성 전체를 말하는 것은 아니다.

어떤 사람은 돈은 많지만 인색하고, 어떤 사람은 돈이 없어도 마음이 후하고, 어떤 사람은 지위가 높아도 민주적이지만, 어떤 사람은 지위가 낮아도 독재적일 수 있다. 남과 다른 나의 특성, 나의 정체성을 이루는 것은 돈과 권력만이 아니다. 나를 이루는 것은 나의 국적, 민족, 성별, 인종, 혹은 나의 성품, 취향, 생활 태도, 학력, 직업, 종교, 정치적 신념 등 다양하다. 그리고 나는 수많은 인간관계에서 내가 수행하는 역할이나 행동에 따라 남들과 다른 나만의 정체성을 형성한다. 그런데도 이 많은 요소 중에서 돈과 권력처럼 어느 하나만으로 개인을 규정하고 평가할 수 있을까? 만약 그렇게 한다면 이는 개인이 가지고 있는 수많은 차이를 부정하는 폭력 아닐까? 그래서인지 현대 사회에서는 개인적 다름을 어느 하나의 척도에 따라 우열로 평가하는 것이 아니라, 이를 개성이라는 이름으로 칭송한다. 그리고 개성의 확대를 사회 발전의 척도로 말하기도 한다. 과연 왜 그런 걸까?

세계사에서 인문주의 시대로 평가되는 르네상스 시대는 인간을 단순히 신이 창조한 피조물이나 피조물 세계의 일부분으로 보거나, 중세라는 신분제 사회처럼 특정 신분, 혹은 어느 지역이나 가문의 구성원으로 보는 게 아니라, 서로 다른 개성을 지닌 개성적 존재로 본 최초의 시기였다. 이런 점에서 르네상스 시대의 시대정신을 표현한 당대 대표적 철학자의 말을 되새겨 보면 개성이 원래 무엇을 뜻하는지 그 의미를 알 수 있다.

오, 아담이여. 나는 너에게 대자연 속에서 일정한 자리도, 고유한 면모도, 특정한 임무도 부여하지 않았노라! 어느 자리를 차지하고 어느 면모를 취하고 어느 임무를 맡을지는 너의 희망대로, 너의 의사대로 취하고 소유하라! 너는 그 어떤 장벽으로도 규제받지 않는 만큼 너의 자유 의지에 따라서 네 본성을 테두리 짓도록 하여라. (…) 이는 자의적으로 또 명예롭게 네가 네 자신의 조형자요, 조각가로서 네가 원하는 대로 형상을 빚어내게 하기 위함이다.

―피코 델라 미란돌라, 『인간 존엄성에 관한 연설』, 성염 옮김 경세원, 2009

이 글을 쓴 사람은 르네상스 시대의 시대정신을 가장 예리하게 파악했다고 알려진 철학자 피코 델라 미란돌라Pico della Mirandola(1463~1494)다. 그는 1463년 북이탈리아 미란돌라 공국의 백작의 아들로 태어나 그의 저서 중 일부가 교황청에 의해 이단으로 몰리는 수모를 겪다가 투옥까지 당했고, 31세의 젊은 나이로 세상을 떠났다. 가히 불꽃처럼 살다 간 청년 철학자라 할 만하다.

이 글은 그의 나이 24세 때 쓴 『인간 존엄성에 관한 연설』의 일부로, 피코는 이 부분에서 흡사 성경의 「창세기」처럼 신이 인간을 창조하는 장면을 흉내 내며, 인간이 어떤 점에서 존엄한지 신의 목소리를 통해 천명하고 있다. 그 내용은 다음과 같이 정리될 수 있다. 첫째, 신은 인간을 창조하면서 어떤 특성이나 삶의 방식을 정해 놓지 않았다. 따라서 인간이 따라야 할 표준적 인간상이란 존재하지 않으며, 인간에게는 다양한 삶이 가능하다. 둘째, 이렇게 인간에게 다양한 인간상과 삶이 가능한 이유는 신이 인간에게 자유 의지를 부여했기 때문이다. 따라서 인간에게 자기 자신이나 삶은 자신이 자유롭게 창조한 창조물과 같다.

이 글이 시대사적 의미를 갖는 이유는 과거와 달리 인간을 개성적 존재로 볼 뿐 아니라 개성을 자유 의지의 산물로 보기 때문이지만, 더 근본적인 이유는 피코가 이 자유 의지를 인간의 존엄성과 연결하고 있기 때문이다. 다시 말해 인간이 존엄한 이유는 바로 인간에게 자유 의지가 있기 때문이라는 것이다. 그리고 이런 이유에서 인간이 저마다 서로 다른 개성을 가진 것은 자유 의지의 실현일 뿐만 아니라, 동시에 존엄성의 표현이다. 따라서 개성의 차이를 두고 누구는 우월하고 누구는 열등하다고 보는 것은 의미가 없다.

그렇다면 인간에게 자유 의지가 있다는 것이 왜 인간

이 존엄한 이유가 될까? 이런 문제에 대답할 수 있는 실마리는 성경의 「창세기」 1장 26~27절에 있다.

> 하나님께서는 "우리 모습을 닮은 사람을 만들자! 그래서 바다의 고기와 공중의 새, 또 집짐승과 모든 들짐승과 땅 위를 기어다니는 모든 길짐승을 다스리게 하자!" 하시고, 당신의 모습대로 사람을 지어내셨다.
>
> ―『공동 번역 성서』, 대한성서공회

이 구절에 따르면, 신은 자기 모습대로 인간을 창조했다. 다시 말해 인간이 신의 '모상模像, Imago Dei'이라는 것이다. 따라서 신이 세상에서 가장 존귀한 존재라면, 신의 모습대로 창조된 인간 역시 가장 존귀한 존재가 된다. 신과 인간의 유사성이 인간의 존엄성을 말할 수 있는 근거인 셈이다. 그렇다면 인간은 어떤 점에서 신과 닮았을까? 피코는 인간을 신의 모상이라고 할 수 있는 이유를 바로 자유 의지에서 찾았다.

신은 누구에 의해 창조된 존재가 아니라, 이 세계를 창조한 창조자다. 따라서 신은 스스로 존재하며, 신이 이 세계를 창조한 것은 전적으로 신의 뜻에 따른 것이다. 창조 이전에는 오직 신만이 존재하기 때문에 신에게 무엇을 명령하거나 요청할 수 있는 존재는 없다. 이런 점에서 창조자 신은 완전히 자유로운 존재이며, 신의 모든 행위는 자유 의지에 따른 것이다. 그런데 피코는 인간에게도 자유 의지가 있다고 말한다. 신이 인간을 그렇게 창조했다는 것이다. 물론 인간에게 자유 의지가 있다고 해도, 인간은 피조물이기 때문에 인간이 신과 똑같다는 뜻은 아니다. 하지만 이 자유 의지 때문에 인간이 신과 닮았다고 말할 수 있고, 바로 이 때문에 인간 역시 신과 마찬가지로 존엄하다는 것이다.

그런데 인간에게 과연 자유 의지가 있을까? 자유 의지란 각 개인이 어떤 사람이 되고, 무엇을 하며 어떻게 살지 스스로 결정하려는 의지를 말한다. 이를 위해서는 본능적 충동이나 욕망, 타인의 강제에 종속되어서는 안 되며, 이로부터 해방되어 자신이 하고자 하는 바를 스스로 결정해야 한다. 물론 자신이 하고자 하는 바를 스스로 결정한다는 것이 자기 마음대로 아무렇게나 행동한다는 뜻은 아니다. 이렇게 행동한다면 겉보기에는 자유로운 것 같지만, 실제로는 자기가 의식하지 못한 내부나 외부의 힘에 휘둘릴 수 있다. 다시 말해 겉보기에는 자기 행동을 자기 스스로 결정한 것 같지만,

사실은 그게 아니라 본능적 충동이나 욕망, 아니면 외부의 강제가 개개인의 행동을 결정한다는 것이다. 더구나 주사위 놀이하듯 우연에 따라 행동한다면, 이 역시 자기 행동을 자기 자신이 결정했다고 볼 수 없다. 이 경우 역시 개인의 행동을 결정한 것은 자기가 아니라, 말 그대로 우연이기 때문이다. 이런 점에서, 철학에서 자유 의지는 개개 인간이 본능적 충동이나 욕망, 외부의 영향에 휘둘리는 것이 아니라, 자기를 성찰하면서 합리적 원칙을 세우고 이에 맞게 행동하는 것을 의미한다. 다시 말해 자유 의지란 이성적 사리 판단을 토대로 행동하는 것을 말한다.

피코는 이런 자유 의지가 인간에게 있다고 본다. 그리고 누구나 항상 그런 것은 아니지만, 우리도 자신에게 스스로 결정하며 행동하려는 자유 의지가 있음을 알고 있다. 물론 인간이 항상 자유 의지에 따라 사는 것은 아니며, 인간이 내부나 외부의 영향으로부터 완전히 벗어날 수 있는 것도 아니다. 우리 주변에는 내적 욕망과 욕구에 빠져 사는 사람도 많다. 그리고 인간이 아무리 의식적으로 자기를 성찰한다 해도 무의식의 영향을 배제할 수 없다는 주장이 있고, 사실 우리가 원하는 것은 내가 결정한 것이 아니라 사회적으로 만들어진 것이라는 주장도 있다. 하지만 비록 내부와 외부의 영향에서 완전히 벗어날 수는 없고, 더구나 개인마다 차이가 있지만, 자기를 성찰하며 합리적 원칙을 세우고 이에 따라 행동하려는 성향 자체가 인간에게 존재한다는 것은 부정할 수 없는 사실이다.

이렇게 인간에게 자유 의지가 있다면, 개인의 삶은 개인 자신의 몫이다. 내가 어떤 사람이 될지, 무엇을 하며 어떻게 살지 나 스스로 결정할 수 있다. 그런데 이런 인간에게 부와 권력이 절대적 가치를 지닐 수 있을까? 부와 권력이 인간의 가치를 결정하는 절대적 척도라면 인간은 자유 의지를 발휘할 수 없다. 싫든 좋든 누구나 부와 권력에 복종하며 이를 목적으로 살아야 하기 때문이다. 이런 점에서 부와 권력을 절대적 가치로 설정한다면 이는 인간의 자유 의지를 부정할 뿐만 아니라, 부와 권력을 기준으로 사람을 경멸하거나 무시하게 돼 신의 모상인 인간의 존엄성을 훼손하게 한다. 이런 점에서 성경은 "사람은 하느님의 모습으로 만들어졌으니 남의 피를 흘리는 사람은 제 피도 흘리게 되리라."(「창세기」 9장 6절)라고 경고하고 있다. 모든 인간이 존엄하니 누구에게도 존엄성을 훼손하는 행위를 하지 말라는 것이다.

그런데 성경은 인간과 신의 닮음을 부모와 자식의 닮

음으로 말하기도 한다. 「마태복음」 6장 9절에서 예수가 일러준 기도문, 즉 '주기도문'에 의하면 신은 우리 아버지이며, 23장 9절에서는 신만이 아버지라고까지 말하고 있다. 이런 이유에서 성당이나 교회에서는 성도끼리 서로를 형제자매라고 부른다. 우리 모두 하나님의 자녀이니, 우리 모두 형제자매나 마찬가지라는 것이다. 따라서 자식이 부모를 닮듯 인간도 자기 부모인 신을 닮았다고 말할 수 있다. 그리고 인간이 자유 의지를 갖는 것도 사실은 인간이 부모인 신에게서 물려받는 것이다. 이런 점에서 인간이 존엄한 것은 가장 존엄한 존재인 신과 마찬가지로 인간 역시 자유 의지를 가졌기 때문이지만, 또한 이를 물려준 신의 자식이기 때문이기도 하다. 물론 자식이 부모를 닮았다 하더라도 부모와 똑같다고 말할 수는 없다. 그렇기에 인간이 신이라고 말할 수는 없지만, 자식이 태어나 성장하면서 부모처럼 되듯 인간에게도 신처럼 될 수 있는 잠재력이 있는지도 모른다. 그리고 이런 점에서도 더더욱 인간은 존엄한 존재라고 말할 수 있다.

이렇게 인간의 존엄성을 말한다면 이는 모든 인간에게 해당하며, 누구는 존엄하고 누구는 존엄하지 않다는 뜻이 아니다. 따라서 인간 존엄성을 전제한다면 개성의 차이를 두고도 누구는 우월하고, 누구는 열등하다는 식으로 평가할 수 없다. 개성의 차이는 바로 인간 존엄성의 토대인 자유 의지의 표현이며, 따라서 개성이 확대된다는 것은 인간의 자유 의지가 확대된다는 뜻이고, 이는 동시에 인간 존엄성이 실현된다는 뜻이 된다. 이런 점에서 오늘날 개성의 확대를 사회 발전이라고 규정한다면, 이는 결코 잘못된 것이 아니다. 물론 신과의 관계를 통해 인간의 존엄성을 주장하는 것은 종교적 주장일 뿐, 이를 떠나서 설득력을 갖기는 어렵다. 그러나 우리가 인간의 자유 의지 내지는 자유로운 삶이 갖는 가치를 인정한다면, 자유의 결과인 개성의 가치 역시 존중할 수밖에 없다.

그런데 인간의 존엄성은 동시에 다른 피조물에 대한 인간의 우월성으로 해석되기도 한다. 인간은 이성적 능력에 기초한 자유 의지를 갖고 있다는 점에서 신과 유사하지만, 여타의 피조물은 그렇지 못하기 때문이다. 그리고 신은 자기 모습대로 인간을 창조하면서 인간에게 이 세계를 다스릴 권한을 주었다. 따라서 인간은 피조물의 지배자로서 피조물보다 우월한 존재라는 것이다. 사실 인간을 우월한 존재로 보는 것은 굳이 신과의 관계를 전제하지 않더라도 현대인에게 매우 일반화된 생각이다. 현대인은 흔히 인간이 만물의 영장이라고 생각하며, 사실 인류 문명은 인간이 자연을 지배해 온 역사나 마찬가지다.

하지만 다스린다고 해서 다스림을 받는 자보다 우월하다고 말할 수 있을까? 전제 군주 국가에서 통치자는 백성 위에 군림하면서 자신이 우월한 존재라고 생각하지만, 민주주의 국가에서 위정자는 국민의 대표일 뿐 국민보다 우월한 자가 아니다. 그리고 전제 군주 국가라고 해도 폭군이 있고 성군이 있다. 백성을 노예처럼 지배하는 군주도 있지만, 어버이처럼 백성을 보살피거나 백성을 하늘처럼 생각하는 군주도 있다.

인간에게 자유 의지나 이성이 없다면 인간은 내적 욕구와 욕망에 사로잡혀 이 세계를 자신만의 욕구와 욕망 충족을 위한 수단으로 삼을지도 모르고, 부와 권력만 추구하는 자들에게 사로잡혀 이들을 위해 이 세계를 마구 파괴할지도 모른다. 하지만 신이 이 세계를 창조했다면, 신의 창조물을 마음대로 훼손하는 것은 신에 대한 불경이나 마찬가지다. 만약 우리가 어떤 물건을 열심히 만들었다면, 그 물건에는 우리의 생각은 물론 마음의 정성과 육체의 노고까지 모두 담겨 있다. 이런 점에서 이 물건은 비유적이지만 우리 자신에게 분신이나 마찬가지다. 이와 마찬가지로 신 역시 최선을 다해 이 세계를 창조했다면, 이 세계에 존재하는 모든 것에는 일종에 신적인 것, 즉 신성神性이 담겨 있다고 생각할 수 있다. 그리고 더 나아가 이 세계는 보이지 않는 신이 창조 행위를 통해 자기 자신을 드러낸 것인지도 모른다. 이런 점에서 우리가 만든 물건을 우리 자신처럼 귀하게 여기듯, 신성이 담긴 피조물을 귀하게 여기지 않는다면, 이는 신의 존엄성에 대한 부정이나 마찬가지일 것이다. 그런데도 인간이 가장 존엄한 신이 만든 이 세계를 존엄하게 대하지 않을 수 있을까?

성경은 「요한 1서」 4장 8절에서 신은 "사랑"이라고 말한다. 사람들은 흔히 신을 가리켜 창조주라고 하기도 하고, 전지전능한 존재 혹은 무한하고 영원한 존재라고도 하지만, 성경은 신의 본성을 사랑이라고 말한 것이다. 신이 인간을 포함한 모든 피조물을 자신의 분신처럼 생각한다면, 신이 이 모든 것을 사랑으로 대하는 것은 당연한 일이다. 그리고 만약 인간이 신의 자녀라면, 따라서 아버지를 본받아 아버지처럼 되고자 한다면, 신이 그렇듯 인간을 포함한 모든 피조물을 사랑으로 대해야 한다. 하지만 인간이 사랑이라는 신의 본성을 본받는다고 해서 이런 행동이 자유 의지에 반하는 것은 아니다. 오히려 사랑은 모든 인간의 자유 의지를 가장 잘 실현하도록 하기 때문이다.

성경은 독일 근대 철학자 헤겔의 말처럼 사랑이 '타자 속에서 자기 자신으로 존재'하는 것임을 알려 주고 있다. 「요한 1서」 4장 16절은 신이 사랑이고, 이 사랑을 통해 인간은 신 안에 있고, 신 역시 인간 안에 있다고 말하기 때문이다. 우리가 누군가를 사랑한다면, 그 사람은 내 안에서 나와 하나가 된다. 그렇기에 그가 슬퍼하면 나도 슬프고, 그가 기뻐하면 나도 기쁘다. 그렇지만 그가 나와 같은 존재인 것은 아니다. 그는 내 안에서 나와 다른 그로서 존재한다. 그렇기에 그가 배고파하면 내가 배고픈 것처럼 먹을 것을 마련해서 그에게 준다. 그리고 그가 원하는 것이 있으면 마치 내가 원하는 것인 양 그를 도와준다. 따라서 사랑 안에서는 나의 자유 실현이 타인의 자유 실현을 훼손하는 것이 아니라, 반대로 타인의 자유 실현이 나의 자유 실현처럼 되며, 나의 자유 실현은 타인의 자유 실현처럼 된다. 아마도 이는 인간과 세계의 관계에서도 마찬가지일 것이다. 만약 인간이 세계를 단지 자신만의 자유를 위해 이용하고 지배

한다면 오늘날 우리가 목도하는 환경 파괴의 역설처럼 이 세계가 반대로 우리 삶을 파괴할지도 모른다. 하지만 우리가 인간관계는 물론 세계와의 관계에서도 사랑을 실현한다면 모든 피조물이 함께 잘 살 수 있을 뿐만 아니라, 모든 존재가 존엄해진다.

이렇게 인간을 포함한 만물이 존엄하다는 생각은 기독교인에게만 의미가 있는 것은 아니다. 어떻게 보면 이러한 생각은 인류의 위대한 스승들이 남긴 깨달음이 종교라는 외피를 통해 우리에게 전해진 것인지도 모른다. 만물이 존엄하다는 생각은 서구의 기독교 전통만이 아니라, 동양의 유가 전통이나 인도에서 기원한 불교 전통에서도 크게 다르지 않기 때문이다.

유가 전통을 대표하는 핵심 서적인 『중용』은 "하늘이 명하여 준 것을 본성이라고 하고, 본성을 따라가는 것을 도道라고 한다"라는 말로 시작한다. 이 말의 의미를 만물의 존엄성이라는 맥락에서 해석한다면, 만물의 본성은 하늘이 내린 것이기 때문에 그 어느 것 할 것 없이 모두 귀하고, 이들 간에는 귀천이 없다는 뜻으로 볼 수 있다. 그리고 이런 본성을 따르는 것이 도리라면, 자신만이 아니라 만물이 각기 자신의 본성에 따라 잘 살도록 이를 해쳐서는 안 된다. 이런 점에서 『중용』이 말하는 세계는 만물이 서로를 해치지 않고 함께 잘 사는 세계라는 점에서 모든 피조물이 사랑의 원리를 통해 하나가 되어 잘 사는 것과 크게 다르지 않다.

이런 점은 불교에서도 마찬가지다. 불교적 세계관의 핵심인 '연기緣起'설에 따르면, 이 세계 모든 현상은 인연을 통해 연결된 무한한 관계 속에서 발생한다. 이런 관점을 전제한다면, 세계란 인연을 통해 연결된 하나의 전체, 즉 일체一體를 이루고 있고, 이러한 관계를 떠나서 이와 무관하게 독립적으로 존재하는 '실체'란 없다. 따라서 만물이 인연으로 연결된 한 몸이라면, 나와 나 아닌 것이 따로 있을 수 없고, 내가 나 아닌 것을 해치면 나를 해치는 것이나 마찬가지고, 내가 나 아닌 것을 살리면 나를 살리는 것이나 마찬가지다. 이런 점에서 불교는 인간과 만물에 대한 '자비'를 강조한다. 기독교에서 사랑을 말한다면, 불교는 이와 같은 뜻으로 자비를 말한 셈이다.

사실 우리는 타인과 다른 개인이지만, 인간이란 점에서는 같다. 그리고 인간은 유전자적으로 여타의 생명체와 다르지만, 생명체라는 점에서는 같다. 물론 생명체는 무생물과 다르지만, 이 세계에 존재하는 물질로 구성된 물체라는 점에서는 같다. 우리는 우리 자신을 어떻게 이해해야 할까? 다른 부분이 진짜 나일까? 아니면 같은 부분이 진짜 나일까? 다른 부분이 아니라 같은 부분에서 진짜 나를 찾으면, 나는 다른 인간과 같고, 나는 다른 생명체와 같고, 나는 이 세상에 존재하는 모든 것과 같다. 더구나 이 세계에 존재하는 모든 것은 순환적으로 하나의 전체를 이루고 있다. 물질에서 생명체가 나오고, 생명체에서 동물이, 동물에서 정신 활동을 하는 인간의 몸이 등장했다. 물질의 운동이 생명체의 운동으로 이어지고, 생명체의 운동이 정신의 운동으로 이어진 것이다. 그러나 인간은 죽어 다시 물질로 돌아간다. 이런 점에서 이 세계에 존재하는 모든 것은 이 거대한 순환 속에서 한 몸을 이루고 있는 것이나 마찬가지다.

차이를 강조하고 차이에서 자신을 발견하는 사람도 있다. 그리고 차이를 통해 사람을 구별하고 차별하는 사람도 있다. 나는 누구일까? '작은 다름'이 아니라, '큰 같음'에 주목한다면 이 세상 모든 것은 존엄하다. 다름은 같음이 다르게 나타난 것이기 때문이다.

6.　　람보르기니가 '나'는 아니다

람보르기니 테메라리오 모델은 시속 343킬로미터의 최고 속도에, 스타트 버튼을 누르자마자 2.7초 만에 시속 100킬로미터에 도달하는 대단한 성능의 스포츠카다. 그 디자인 또한 한마디로 멋있다. 람보르기니 공식 홈페이지에 있는 선전 문구가 흥미롭다. "You can't hide who you are!(당신이 누구인지 숨길 수 없다!)" 이 문구는 말 자체만 보면 람보르기니를 타면 당신이 어떤 사람인지 그대로 드러난다는 것, 아마도 당신이 람보르기니처럼 얼마나 대단하고 멋있는 사람인지 숨김없이 드러난다는 뜻인 것 같다. 그렇다면 대단하지도 멋있지도 않은 사람은 람보르기니를 타지 말라는 뜻일까? 물건을 파는 광고가 그럴 수는 없다. 이런 점에서 아마도 이 선전 문구가 강조하려는 것은 말 자체의 의미보다는 당신이 대단한 사람이든 그렇지 않든, 람보르기니를 타면 당신도 람보르기니처럼 대단하고 멋있는 사람으로 보일 거라는 암시인 것 같다. 어쨌든 오늘날 대부분의 광고는 약이나 건전지 광고 같은 게 아니면 상품의 효능이나 성능을 설명하지 않고, 대부분 상품을 사는 사람의 이미지를 부각한다. 그리고 이런 이미지의 사람이 되고 싶으면, 이 상품을 구매하라는 무언의 메시지를 담고 있다.

    람보르기니는 한때 외국 영화에서나, 아니면 자동차 모형으로만 볼 수 있는 희귀한 차였지만, 요즘은 우리나라 도심에서도 종종 볼 수 있다. 그만큼 람보르기니를 소유한 사람이 제법 되지만, 우리나라에 시속 343킬로미터로 달릴 수 있는 도로가 있는지는 모르겠다. 하지만 사람들에게는 람보르기니를 타고 질주해 보고 싶은 욕망이 있다. 그리고 실제로 그런 사람을 보면 부러워한다. 람보르기니를 타면 너무나 멋있어 보이기 때문이다. 그리고 사람들은 자신도 람보르기니를 몰면 멋있어 보일 거라고 생각한다. 그러나 엄밀하게 말해서 람보르기니가 멋있다고 람보르기니를 타고 질주하는 사람도 꼭 멋있는 사람이 되는 것은 아니다. 람보르기니가 없다면 이 사람은 호박으로 만든 신데렐라의 마차처럼 원래 모습으로 돌아간다.

소비 지향적 인간과 존재 지향적 인간

그런데 람보르기니를 몰면 멋있어 보일 거라는 생각은 어디서 왔을까? 에리히 프롬Erich Fromm(1900~1980)은 그의 대표적 저서인 『소유냐 존재냐』(차경아 옮김, 까치)에서 인간의 성격과 삶의 방식을 토대로 두 가지 유형의 인간을 구분한다. 소유 지향적 인간과 존재 지향적 인간이 그것이다. 소유 지향적 인간은 소유와 소비를 중심으로 인생을 사는 사람이다. 이런 사람은 인생의 많은 일을 소유하고 소비하는 것과 연결하고, 이와 무관해 보이는 일까지도 소유 의식을 갖고 접근한다. 이런 소비 지향적 인간에게 세계는 자기 것과 그렇지 않은 것으로 양분된다. 그렇기에 자기를 강화하거나 자기 영역을 확대하기 위해서는 자기 아닌 것에 침범하여 이를 자기 것으로 만들어야 한다. 소비 지향적 인간에게 세계는 소유와 소비의 대상으로 존재한다.

이에 반해 존재 지향적 인간은 자신의 존재를 중심으로 인생을 사는 사람이다. 이런 사람은 자기가 어떤 존재가 될지, 자기가 원하는 존재로 살기 위해서는 어떻게 살아야 할지를 두고 고심한다. 그리고 이런 존재 지향적 인간은 타인이나 세계와 관련해서도 어떻게 생각하고, 어떻게 행동할지, 또한 어떤 관계를 맺을지 고심한다. 인간은 홀로 존재하는 것이 아니라, 이 세계의 무수한 존재들과의 관계 속에서 존재하기 때문이다. 존재 지향적 인간은 세계를 소유와 소비의 대상으로 보지 않기 때문에 세계는 자신이 관계 맺어야 하는 또 다른 존재라고 여기며, 세계와 조화로운 관계를 맺길 원한다.

소유, 소비, '나'의 동일화

어떻게 보면 소유 지향적 인간은 소유와 소비를 통해 존재 지향적 인간이 고민하는 문제에 답하는 사람인지도 모른다. 소유 지향적 인간에게는 무엇을 얼마나 소유하느냐가 자기가 어떤 존재인지를 결정하고, 무엇을 얼마나 소비하느냐가 자기가 어떤 인생을 사는지에 대한 답이기 때문이다. 따라서 소유 지향적 인간에게는 자기가 소유한 소유물이 바로 자기 자신이 되고, 소비하며 사는 것이 바로 자기 인생이 된다. 이런 점에서 소유 지향적 인간에게는 아무것도 소유하지 않거나, 아무것도 소비하지 않는 사람은 사실 아무것도 아닌 존재나 마찬가지다.

무엇을 소유하고, 무엇을 소비하느냐에 따라 그 당사자가 어떤 존재인지 규정되는 것은 흔한 일이다. 사람들은 강남에 40평대 아파트를 소유한 사람과 경기도 외곽의 40평대 아파트에 전세 사는 사람을 동일하게 보지 않는다. 술도 마찬가지다. 빈대떡집에서 막걸리와 파전을 즐기는 사람과 와인바에서 치즈를 곁들여 보르도 와인을 마시는 사람은 완전히 다른 사람으로 본다. 그런데 무엇이 다르다는 걸까? 단순히 각자가 소유하고 소비하는 물건이 다르다는 뜻은 아니다. 각자의 취향이 다르고 재산 정도가 다르고, 부모에게 물려받은 것이 많아 아파트를 장만했냐, 그렇지 않냐를 가지고 다름을 말한 것도 아니다. 여기서 다르다는 것은 그 사람의 정체성이 다르다는 것이다. 아마도 어떤 사람은 소비의 차이를 현대판 귀족과 평민의 차이로, 어떤 사람은 고상한 사람과 천박한 사람의 차이로 이해할지도 모른다. 그렇기에 내가 소유한 것이 비싸면 나는 비싼 사람으로 취급받고, 내가 소비한 것이 대단한 것이라면, 나도 대단한 사람으로 취급받는다고 느낀다. 그리고 바로 이 때문에 사람들은 대단하고 멋있어 보이는 람보르기니를 산다. 이런 점에서 상품을 소비한다는 것은 정체성을 소비하는 것과 같다.

    이것만이 아니다. 자기 자신과 소유나 소비를 동일시하는 사람은 더 많이 소유하고 더 많이 소비하면 자기 존재가 풍부해진다고 생각한다. 그리고 소유와 소비가 주는 만족감을 인생의 행복으로 생각한다. 그렇기에 소유 지향적 인간은 현재의 소유나 소비에 만족하지 않고 더 많이 소유하려 하고, 더 많이 소비하려 한다. 그만큼 더 행복해질 수 있으니까 말이다. 물론 더 많이 소유하려는 욕구는 더 많은 부를 축적하려는 욕구로 발전한다. 돈이 많으면 원하는 모든 것을 다 소유할 수 있기 때문이다. 그리고 더 많이 소비하려는 욕구는 소비의 폭을 확대할 뿐만 아니라, 새로운 상품에 대한 욕구로 발전한다. 지금 사용하고 소비하는 물건이 낡지도 고장 나지도 않았는데 신상품을 구매한다. 신상품을 소비하지 않으면 철 지난 상품처럼 마치 자신이 시대에 뒤떨어진다고 생각하기 때문이다.

소유 의식

소유 지향적 인간은 무슨 일을 하든 이를 소유와 소비로 연결할 뿐만 아니라, 소유나 소비와 무관한 일을 할 때도 소유 의식을 갖고 행동한다. 요즘 많은 사람이 건강을 위해 운동을 한다. 그런데 건강을 위한 운동은 곧잘 무언가 구매하고 소비하는 행위로 이어진다. 어떤 사람은 정기적으로 운동을 하려고 자기 주변에 헬스장 이용권을 끊었다. 한 달이나 운동했을까, 이 헬스장이 마음에 들지 않는다며 다른 헬스장을 찾아 또 이용권을 끊었다. 이런 일이 반복되더니 요즘은 집에서 운동한다고 한다. 그래서 실내 자전거도 사고, 아령도 사고, 역기까지 산다. 헬스장에 다닐 때도 운동화, 운동복, 장갑 등 이것저것 많이도 샀다. 건강을 위해 등산을 하겠다던 사람도 있다. 이 사람도 참 많은 것을 새로 샀다. 등산화는 물론 등산복, 배낭, 장갑, 스틱, 등산모에 스카프까지. 등산복도 계절마다, 메이커별로 종류도 많다. 북한산에 갈 때도 히말라야 등반 가는 것처럼 보인다. 그는 요즘 등산이 무릎에 안 좋다며, 다른 운동을 찾는다. 아마도 조만간 다른 운동을 한다며 뭔가를 또 살 것이다.

학교에서 강의 듣는 것은 물건을 사고 소비하는 일은 아니다. 하지만 강의 듣는 학생들의 모습이 상품을 구매해 소유하는 사람과 흡사하게 보이기도 한다. 많은 학생이 강의 내용을 한 글자도 빼지 않고 다 기록하려고 하거나, 아예 녹음해 버린다. 그리고 흡사 물건처럼 잘 보관한다. 그러나 강의에서 다룬 주제나 강의에서 제기한 문제에 대해 본인이 생각하거나 고민해 보지는 않는다. 아마도 이런 고민의 과정을 겪는다면 강의를 들은 후 생각이 바뀌고, 이전과는 다른 존재가 될지도 모른다. 그러나 많은 학생이 강의 내용을 기록하고 보관하고 있다가 그저 시험 때 소비할 상품처럼 소유한다.

직장에서 일할 때도 이와 유사한 일이 일어난다. 어떤 사람은 부하 직원들에게 자기 능력과 경륜 그리고 인격을 통해 일을 시킨다. 이 경우 부하 직원들은 상사를 존경하고, 상사의 말이 옳다고 생각하며 이를 따른다. 이에 반해 어떤 사람은 자신의 권한이나 직책을 통해 명령하고 지시한다. 이 경우 부하 직원들은 문책이 두려워 상사의 말에 복종한다. 전자에 해당하는 사람은 남들이 인정한 권위 있는 존재지만, 후자에 해당하는 사람은 권한과 직함을 소유한 사람이다. 그렇기에 이런 사람은 항상 더 높은 직책과 더 큰 권한의 소유자가 되길 원한다. 이런 사람은 대개 권한과 직함을 잃으면 자기가 아무것도 아닌 존재가 되었다고 생각한다.

소유 지향적 인간이 사랑을 하면 소유 의식이 노골적으로 드러난다. 누군가를 사랑한다는 것은 그 사람에게 관심을 쏟고, 그 사람과 함께 기뻐하고 슬퍼하며, 그 사람이 하고자 하는 일이 잘되도록 배려하고 협력하는 것이다. 그런데 소유 지향적 인간은 사랑하는 사람을 마치 자기 소유물처럼 생각한다. 그렇기에 사랑하는 사람을 자기 물건처럼 마음대로 구속하고 통제하려고 하며, 사랑하는 사람이 자기가 원하는 대로 행동하지 않으면 원망하고, 미워하고,

어떤 때는 폭력을 행사하기도 한다. 사랑이라는 미명으로 발생하는 이런 식의 소유 지향적 행위는 부모와 자식 관계만이 아니라, 부부 관계에서도 일어난다.

대량 생산과 대량 소비 사회

그런데 이렇게 소유 지향적으로 행동하는 인간은 항상 있었을까? 아니면 우리 시대에 나타난 특수한 현상일까? 소유 지향적 인간 유형은 논리적으로 볼 때 사적 소유를 전제한다. 사적 소유가 인정되지 않고, 공유가 일반화된 사회라면 이런 식의 인간형은 등장할 수 없다. 그리고 소유 지향적 인간이 무언가를 끊임없이 소비하기 위해서는 그만큼 소비할 수 있는 상품이 끊임없이 생산되어야 한다. 더구나 원하는 사람이 많으면 상품은 그만큼 대량으로 생산되어야 한다. 이런 점에서 에리히 프롬은 소유 지향적 인간형을 '산업 사회'의 산물로 본다.

산업 사회란 공업 중심의 산업 생산을 위해 사회 전체가 하나의 시스템을 형성한 사회를 말하며, 인류 역사상 대규모 공장이 설립되면서 대량 생산과 대량 소비가 이루어진 현대 시기에나 등장할 수 있었다. 물론 오늘날 4차 산업 혁명이 시작되면서 공업 중심의 산업 구조 역시 일대 변화를 겪고 있지만, 상품이 대량으로 생산되고 대량으로 소비되는 것은 예나 지금이나 마찬가지다. 사실 우리가 대량 생산과 대량 소비 시대에 살고 있다는 사실을 염두에 둔다면, 람보르기니와 자기 자신을 동일시하는 소비 지향적 인간형이 왜 등장했는지 쉽게 알 수 있다.

산업 사회에서 대규모 공장을 설립하고 상품을 대량으로 생산하는 것은 이윤 획득을 위한 일이며, 끊임없이 새로운 상품을 생산하면서 새로운 소비를 창출할 때 이윤은 극대화된다. 사람들이 한번 산 물건을 오래 쓴다면, 그만큼 소비는 늘어나지 않는다. 그러나 사용하는 물건이 낡거나 고장 난 것도 아닌데 새로운 상품을 끊임없이 산다면 소비는 늘어나고 이윤도 늘어난다. 이런 상황 속에서 등장한 것이 상품 소비가 아닌, 상품을 통한 정체성 소비다. 새로운 상품과 사람들이 선망하는 새로운 정체성을 연결하면 얼마든지 새로운 소비를 창출해 낼 수 있기 때문이다. 이런 점에서 산업 사회에는 자신이 구매한 상품과 자신을 동일시하는 소비 지향적 인간이 필요하다.

에리히 프롬에 따르면, 산업 사회가 유지되기 위해서는 이에 반발하지 않고 순응하도록 사회 구성원의 의식을 움직이는 이데올로기가 필요하다. 프롬은 이러한 이데올로기를 산업 사회의 '위대한 약속'이라고 말하기도 한다. 물론 이러한 약속은 환상이며, 허위의식이란 의미에서의 이데올로기일 뿐이다. 그 대표적 사례는 경제 성장이 행복한 삶을 가능하게 한다는 이데올로기다. 경제가 성장한다는 것은 기업의 이윤이 증대하고 사회 구성원의 수입 역시 증대하는 것을 의미한다. 따라서 기업은 증대된 이윤을 재투자함으로써 상품 생산을 늘리고, 사회 구성원들은 늘어난 수입을 통해 소유물을 늘릴 뿐 아니라, 소비 역시 늘린다. 경제 성장이 행복한 삶을 가능하게 한다는 것은 소유와 소비가 증가할 때 더 행복해진다는 말과 같다. 또한 산업 사회에는 경제 성장이 행복만이 아니라, 개인의 자유를 확대한다는 이데올로기도 확산해 있다. 그리고 실제로 많은 사람이 오늘날까지도 그렇게 믿고 있다. 사람들은 경제 성장을 통해 물질적으로 풍요해질 때 비로소 자기가 하고 싶은 것을 할 수 있다는 의미에서 개인의 자유도 증대된다고 생각한다. 반대로 말하면 사람들은 빈곤하면 자기가 결코 자유로울 수 없다고 생각한다.

더 많은 소유가 더 많은 행복?

그런데 산업 사회의 위대한 약속처럼 더 많은 소유나 소비가 더 많은 행복과 자유를 가져다주었을까? 산업 사회는 사회 전체적으로 볼때 비약적인 경제 성장을 이루어 냈고, 물질적으로 풍요로운 사회를 만들어 냈다. 그러나 이는 모든 사회 구성원이 경제 성장의 성과를 평등하게 누린다는 뜻은 아니다. 성장의 성과가 불평등하게 분배되면서 사람들은 상대적 빈곤을 절감하는 시대가 되었다. 이런 점에서 현대인이 비로소 생존의 위기에서 벗어났다지만, 상대적 빈곤이 주는 박탈감과 열등감 때문에 삶이 행복하지는 않다. 그렇다면 이런 상대적 빈곤 상황 속에서도 마음껏 소유하고 소비하며 물질적 풍요를 즐기는 사람은 과연 행복할까?

우리가 완벽한 소유 지향적 인간이 된다면 소유와 소비만으로 행복할 수 있을지도 모른다. 그런데 소유와 소비를 통해서는 '나'를 찾을 수 없다. 따라서 소유와 소비를 통해 자기가 누구인지 규정한다는 것은 허위의식일 뿐 실제로 가능한 일도 아니다. 다른 사람도 얼마든지 내가 소유한 것과 같은 것을 소유할 수 있고, 내가 소비한 것과 같은 상품을 소비할 수 있다. 따라서 소유나 소비와 자기를 동일시한다면, 타인은 나와 구별되지 않는다. 그렇기에 소유 지향적 인간은 자신과 타인을 차별화하기 위해 끊임없이 더 많은 소유물을 추구하고, 새로운 상품을 소비하려 한다. 하지만 이런 식의 소유나 소비는 끝이 없다. 따라서 소유와 소비를 통해서는 결코 자기를 찾을 수 없다.

이렇게 볼 때 소유 지향적 인간이 소유와 소비를 통해 잠시 잠깐의 행복감을 즐길 수는 있겠지만, 이 순간이 지나면 공허함이 찾아온다. 흡사 소유물로 가득 채워진 집에 정작 주인이 없듯이, 소유와 소비로 점철된 인생에 자기가 없다는 공허감 말이다. 소유 지향적 인간은 소유와 소비를 통해 자기를 찾으려 하지만 결국 찾지 못하고, 자아 부재 상태에 빠질 수밖에 없다.

그렇다면 더 많은 소유와 소비가 개인의 자유를 신장시킨다고 말할 수 있을까? 소유 지향적 인간에게 자기가 어떤 존재고, 어떤 삶을 사는지 결정하는 것은 소유와 소비다. 따라서 소유와 소비가 개인의 자유를 실현하는 수단적 의미를 갖는 것이 아니라, 소유와 소비 자체가 목적이다. 그렇기에 소유 지향적 인간에게 삶이란 소유와 소비에 종속된다. 더구나 더 많은 소유가 더 많은 행복을 보장한다는 산업 사회의 약속이 사실은 대량 생산과 대량 소비를 지탱하기 위한 허위의식에 불과하다면, 소유와 소비는 산업 사회를 유지하고 지탱하는 방편일 뿐이다. 이런 점에서 소유 지향적 인간은 자기를 위해서 소유하고 소비하는 것 같지만, 사실 사회 유지를 위해 소유하고 소비할 뿐이다. 물론 어떤 사람은 소유 지향적 인간이 자기가 원하는 소유와 소비를 한다는 점에서 자유가 있다고 말할지도 모른다. 그러나 이런 경우라도 그 자유는 상품 소비를 정체성 소비로 탈바꿈시킨 광고 전략이 만든 허상일지도 모른다.

독창적인 삶

그렇다면 존재 지향적 인간의 삶은 어떤 모습일까? 존재 지향적 인간은 항상 자기가 어떤 존재가 될지, 어떤 존재로 살지에 관심을 기울이고, 이 세계와도 어떤 관계를 맺을지 고민한다. 그렇기에 존재 지향적 인간은 '자기'가 만들어지고, 또한 성장할 수 있으며, 다른 존재자들과 조화로운 관계를 형성하며 하나가 될 때 존재의 충만함마저 느낄 수 있다. 그리고 인생을 통해 자기를 실현하는 행복감 또한 느낄 수 있다. 물론 존재 지향적 인간이 아무것도 소유하지 않고, 아무것도 소비하지 않는다는 것은 아니다. 존재 지향적 인간도 소유하고 소비하지만, 이는 자기실현을 위해 필요한 수단일 뿐이며, 소유와 소비 자체가 목적이 아니다. 따라서 어떤 존재로 사느냐에 따라 무엇을 소유하고 소비할지가 달라질 수는 있어도, 무엇을 소유하고 소비하느냐에 따라 자기가 어떤 존재인지가 달라지는 것은 아니다.

프롬은 존재 지향적 인간의 삶을 특히 '독창성 있는 삶'으로 설명하기도 한다. 우선 인간에게는 꼭 어떤 존재로 살아야 한다는 철칙 같은 것이 없다. 인간은 무한한 가능성의 존재이며, 자기의 잠재력을 다양한 방식으로 실현할 수 있기 때문이다. 바로 이런 점 때문에 인간은 자기가 어떤 존재가 될지, 어떤 존재로 살아야 할지 고민하는 존재 지향적 인간이 될 수 있다. 프롬에 따르면, 이렇게 인간이 자기 존재와 삶에 대해 고민하는 것은 그 어떤 다른 목적을 위한 것이 아니라, 바로 개개의 인간 자신을 위한 것이다. 존재 지향적 인간이 추구하는 최고의 목적은 자기 잠재력을 계발하고, 자기를 성장하게 하고, 또 자기를 실현하며 행복한 삶을 사는 데 있기 때문이다.

그렇기에 프롬은 존재 지향적 인간은 옳음을 추구하는 삶이 아니라, 진짜 자신이 원하는 삶을 살아야 한다고 말한다. 흔히 사람들은 도덕적으로 올바른 행동만이 아니라, 뭔가 정답 같은 행동을 해야 한다고 생각할 때가 많다. 사회 구성원으로서 법과 도덕 같은 사회적 규범을 준수하는 것은 올바른 행동이다. 그러나 사회적 규범과 무관한 상황에서도 옳음을 추구하는 경우가 많다. 다시 말해 사람마다 그냥 다르다고 생각할 수도 있는데, 굳이 옳고 그름의 잣대로 보는 경우가 허다하다는 것이다. 그런 사람은 미술관에서 그림을 감상할 때, 자기 느낌에 충실하기보다는 어떤 권위 있는 사람의 평에 맞춰 작품을 보려고 한다. 사람마다 식사 스타일이 다르고, 방 정리를 잘하는 사람도 있고 아예 무신경한 사람도 있는데, 이런 것을 옳고 그름의 눈으로 보는 사람도 있다. 과연 어떤 직업을 갖고, 어떤 배우자와 결혼하고, 어떤 정당을 지지하고, 어디로 휴가를 가고, 무엇을 소유하고 무엇을 소비하냐에 모두가 따라야 할 정답 같은 것이 있을까? 이 모든 것은 내가 정하는 것이고, 내가 정할 때 진짜 내가 원하는 것을 선택할 수 있다. 하지만 옳음을 추구하는 사람은 자기가 결정한 것이 정답인지 아닌지에만 관심이 있다. 따라서 정작 그 결정이 진짜 나의 결정인지, 나 스스로 생각하고, 느끼고, 의지하는 주체로서 결정한 것인지는 중요하지 않다. 그러나 진짜 자기가 원하고 만족할 만한 삶을 살려면 옳음에 대한 생각에서 벗어나 스스로 결정해야 한다. 그리고 스스로 결정한다는 것은 자기의 잠재적 가능성을 발산하기 위해 자신의 사고를 도구처럼 사용하며 자기 행위의 창작자가 되는 것을 말한다. 이렇게 되면, 존재 지향적 인간은 자기 삶을 독창적으로 만들며, 자기 자신 또한 유일무이한 존재가 된다.

이런 삶이 프롬이 말하는 독창성 있는 삶이다. 그리고 이렇게 독창성 있는 삶을 추구한다면, 타인과 어떤 관계를 맺어야 할지도 이미 분명해진다. 즉 개인의 독창적 삶이 훼손되지 않고, 마찬가지로 유일무이한 존재인 개인의 특성이 상실되지 않는 관계, 더 나아가 이런 독창적 삶을 촉진하고, 개인의 자아실현을 북돋을 수 있는 관계다. 프롬은 이를 '사랑'이라고 말하기도 한다. 우리는 과연 더 많은 것을 소유하고, 끊임없이 새로운 것을 소비하며 살 때 행복할까? 아니면 우리 자신의 잠재력을 계발하고, 자신을 성장시키고, 자신을 실현하며 살 때 행복할까? 프롬은 진정 행복한 삶을 위해서는 소비 지향적 인간에서 존재 지향적 인간으로의 전환이 필요하다고 말한다.

7.   내가 원하는 삶 찾기

사람들은 남에 대해서는 알려고 해도, 굳이 자기 자신에 대해서는 알려고 하지 않는 경우가 많다. 자기 자신에 대해 가장 잘 아는 사람은 바로 자기 자신이라고 생각하기 때문이다. 한마디로 내가 나인데 나를 모르겠냐는 것이다. 물론 자기가 배고플 때 배고픈 줄 모르고, 졸릴 때 졸린 줄 모르는 사람은 없다. 그러나 이런 본능적 욕구 차원을 넘어서면 사실 내가 나에 대해 잘 모르는 경우가 많다. 이 때문일까? 사람들은 종종 "내 마음 나도 모른다."라고 말하곤 한다. 그렇다면 우리 자신의 삶에 대해서는 어떨까? 우리는 각자 자신이 어떤 삶을 살기 원하는지 알고 있을까? 물론 아는 사람도 있겠지만, 자기가 무엇을 하며 어떻게 살아야 할지 사회적으로 요구된 삶에 대해서는 잘 알지만, 진짜 자기가 원하는 삶이 어떤 삶인지는 잘 모르는 경우가 많다. 왜 그런 걸까? 우리 자신이 뭔가 잘못한 것일까?

문화와 개인의 삶

우리는 우리가 속한 사회에서 태어나고 성장하면서 많은 것을 배운다. 우리 사회의 정상적 구성원으로 인정받으며 살기 위해서는 알아야 할 것이 많기 때문이다. 우리 사회의 법과 규범을 알아야 하고, 우리 사회 구성원들이 공유하는 가치관도 알아야 하고, 이에 기초한 우리 사회의 고유한 생활 방식도 알아야 한다. 사람들은 이 모든 것을 합하여 흔히 '문화'라고 말한다. 그런데 문화를 알기 위해서 엄청난 노력이 필요한 것은 아니다. 우리는 태어나고 성장하면서 가정, 학교, 직장, 종교 단체 등 다양한 공간에서 많은 사람을 보고 만나고 교류하면서 우리 사회의 문화를 자연스럽게 습득할 뿐만 아니라, 이를 반복적으로 체험하고 실행하면서 각자의 마음속에 내면화한다.

이러한 문화는 개인의 삶에서 매우 구체적인 부분까지 영향을 미친다. 문화는 우리가 무엇을 먹을지, 집의 공간은 어떻게 배치하고 꾸밀지, 어떤 옷을 입고 출근해야 할지, 결혼식이나 장례식에서는 무슨 말을 해야 할지, 그리고 어떤 직업을 가져야 할지, 어떤 사람이 좋은 배우자인지 등 살아가는 데 필요한 거의 모든 것을 알려 주기 때문이다.

더구나 문화란 단지 무엇을 어떻게 해야 할지 알려 주는 데 그치는 것이 아니라, 이를 욕구하게 만든다. 다시 말해 사람들은 자기 문화를 배우고 체험하면서 어느덧 문화가 요구하는 것을 스스로 욕구하게 된다는 것이다. 그렇기에 한국 문화에서 성장한 사람은 배고플 때 한국 음식을 먹고 싶어 하고, 이성을 사귈 때도 한국 사회에서 선호하는 사람을 만나고 싶어 한다. 더구나 우리 문화에 맞지 않는 행동을 하는 사람을 만나면 불쾌감을 느끼거나 아예 함께하려고도 하지 않는다.

하지만 문화가 인간의 모든 행동을 결정하는 것은 아니다. 사람들은 문화적으로 허용되지 않는 행동을 하거나, 금지된 것을 욕구하기도 하고, 기존 문화를 재해석함으로써 행동반경을 넓히기도 한다. 그렇기에 문화는 고정불변이 아니라 가변적이며, 획일화되기보다는 점차 다양화한다. 그런데 어떤 문화는 변화에 개방적이며, 어떤 문화는 폐쇄적이다. 개방적인 문화에서는 개인 스스로 자기 삶을 결정하는 자율성이 크지만, 폐쇄적인 문화에서는 개인의 자율성도 낮다. 폐쇄적인 문화는 해당 문화에 어울리지 않는 행동을 하는 사람에게 다양한 방식의 제재를 가하기 때문이다. 그렇다면 이 두 가지 유형의 문화 중 어떤 문화가 좋은 것일까? 당연히 우리는 자율성이 큰 문화가 좋다고 생각한다. 그래야만 자기가 원하는 삶을 살 수 있기 때문이다. 더구나 문화가 특정한 생활 방식을 강제한다면, 사람들은 이와 다른 자신의 욕구를 억압해야 하고, 그 결과 욕구 불만에 빠질 수 있다. 따라서 사람들은 자율성이 큰 문화를 더 원한다.

결정됨의 고통과 결정되지 않음의 고통

그런데 개방적 문화 속에서 자율적 삶이 보장된다고 해서 누구나 자기가 원하는 삶을 사는 것은 아니다. 사람들이 진짜 자기가 원하는 삶이 어떤 것인지 모른다면, 개방적 문화나 삶의 자율성은 빛 좋은 개살구에 불과하기 때문이다. 더구나 진짜 자기가 원하는 삶이 어떤 것인지 모르는 사람에게 자율적으로 살라고 하면 오히려 고통이 된다. 독일의 근대 철학자 헤겔은 이런 고통을 '결정되지 않음의 고통'이라고 말한다. 다시 말해 삶의 방식을 결정하는 문화적 영향이 배제된다면, 이제 모든 것을 우리 자신이 결정해야 한다. 그런데 정작 무엇을 어떻게 해야 할지 결정하지 못하면 행위 불능 상태에 빠지고, 이것이 도리어 심리적 고통이 된다는 것이다. 물론 그 반대도 생각해 볼 수 있다. 우리가 무엇을 하며 어떻게 살아야 할지가 문화적으로 너무나 강력하게 결정되어 있을 때도 심리적 고통을 느낀다. 이런 경우 우리는 문화적으로 허용되지 않는 삶의 욕구를 스스로 억압해야 하기 때문이다. 이런 식의 고통은 결정되지 않음이 주는 고통과 구별하여 '결정됨의 고통'이라고 말할 수 있다.

우리 사회의 경우에는 이 두 가지 고통이 공존한다. 어려서부터 대학에 입학하기 전까지는 모든 것이 너무나 강하게 결정되어 있다. 이른바 명문대 입학이라는 하나의 목표를 위해 하루하루의 일과가 시간표처럼 다 결정되어 있기 때문이다. 그렇기에 이 시기에 개인의 자율성은 거의 없다고 해도 결코 지나친 말이 아니다. 그러나 대학에 입학하면서부터 대전환을 겪게 된다. 이제는 결정된 것보다 결정되지 않은 것이 많아지기 시작한다. 대학교 신입생들은 수강 신청할 때부터 결정되지 않음의 고통을 느낀다. 수업 시간표가 이미 결정된 것이 아니기 때문에, 자기 스스로 시간표를 짜야 한다. 하지만 한 번도 해 본 적이 없어 어쩔 줄 몰라 하는 사람도 있고, 이미 성인인데도 부모가 학교생활에 참견하는 경우도 있다. 그리고 이제 이성을 사귀고 연애하는 일이 본격적으로 시작되지만, 이 경우에도 무엇을 어떻게 해야 할지 갈피를 잡기가 어렵다. 그래서 그런지 연애하는 건지, 안 하는 건지 '썸'만 타거나, 그것도 어려운 사람을 위해 연애를 코치하는 '연애 교습소'까지 생겼다는 말도 있다. 취업을 준비할 때는 더 심해진다. 대부분은 남들이 선호하는 직장을 자신도 준비하지만, 자기가 진짜 원하는 진로를 택하려는 사람은 심각한 고민에 빠진다. 자기가 무엇을 원하는지, 어떤 삶을 살려고 하는지 정작 자기도 모르기 때문이다. 이런 사람들은 대개 성장 과정에서 자기가 무엇을 원하는지 고민해 볼 기회가 없었고, 원하는 것을 하기 위해 스스로 계획하고 실천해 본 경험도 없다. 정말 문제인 것은 남들이 선호하는 직장을 선택했고, 또 정신없이 일하다 어느덧 중년이 되었는데, 이게 내 길이 아닌 것 같다는 후회에 빠지는 경우다. 그러나 이때도 마찬가지다. 지금까지 걸어온 길이 자기 길이 아닌 것은 알겠지만, 앞으로 자기가 가고 싶은 길이 무엇인지는 모른다. 그렇기에 "내 마음 나도 모른다"라는 한탄이 절로 나온다. 이렇게 볼 때 우리 사회의 많은 사람이 한때 '결정됨의 고통' 속에서 살다가, 그 후에는 '결정되지 않음의 고통'을 겪는 것 같다.

자기 탐색

청소년기에는 자기 탐색의 시간을 가져야 한다. 특히 직업 선택과 관련해서 어떤 직업이 있고, 각각의 직업은 어떤 일을 하고, 이에 대한 사회적 평판은 어떻고, 자기에게 맞는 직업이 무엇인지 탐색해 봐야 자신의 진로를 정할 수 있다. 그리고 이렇게 자기에게 맞는 직업을 선택하기 위해서는 당연히 자기가 어떤 사람인지 자신의 성격, 능력, 가정 환경, 선호, 가치관 등을 알아야 한다. 어떤 직업이 만족감을 줄지는 굳이 생각해 볼 필요도 없다. 자신에게 맞는 직업을 가질 때 일에서 느끼는 만족감이 가장 크다. 그러나 우리 사회에서는 어느 학과를 선택하느냐가 아니라 어느 대학에 가느냐가 중요하다. 명문대에 진학할 수만 있다면, 어느 학과에 진학하는지는 다음 문제다. 그리고 대학 입학 이후에도 사람들이 선호하는 직장에 갈 수만 있다면, 개인의 특성 따위는 중시되지 않는다. 이런 점 때문에 직업 선택을 위한 자기 탐색은 거의 이루어지지 않는다. 아마도 우리 사회에서는 명문대를 나오면 사람들이 선호하는 직장에 취직할 수 있고, 이를 통해 부와 권력을 얻고 남들이 부러워하는 사람이 되면 그게 바로 직업이 주는 만족감이라고 생각하는 것 같다. 그렇기에 현재 자기 직업이 자신에게 맞는지는 중요하지 않게 된다. 이런 점을 염두에 둔다면 성인이 되어서 진로를 고민한다든지, 중년에 이르러서야 진로를 고민하는 일이 벌어지는 것도 놀라운 일은 아니다. 더구나 자기 탐색을 해보지 못한 사람들은 자기가 누구인지, 자기가 어떤 사람인지 가늠하지도 확신하지도 못하는 정체성 위기에 빠지기도 한다. 이렇게 되면 자기가 원하는 삶을 찾는 것이 아니라, 아예 삶 자체가 불가능해질 수 있다.

물론 자기가 어떤 사람인지, 자기가 진정으로 원하는 삶이 어떤 것인지 모르더라도 역설적으로 삶에 적극적인 경우도 있다. 자기 자신에게 너무나 확실하게 느껴지는 것이 있기 때문이다. 자신의 내면세계로부터 솟구쳐 오르는 내적 욕망이 그것이다. 그리고 이런 욕망에 사로잡힐수록 욕망 충족은 어느덧 인생의 확실한 목표가 된다. 어떤 사람에게 그것은 권력욕일 수 있고, 어떤 사람에게는 소유욕이나 성적 욕망일 수 있다. 이렇듯 욕망이 무엇인지는 사람에 따라 다양하지만, 이 욕망이 한 사람의 인생을 장악할 만큼 강력하다는 것은 마찬가지다. 만약 누군가 이런 내적 욕망의 충족을 위해 자기의 모든 것을 건다면 인생은 완전히 달라진다. 이 사람은 이제 세상사를 욕망 충족 여부에 따라서

만 보게 되기 때문이다. 다시 말해 욕망 충족에 도움이 되는 일만 하게 되고, 욕망 충족에 도움이 되는 사람하고만 교제하게 되고, 종국에 가서는 이 세상과 타인을 욕망 충족이라는 목적 달성을 위한 도구로만 보게 된다. 그리고 이 세상과 타인을 자기에게 유리하도록 지배하고 조작하려 들게 된다. 과연 이런 삶이 행복할까? 이렇게 욕망의 노예가 된 삶이 어떤 파국적 결과를 낳는지는 굳이 설명하지 않아도 수많은 역사적 사례, 소설, 드라마를 통해 널리 알려져 있다. 오늘날 많은 사람이 이런 식의 삶을 산다는 것은 그만큼 자기가 진짜 원하는 삶이 어떤 것인지 탐색해 보지 않는다는 증거다.

만약 우리가 욕망의 노예 같은 삶을 원하지 않는다면, 그리고 사회가 요구하는 삶이 아니라 내가 원하는 삶을 살고 싶다면 자기를 탐색해야 한다. 한번 자신에게 진지하게 물어보자. 내가 행복했던 순간은 언제였고, 또한 힘들었던 순간은 언제였고, 후회스러운 순간은 언제였을까? 좀 더 구체적으로 말한다면, 나는 무엇을 할 때 즐거웠고, 무엇을 할 때 무료했을까? 그리고 과거에 내가 잘했다고 생각한 일은 무엇이고, 못했다고 생각한 일은 무엇일까? 이런 단순한 질문부터 대답해 보자. 이때 중요한 것은 단지 이런 순간들을 기억해 내는 게 아니라, 그 순간 왜 행복했고, 힘들었고, 후회스러웠는지, 아니면 왜 좋았고, 싫었고, 잘못했다고 여겨지는지 그 이유를 생각해 보는 것이다. 이런 단계를 지나면 좀 더 발전된 질문을 할 수 있다. 만약 괴로웠던 순간을 떠올릴 수 있다면, 그때 나는 나 자신에게 뭐라고 위로할 수 있었을까? 후회스러웠던 순간이 떠오른다면, 그때에 나는 어떻게 행동해야 했을까? 아마도 이런 질문에 답할 수 있다면 결국 다음과 같은 질문에도 답할 수 있을지 모른다. 내가 좋아하는 나의 모습, 내가 싫어하는 나의 모습은 무엇일까? 나는 어떤 사람이고, 어떤 사람으로 대접받기를 원할까?

진로 발달 모델을 만든 미국의 심리학자 존 홀랜드John L. Holland의 직업 선택에 관한 이론에서 구분하듯 아주 단순하게 나의 성격에 대해 질문할 수도 있다. 나는 현실적인가? 탐구적인가? 예술적인가? 사회적인가? 진취적인가? 관습적인가? 나의 능력에 대해서도 물을 수 있다. 내가 가장 잘하는 것은 무엇이고, 못하는 것은 무엇인가? 내가 남들보다 잘한다고 생각하는 것은 무엇이고, 못한다고 생각하는 것은 무엇인가? 나에 대한 탐색은 나 자신과의 관계에서만 일어나는 것은 아니다. 타인과의 관계를 통해서도 나를 알 수 있다. 내가 가장 존경했던 사람은 누구고, 가장 본받고 싶은 사람은 누구인가? 반대로 가장 혐오하는 사람은 누구인가? 그리고 내가 사랑하는 사람은 누구고, 누구와 친구가 되고 싶은가? 질문의 방향을 바꾸어 볼 수도 있다. 나를 사랑하는 사람, 나를 존경하는 사람이 있다면, 그는 누구이고 왜 그럴까? 이런 질문을 통해서도 우리는 각자 자신이 어떤 사람이 되고 싶은지, 아니면 무엇을 원하는지 알 수 있다.

심리 상태에 관한 세 가지 입장

이렇게 자기에게 질문하고 대답하는 자기 탐색은 이미 내가 원하는 것이 있다는 것을 전제하고 그것을 찾기 위해 하는 시도는 아니다. 그렇다고 내가 원하는 것을 새로 만드는 과정도 아니다. 자기 탐색은 내가 어렴풋하게나마 원하는 것을 발견하고, 여기에 구체적인 형태를 부여하는 작업이다. 인간의 내면세계를 연구한 데이비드 핀켈스타인David Finkelstein은 우리 자신의 마음, 혹은 감정이나 욕구 등 심리 상태를 이해하는 세 가지 입장을 구별한 바 있다.

첫째는 흡사 객관적 세계에 존재하는 사물을 인식하듯 자기가 무엇을 원하는지 발견할 수 있다는 입장이다. 하지만 이런 입장은 올바른 것이 아니다. 많은 경우 우리는 원하는 것을 어렴풋하게 알고 있을 뿐, 객관적 사물의 크기가 몇 센티미터이고 무게는 몇 킬로그램인지 아는 것처럼 명확한 형태로 알지는 못한다. 더구나 내가 객관적 관찰자처럼 나 자신을 투명하게 들여다보기는 어렵다.

둘째는 내가 무엇을 원하는지는 이미 정해져 있는 것이 아니라, 내가 만드는 것이라는 입장이다. 즉 내가 무엇을 선택하거나 결심하는 행동을 통해 비로소 내가 원하는 것이 정해진다는 것이다. 그러나 내가 원하는 것이 없다면, 선택 자체가 불가능하지 않을까? 더구나 내가 무언가를 원한다면 이런 원하는 마음이 나의 내면세계에서 솟구쳐 오르는 게 당연할 텐데, 선택만 하면 없던 마음도 생긴다는 것이 말이 될까?

셋째는 내가 무엇을 원하는지는 나의 내면에서 우러나오는 어떤 충동을 전제로 여기에 실현 형태를 부여할 때 구체화된다는 입장이다. 우리가 세 번째 입장을 따른다면, 자기 탐색을 위한 많은 질문과 이에 대한 대답은 바로 우리 자신이 어렴풋하게 느끼고 있던 나의 바람을 찾는 작업이며, 동시에 이런 바람에 구체적 실현 형태를 부여하는 작업일 것이다. 하지만 세 번째 입장을 따른다고 해도 나머지 두 가지 입장을 배제할 필요는 없다. 정말 내가 원하는 것이 구체적일 뿐만 아니라 너무나 확실하게 느껴진다면, 나는 나를 찾은 셈이다. 그리고 내가 원하는 것이 무엇인지 어렴풋하게도 모른다면, 나는 나의 선택과 결심을 통해 새로운 일을 실험적으로나마 경험해 봐야 한다. 이런 경험이 쌓이면 자기가 진짜 무엇을 좋아하고 무엇에 만족하는지 나중에라도 알 수 있기 때문이다. 내가 진짜 원하는 삶이 무엇인지 모른다면, 이제라도 자기를 탐색해 보면 어떨까?

3 나를 만들다

1. 네 가지 삶의 방식

누구에게나 먹고사는 문제가 해결되어야 한다. 그래야 살 수 있으니까. 하지만 인생이 먹고살기 위한 돈벌이에 그치는 것은 아니다. 누구에게나 먹고살아야 한다는 점은 같지만, 인간은 여기에 더해 자신이 원하는 삶을 구축한다. 그렇기에 사람마다 사는 모습이 같으면서도 서로 다르다. 그런데 우리 주변을 보면 사람들이 사는 모습이 아무리 다르더라도 대략 네 가지로 구별할 수 있는 것 같다. 대개 어떤 사람은 성공한 삶을 추구하고, 어떤 사람은 도덕적 삶을, 어떤 사람은 정상적 삶을, 어떤 사람은 종교적 삶을 추구한다. 물론 사람들이 이 네 가지 삶의 방식 중 어느 하나만 자기 삶으로 선택한다는 뜻은 아니다. 사람들의 삶에는 이 네 가지가 뒤섞여 있다. 다만 이 중 어떤 삶의 방식을 가장 중시하느냐에 따라 그 사람의 삶의 특징이 나타난다. 그런데 이렇게 사는 게 우리 인생의 전부일까? 아니면 또 다른 삶도 가능할까?

성공한 삶

성공한 삶은 사람들이 흔히 선망하는 삶을 말한다. 명문대에 입학하고 대기업에 취직하는 것, 아니면 의사나 변호사 등 잘나가는 전문직 종사자가 되는 것, 그리고 고급 아파트에 살고, 외제 승용차를 몰며, 명품으로 치장하는 것. 여기에다 부동산이나 주식 투자 등 재테크의 귀재가 되는 것까지. 간단히 말해서 학벌, 부, 권력, 명성까지 얻어 귀족처럼 사는 것. 이런 삶을 살면 사람들은 성공하고 출세했다고 말한다. 하지만 성공한 삶에 대한 사람들의 태도는 이중적이다. 성공한 삶을 개인의 능력에 따른 정당한 결과라고 생각하는 사람도 있지만, 부모 잘 만나 성공하고 출세한 것이라고 폄훼하는 사람도 있다.

그럼 성공한 삶을 사는 본인은 어떻게 생각할까? 흔히들 이런 사람은 성공과 출세를 즐기며 행복한 삶을 살 거라 말하곤 하지만, 꼭 그렇지만은 않다. 2018~2019년에 방영됐던 〈SKY 캐슬〉이란 드라마가 있다. 23.8퍼센트라는 최고 시청률을 기록한 드라마답게 대중의 인기는 물론이고 시사하는 바도 컸다. 이 드라마의 줄거리는 우리나라 최상류층 사람들이 부와 지위를 대물림하기 위해 자식들에게 막대한 비용을 써 가며 사교육을 시키는 이야기다. 이 때문인지 이 드라마는 우리나라 사교육 시장의 진면모를 보여 준다고 평가받기도 했다. 그런데 이 드라마에서는 주변적 이야기일지 모르지만, 특히 흥미로웠던 것은 강준상(정준호 분)이라는 대학병원 고위직 의사의 이야기다.

그는 학력고사 전국 수석을 차지한 수재 중의 수재지만, 그의 인생은 자기 것이 아니었다. 그는 어려서부터 사교육을 통한 성적 관리는 물론이고, 모든 것을 어머니가 계획한 대로 살아왔다. 이제 강준상은 아버지가 되어 자식을 키우고 살지만, 자기 뜻대로 살아 본 적이 없고, 그렇기에 혼자서는 아무것도 할 수 없는 사람이 되었다. 그는 어머니가 계획한 대로 성공한 삶을 살았지만, 그의 삶에는 정작 자기가 없었다. 과연 이런 사람이 아무리 성공한 삶을 산다고 한들 행복한 삶을 산다고 말할 수 있을까? 성공과 출세를 원하는 한 개인의 적성이나 취향은 중요하지 않다. 성공과 출세를 위해서는 원하든 원하지 않든 누구나 밟아야 할 정해진 경로가 있기 때문이다.

도덕적 삶

도덕적 삶은 모든 사람이 따라야 할 어떤 행위 규범이 있다고 생각하며, 이를 지키는 것을 최고의 가치로 여기는 삶이다. 이런 삶을 사는 사람은 타인을 수단으로 취급하지 않고, 각자 자기 목적을 추구하는 목적적 존재로 대우한다. 그리고 부모의 역할이나 자식의 도리가 있다고 생각하거나, 선배나 연장자에게 지켜야 할 예의가 있다고 생각하고, 정직하고 신의를 지키며 책임감 있게 자기에게 부여된 역할과 의무를 다해야 한다고 생각한다. 이런 사람은 도덕적 규범을 지켜야 사람들이 서로에게 해코지하지 않고 서로를 존중하고 배려하며 협력적으로 살 수 있다고 본다. 사실 우리 주변에는 이런 도덕적 삶을 사는 사람보다는 그렇지 않은 사람이 많은 것 같다. 그러나 비록 도덕적 삶을 살지 않더라도, 그 중요성까지 부정하는 사람은 많지 않다.

윤동주 시인의 『하늘과 바람과 별과 시』에 수록된 「서시」는 한국 사람이라면 모르는 사람이 없을 만큼 널리 알려진 시다.

죽는 날까지 하늘을 우러러 / 한 점 부끄럼이 없기를, / 잎새에 이는 바람에도 / 나는 괴로워했다. / 별을 노래하는 마음으로 / 모든 죽어 가는 것을 사랑해야지 / 그리고 나한테 주어진 길을 / 걸어가야겠다. / 오늘 밤에도 별이 바람에 스치운다.

이 시를 읽으면 윤동주 시인이 도덕적 삶을 중시했음을 어렵지 않게 알 수 있다. 그가 죽어 가는 모든 것, 따라서 생명이 있는 모든 것을 사랑하겠다고 다짐한다는 것은 사랑이라는 도덕적 규범에 최고의 가치를 부여한 것이나 마찬가지기 때문이다. 윤동주 시인은 사람들이 서로를 사랑하며, 더구나 생명이 있는 모든 것을 사랑하며 사는 세상을 꿈꾸었다. 그리고 이런 세상을 위해 자신이 할 수 있는 모든 것을 하겠다고 결심했다. 그렇기에 윤동주 시인은 잎새에 이는 바람에도 혹시 자기가 이런 삶에서 어긋난 것은 아닌지 항상 염려했고, 한 점 부끄럼 없이 살려고 했다.

그러나 윤동주 시인이 살던 시대는 이런 사랑이 실현될 수 없는 시대였다. 그 시대는 제국주의 일본이 한반도를 강점하더니 만주까지 세력을 확장하며 총칼로 사람을 죽이는 전쟁의 시대였다. 세계적 추세가 그런 시대였다. 제1차 세계대전에 이어 제2차 세계대전이 일어나 전 세계는 전쟁의 화마에 시달렸다. 그렇기에 이런 시대에 사랑하는 삶을 추구했던 윤동주 시인은 비극적 말로를 겪을 수밖에 없었다. 그러나 그가 하늘을 우러러 한 점 부끄럼 없이 순수한 삶을 살았다는 점만은 분명한 것 같다.

도덕적 삶은 그것이 어떤 것이든 모든 사람이 따라야 할 행위 규범을 전제한다. 이런 점에서 도덕적 삶은 개인적 특성에 따라 달라지기보다는 이와 관계없이 모두의 삶에 동일하게 적용된다. 하지만 인간은 사람에 따라 개성이 다르듯 선호가 다르고 인생의 목표도 다르다. 모든 사람이 자유롭게 자기가 원하는 인생을 사는 데 도덕이 그 보호 장치 역할을 한다면, 도덕은 분명 존립 가치가 있다. 그러나 반대로 도덕이 지상 목표가 되고, 도덕적 의무가 너무 강해 개개인이 자신의 선호와 목표를 포기할 정도라면 도덕은 억압이 된다.

정상적 삶

정상적 삶이란 사람들이 은연중에 믿고 있는 어떤 정상성의 기준에 맞는 삶이다. 현대인에게는 의식적이든 무의식적이든 특정한 사고, 행동, 삶의 방식이나 개인적 특성을 정상으로 보고, 이와 다른 경우를 비정상으로 구별하는 경향이 있다. 그리고 비정상으로 분류된 사람들을 차별하거나 자기 집단에서 배제한다. 이런 정상과 비정상의 구분은 대개 다수가 공유하는 전통과 관습을 통해 전승되지만, 때로는 인간을 탐구하는 학문을 통해 정당화되기도 한다.

오른손잡이는 왼손잡이를 이상하게 본다. 그리고 기혼자는 미혼자를, 자식이 있는 사람은 자식이 없는 사람을, 성년이 되어 아이를 낳은 사람은 미성년 산모를 이상하게 본다. 더구나 이성애자는 동성애자를 변태라고 규정하고, 타고난 성性대로 사는 사람은 성전환자를 인간 취급조차 하지 않는 경우도 있다. 정상과 비정상의 구분은 여기서 그치지 않는다. 출신 지역이 다르거나, 민족이나 국적 그리고 인종이 다른 경우도 정상성 기준에 못 미치는 열등한 인간으로 차별받기도 한다.

그런데 정상과 비정상의 구분은 서로 잘 모르는 사람들 사이에서만 일어나는 것은 아니다. 가족이나 친척처럼 가까운 사람들 사이에서 더 심하게 나타나기도 한다. 혈연관계에 있는 사람은 서로의 삶에 개입하는 것을 당연시하는 경향이 있다. 명절에 가족이 다 모이면, 더구나 부모 자식만이 아니라 친척까지 모이면 정상과 비정상의 구분이

극에 달한다. 마흔이 넘도록 아직 결혼하지 않은 사람이 있
으면, 왜 결혼하지 않느냐며 모든 사람이 묻는다. 어떤 사람
은 왜 결혼시키지 않았냐며 그 사람의 부모를 나무라기도
한다. 이들에게는 결혼한 사람이 정상이고, 그렇지 않은 사
람은 비정상이다. 결혼했어도 아이가 없다면, 왜 아이를 갖
지 않느냐, 부부 사이에 무슨 문제가 있냐며 사람을 피곤하
게 한다. 이런 사람은 아이가 없는 부부는 비정상이며, 이를
지적하는 것이 흡사 관심과 애정의 표현인 것처럼 생각한
다. 더구나 직장 생활을 한 지 20년이 넘도록 아파트 한 채
없으면 정상이 아닌 것처럼 생각한다. 이런 사람은 중산층
의 생활을 흡사 정상성의 기준처럼 생각한다. 그런데 이런
정도의 문제가 아니라, 성적 지향이나 성전환이 문제가 될
때는 부모가 자식과 의절하는 일까지 일어난다. 그리고 배
우자의 민족, 국적, 인종이 우리와 다른 경우에도 당사자 이
외의 사람들은 많은 편견을 드러낸다.

송강호, 이병헌, 정우성이 출연했던 〈좋은 놈, 나쁜 놈, 이상
한 놈〉(2008)이란 영화가 있다. 영화의 내용은 둘째치고, 영
화 제목이 흥미롭다. 이 제목을 보면 흡사 인간을 구분하는
두 가지 기준이 있는 것 같기 때문이다. 첫 번째 기준은 좋

음과 나쁨, 혹은 선과 악의 구분이다. 인간은 개성적 존재라는 점에서 차이가 있지만, 이와 상관없이 인간은 좋은 사람이거나 나쁜 사람이거나 둘 중 하나라는 것이다. 세상이 복잡하고 접하는 사람이 많으면 흔히 좋고 나쁨, 선과 악이라는 단순 명쾌한 기준에 따라 사람을 판단하고 교류하는 경우가 많다. 두 번째 기준은 이상하냐, 정상적이냐, 즉 이상과 정상의 구분이다. 이 구분법에 따르면 좋은 사람도 이상한 사람일 수 있고, 나쁜 사람도 이상한 사람일 수 있다. 이상한 사람의 반대는 나쁜 사람도 좋은 사람도 아닌 정상적인 사람이기 때문이다. 개인에 따라 어떤 사람을 이상한 사람으로 보는지는 편차가 크다. 어떤 경우에는 나이에 안 맞게 옷을 입는다고, 자기가 먹지 않는 특이한 음식을 먹는다고 이상한 사람 취급한다. 또 어떤 경우에는 자신과 생각이 다르거나 말이 통하지 않으면 이상한 사람이라고 생각할 뿐만 아니라, '4차원' 취급하기도 한다. 이렇듯 정상과 비정상을 구분할 때 개인적 편차가 있지만, 한 사회 주류 집단의 사고, 행동, 생활 방식이나 특성에 어긋난 사람을 비정상 취급하는 것은 공통적이다. 그런데 흥미로운 것은 나쁜 사람보다 이상한 사람을 더 싫어하고 꺼리는 경향이 있다는 점이다. 자기와 다른 사람은 아예 상종조차 하지 않으려 들기 때문이다. 그렇기에 사람들은 정상인이 되려 하고, 정상적 삶에서 벗어나지 않으려고 자신을 억압하기도 한다. 하지만 이렇게 될수록 새로운 삶의 가능성은 축소되고, 싫든 좋든 정상으로 규정된 표준적 삶을 살아야 한다.

종교적 삶

우리나라 사람 중 종교를 믿는 사람은 개신교 20퍼센트, 불교 17퍼센트, 천주교 11퍼센트, 기타 종교 2퍼센트다. 이런 점에서 우리나라 사람 절반은 개신교와 천주교를 합친 기독교 신자이거나, 혹은 불교 신자로 종교적 삶을 산다. 그렇다면 종교적 삶을 산다는 것은 구체적으로 무슨 뜻일까? 모든 종교는 나름대로 강조하는 삶의 가치가 있다. 대개 이런 가치는 절대적 존재인 신의 명령이나, 종교적 선각자의 가르침을 통해 전달된다. 신을 믿거나 종교에 귀의한다는 것은 신의 명령이나 종교 지도자 또는 선각자의 가르침에 따라 산다는 약속이며, 신앙인은 이런 삶이 구원에 이르는 길이라고 믿는다. 기독교에 따르면 하나님 나라에서의 삶이, 불교에 따르면 고통에서 벗어난 해탈이 종교적 의미의 구원이다.

그렇다면 기독교나 불교에서 강조하는 삶의 가치는 무

엇일까? 기독교 경전인 성경의 「요한복음」에서는 "새 계명을 너희에게 주노니 서로 사랑하라 내가 너희를 사랑한 것 같이 너희도 서로 사랑하라 너희가 서로 사랑하면 이로써 모든 사람이 너희가 내 제자인 줄을 알리라."라고 했다. 이 말은 하나님이 인간의 몸으로 '성육화聖肉化'한 예수의 말이니, '사랑'은 신의 명령이며, 동시에 예수를 믿는 기독교인의 증표다. 이렇게 기독교가 사랑을 강조한다면, 불교는 자비를 강조한다. 자비의 '자慈'는 타인을 자기처럼 생각하며 선행을 베푸는 인자함을, '비悲'는 고통받는 타인을 가엾이 여기는 마음을 의미한다. 따라서 자비는 타인을 이롭게 하고, 타인을 고통에서 구해 내려는 행동으로 나타난다. 물론 자비는 자기 가족이나 가까운 사람에게만 한정되지 않고 모든 사람에게 베풀어져야 한다. 불교의 경전인 『대방광불화엄경』 58권(38. 이세간품 6)에 따르면 이렇게 모든 사람에게 인자함을 베풀 때 부처님의 넓고 크고 청정한 인자함을 얻게 되고, 모든 사람을 가엾이 여기는 마음을 베풀 때 부처님의 광대하고 청정한 인자함을 얻게 된다. 즉 자비가 바로 부처님의 깨달음으로 나아가는 구원의 길이다. 기독교에서 말하는 사랑이 이렇게 남을 이롭게 하고, 고통에서 벗어나게 하는 행동과 다른 것일까? 유교는 기독교나 불교와 같은 종교라기보다는 동아시아 문명권의 가치관이자 전통에 가깝다. 하지만 이 역시 사랑이라는 삶의 가치를 강조한다는 점은 여느 종교와 다르지 않다. 유교의 핵심 경전인 『논어』에 따르면, 군자는 의義로운 행동에 밝고, 소인배는 이利익에 밝다. 의로운 행동이란 다름 아닌 인仁이며, 인은 애인愛人, 즉 남을 사랑하는 것이다. 그리고 남을 사랑한다는 것은, 자신이 목적을 달성하려고 할 때 타인의 목적도 달성되도록 하고, 자기가 하고 싶지 않은 일은 남에게 시키지 않는 것을 의미한다.

그런데 현실을 보면 종교적 삶이 꼭 하나님의 명령이나 부처의 가르침에 따라 특정 삶의 가치를 실현하는 것 같지는 않다. 우리나라 절반에 해당하는 기독교 신자와 불교 신자들이 각자 자기 종교의 가르침을 실천한다면, 더구나 여기에 군자의 삶을 강조하는 유교적 가치까지 더해진다면, 아마도 우리나라는 사랑, 자비, 인이 넘치는 사회가 될 것이다. 그런데 과연 우리나라가 이런 사회라고 믿는 사람이 있을까? 물론 종교에 귀의하면서 생각이 바뀌고 말이 바뀌고 행동이 바뀌고 삶 자체가 달라진 사람도 있다. 그러나 많은 경우 종교적 삶이란 종교적 가치의 실현이라기보다는 종교적 의식에 정기적으로 참석하는 것에 가깝다. 교회에 가서 예배 보고 찬양하고 헌금하거나, 법당에 가서 찬불하고 설법 듣고 시주하는 것. 그리고 교회나 법당에서나마 하나님의 사랑과 부처의 자비를 기리며 마음의 평안을 얻는 것.

　　이렇게 종교적 가치보다 종교 의식을 강조하면 구원의 의미도 달라진다. 신을 믿는다는 것이 신의 말씀이나 종교적 선각자의 가르침을 따르는 것이라면, 사랑을 실천하지 않는 사람을 기독교 신자라고 보기 어렵고, 자비를 실천하지 않는 사람을 불교 신자라고 말하기도 어렵다. 그리고 사랑을 실천하는 사람에게 구원은 사랑이라는 하나님의 뜻이 실현되는 곳에서 사는 것이며, 자비를 실천하는 사람에게 구원은 자신에게 집착하며 생긴 모든 고통에서 벗어난 해탈이다. 그러나 종교 의식만 강조하는 사람에게 구원은 인간의 영혼이 몸에서 분리되어 이 세상 밖에 존재하는 어떤 초월적 세계, 천당이나 극락에서 사는 것을 말한다. 이렇게 되면 종교적 삶이란 현세에서의 삶을 무가치하게 보고, 내세로 가기 위한 과도기적 삶에 불과하다.

지금까지 서술한 네 가지 삶의 방식은 서로 다른 것 같지만, 공통점이 있다. 그것은 네 가지 삶의 방식에는 우리가 따라야 할 인생이 어떤 것인지 미리 정해져 있다는 것이다.

성공한 삶에는 성공이 무엇이고, 이를 위해 무엇을 해야 하는지가 일종의 성공 방정식처럼 정해져 있다. 도덕적 삶도 마찬가지다. 사회마다, 문화권마다 편차는 있지만, 도덕적 규범은 개인 각자가 정하는 것이 아니라 이미 정해져 있다. 따라서 도덕적 삶을 살기 위해 무엇을 어떻게 해야 하는지도 이미 정해져 있는 셈이다. 정상적 삶이나 종교적 삶의 경우도 마찬가지다. 정상적 삶은 이미 정상성의 기준을 전제하고 있으며, 종교적 삶은 어떻게 살아야 구원에 이를 수 있는지가 신의 명령을 통해 정해져 있기 때문이다. 그런데 인생이라는 것이 이렇게 정해진 삶의 방식을 따르는 것에 불과할까? 아니면 다른 식의 삶도 가능할까? 이미 정해진 삶의 방식을 따르는 것이 아니라, 내가 내 인생을 창조하는 것 말이다.

2. 존재의 미학

미셸 푸코는 성공한 삶, 도덕적 삶, 정상적 삶, 종교적 삶과 같이 우리 주변에서 흔히 볼 수 있는 삶의 방식과는 전혀 다른 삶을 이야기한다. 그는 인생을 아름다운 예술 작품처럼 창조하는 삶을 제안한다. 소크라테스에게 '나'를 돌본다는 것은 이성적 사고와 판단의 주체인 '나'를 최상의 상태로 만드는 것이었다. 그리고 이를 위해 가장 필요한 것은 내가 과연 좋은 것과 나쁜 것, 이로운 것과 해로운 것, 정의로운 것과 불의한 것을 잘 분별하고 있는지 검토하는 것이었다. 그러나 푸코에게 '나'를 돌본다는 것은 각자 자기 인생을 예술 작품처럼 창조한다는 뜻이며, 그렇기에 자기 돌봄의 방식도 다르다. 푸코는 왜 이런 생각을 하게 됐을까? 인생에 대한 그의 문제 제기부터 들어 보자.

> 오늘날 특이한 것은 개인이나 삶이 아니라, 예술가가 만들어 낸 무언가 특수한 것만이 예술 작품으로 취급된다는 점이다. 그러나 인간의 삶 자체가 예술 작품이 될 수는 없을까? 램프나 집은 예술적 창작의 대상이 된다고

하면서, 왜 우리의 삶은 그렇지 않다고 생각할까?

— 미셸 푸코, 「윤리학의 계보에 대하여」, 허버트 드레피스·
폴 라비노우, 『미셸 푸코: 구조주의와 해석학을 넘어서』,
서우석 역, 나남출판, 1989

푸코가 이렇게 인생을 예술 작품처럼 창조할 수 없냐고 질문한 데는 의도가 있다. 그는 지금까지 우리의 인생이 자유를 실현하는 것이 아니라, 복종과 억압에 기초한 삶이었다고 생각했기 때문이다. 그리고 푸코는 이로부터 해방된 새로운 삶의 방식으로 '존재의 미학'을 제시했다. 존재의 미학이 의미하는 것이 바로 인생을 아름다운 예술 작품처럼 만드는 것이다. 푸코는 이런 의미의 삶, 굳이 이름을 붙인다면 '예술적 삶'을 복종과 억압에서 벗어난 해방적 삶으로 제시한 것이다.

예술적 삶

성공한 삶, 도덕적 삶, 정상적 삶, 종교적 삶에는 우리가 따라야 할 삶의 방식이 이미 정해져 있는 것이나 마찬가지다. 여기에는 성공, 도덕, 정상성, 구원을 판가름하는 기준이나 척도가 이미 전제되어 있기 때문이다. 이런 점에서 성공한 삶, 도덕적 삶, 정상적 삶, 종교적 삶을 살기 위해서는 여기에 전제된 삶의 방식에 복종하고 이를 따라야 할 뿐, 인생은 결코 개인의 자유로운 창조물이 아니다. 그리고 이러한 복종은 동시에 자기 억압으로 이어질 수밖에 없다. 성공한 삶을 살려면 이에 어긋나는 개인적 선호나 취향 혹은 특성을 모두 억압해야 하기 때문이다. 이는 도덕적 삶, 정상적 삶, 종교적 삶도 마찬가지다. 도덕적 규범, 정상성 기준, 신이 제시한 삶의 가치를 따르기 위해서는 항상 이와는 다른 방식의 삶이나 욕구를 억압해야 한다.

물론 이런 삶을 누가 강요한 것이 아니라, 자발적으로 선택했다면 이는 복종이나 억압이 아니라고 말할 수 있다. 그러나 성공한 삶, 도덕적 삶, 정상적 삶, 종교적 삶은 모두 이와 다른 식의 삶을 실패한 삶, 부도덕한 삶, 이상한 삶, 타락한 삶이라고 단죄한다. 이런 점에 주목한다면 겉보기에는 성공한 삶, 도덕적 삶, 정상적 삶, 종교적 삶을 자유롭게 선택한 것 같지만, 그것은 이미 강요된 것이나 마찬가지다. 한번 생각해 보자. 사람들이 내 인생을 보며 실패한 삶, 부도덕한 삶, 이상한 삶, 타락한 삶이라고 손가락질한다면 나는 과연 아무런 마음의 동요 없이 의연하게 내 삶을 살 수 있을까? 아니면 일종의 협박을 받은 사람처럼 비난에 대한 두려움 때문에 나의 삶을 바꿀 수밖에 없을까? 진심으로 원한 경우라면 모를까 이런 두려움 때문에 선택한 삶이라면, 이를 자유로운 삶이라 말하기는 어렵다.

    푸코는 고대 그리스와 로마 문헌을 연구하면서 자기 인생을 돌보는 새로운 삶의 방식을 발견했다. 그리고 이를 그의 핵심 저작인 『성의 역사 2: 쾌락의 활용』(신은영·문경자 옮김, 나남출판)과 『성의 역사 3: 자기 배려』(이혜숙·이영목 옮김, 나남출판)에서 서술하고 있다. 이 중에서 특히 『성의 역사 2』에 따르면 고대 그리스 사람은 성공, 도덕, 정상성, 종교의 틀 속에서 인생을 보지 않았다. 그렇기에 이들에게는 그것이 어떤 것이든 절대적 가치를 지닌 삶의 방식이란 존재하지 않는다. 푸코의 해석에 따르면, 이들에게 중요한 것은 자유를 실현하면서 자기나 타인이 인정할 만한, 그리고 후세에 모범이 될 만한 아름다운 인생을 창조하는 것이었다. 이런 점에서 푸코는 고대 그리스인들이 인생을 예술 작품처럼 만드는, 이른바 '존재의 미학'이라는 새로운 방식의 자기 돌봄을 추구했다고 본다. 그렇다면 인생을 예술 작품처럼 만든다는 것이 무슨 뜻이며, 어떻게 자기를 돌본다는 것일까?

내 인생의 주권자

예술 작품에 대한 평가는 다양하다. 예술 작품은 성공과 실패, 도덕과 부도덕, 정상과 이상, 구원과 타락이라는 흑백 논리식 이분법에 따라 평가되지 않기 때문이다. 예술 작품은 아름답다, 심오하다, 충격적이다, 우화적이다, 부드럽다, 강렬하다 등등 실로 다양하게 평가될 수 있다. 그리고 어떤 예술 작품을 보고 '기발하지만 끔찍하다'라는 식으로 일견 모순처럼 보이는 평가를 할 수도 있다. 이런 점에서 예술 작품을 만드는 것은 창조 행위일 수밖에 없다. 예술 작품이 긍정과 부정 같은 흑백 논리식 이분법에 따라 평가된다면, 그 기준에 맞게 작품을 만들어야 하지만, 예술 작품에 대한 평가가 다양하다는 것은 그만큼 예술 작품이 따라야 할 어떤 절대적 기준이 없다는 뜻이다. 그렇기에 개개의 예술 작품은 창작품이며, 다른 것과 비교하기 어려운 고유한 가치를 지니기 마련이다.

인간의 삶을 예술 작품처럼 만든다는 것은 이런 점에서 개인 각자가 자기 삶을 그 누구의 삶과도 비교할 수 없는 고유한 특성을 가진 삶으로 만든다는 뜻이다. 그리고 자기 삶을 예술 작품처럼 만든다는 것은 내가 바로 내 삶의 창조자가 된다는 뜻이다. 그런데 아무나 자기 삶의 창조자가 되는 것은 아니다. 내가 내 삶의 창조자가 되기 위해서는 내가 그 무엇에도 지배되거나 종속되지 않는 자유로운 존재여야 한다. 내가 성공, 도덕, 정상성, 구원이라는 척도를 절대시하며 산다면 나는 내 삶의 창조자가 될 수 없다. 더구나 내가 나의 욕망에 휘둘릴 때도 내 삶의 창조자가 될 수 없다. 이런 경우 내 삶을 만드는 것은 내가 아니라, 욕망이기 때문이다. 따라서 내 삶의 창조자가 된다는 것은 어떤 특정한 틀에 갇히지 않고 내가 내 삶에 대한 최고의 권력자, 즉 주권자가 된다는 뜻이다.

개성화 원칙

그렇다면 나는 어떻게 내 삶을 창조할 수 있을까? 내가 내 삶을 창조한다는 것은 다른 누구의 삶을 모방하는 것도 아니고, 어떤 이상적 삶을 추구하는 것도 아니다. 고대 그리스인들이 자기를 돌보기 위해 어떻게 성性적 욕망을 관리했는지 참조한다면 이에 대한 실마리를 얻을 수 있다. 고대 그리스인들은 성적 욕망을 억압하려고 하지도 않았고, 그렇다고 성적 욕망에 종속되는 것도 원하지 않았다. 그들은 성적 욕망을 충족하고 쾌락을 추구하면서도 성적 욕망에 대한

'자기 지배' 능력을 보여 주려고 했다. 그렇기에 그들은 성적 욕망을 도덕이나 종교 혹은 학문적 관점에서 보지 않았다. 이런 관점에 따라 성적 욕망을 관리한다면, 그 관점에 종속되는 것이나 마찬가지기 때문이다. 그렇기에 또한 고대 그리스인들은 성적 욕망의 노예가 되는 것도 수치스럽게 생각했다. 이는 자기 삶에 대한 주권을 포기하는 것이나 마찬가지기 때문이다.

고대 그리스인들이 성적 욕망을 관리하는 방식은 성적 욕망에 대한 자기 지배를 유지하면서 성적 욕망의 충족을 일상생활과 조화시키는 것이었다. 이 때문에 고대 그리스인들은 성적 욕망을 충족하는 데 있어서 항상 시점을 중시했다. 그리고 성적 욕망을 관리하는 방식에서 가장 중요한 것은 그들이 철저히 '개성화' 원칙을 따랐다는 점이다. 즉 그들은 나이, 성별, 지위 등 각자 자신의 특수한 조건과 상황에 맞는 최선을 찾으려 했다. 그렇기에 언제 얼마나 어떻게 성적 욕망을 충족하며 쾌락을 추구하는지는 사람마다 달랐다. 그들에게는 성적 욕망에 관한 그 어떤 삶의 표준도 존재하지 않았기 때문이다. 따라서 성적 욕망과 관련된 고대 그리스인의 삶은 다른 누구의 삶과도 비교할 수 없는 고유성을 가질 수밖에 없었다.

타인의 공감

그런데 흥미로운 것은 인생을 예술 작품처럼 만들려는 고대 그리스인들의 자기 돌봄이 결코 혼자만의 작업이 아니라는 점이다. 푸코가 발견한 고대 그리스인들의 자기 돌봄은 타인과의 소통과 연결되어 있다. 다시 말해 그들은 자기 인생을 예술 작품처럼 만들기 위해 타인과 상의하면서 조언을 구했다는 것이다. 물론 타인과의 소통을 통해 자기를 돌본다고 해서 타인이 내 삶에 개입하거나 내 삶을 좌지우지한다는 뜻은 아니다. 타인은 내가 내 인생을 염려하면서 자율적이고 신중하게 최선을 선택하도록 도와주는 조력자일 뿐이다. 더 나아가 이런 타인의 조언이 필요한 이유는 내가 나의 인생을 나 자신만이 아닌, 타인이 인정하고 후세에 모범이 될 만한 예술 작품으로 만드는 데 도움이 되기 때문이다.

그런데 타인이 인정하고 후세에 모범이 될 만한 인생을 창조한다는 것이 누구나 모방할 만한 이상적 삶의 방식을 창조한다는 뜻은 아니다. 내 삶이 타인이 인정하고 후세에 모범이 된다는 것은 내 삶을 사람들이 공감할 만한 인생 작품으로 만든다는 뜻이다. 그리고 이 공감이란 내 삶이 누구에게나 보편타당한 삶의 방식이라는 것을 인정하는 것이 아니라, 내 삶이 나의 특수한 조건과 상황에서 내린 최선의 선택이라는 점을 인정하는 것이다. 다시 말해서 타인이 나에게 '당신의 상황이라면 아마 나도 그렇게 했을 거야.'라고 말한다면 이게 바로 공감이지만, 이 말이 나오는 조건이 다른 타인 자신도 그렇게 살겠다는 뜻은 아니다.

이렇게 푸코는 새로운 방식의 자기 돌봄으로 존재의 미학을 제시했지만, 내 인생을 예술 작품처럼 만든다는 것을 성공, 도덕, 정상, 구원 모두를 포기한다는 뜻으로 이해할 필요는 없다. 사실 예술적 삶을 산다고 해서 도덕을 완전히 무시할 수 없으며, 나의 역할과 의무를 방기할 수도 없다. 이는 사회를 떠나 혼자 살 때나 가능한 일이다. 그렇기에 예술적 삶을 위해서는 다른 식의 삶과의 '영역 조정'이 필요하다. 이렇게 된다면 예술적 삶은 다른 식의 삶과 공존할 수 있다. 다시 말해 성공, 도덕, 정상성, 구원을 부정하는 것이 아니라, 이 중 어느 하나가 절대화되거나 과잉되는 것을 막는다면 예술적 삶은 가능하고, 더 나아가 점차 예술적 삶을 확대한다면 내 삶에 대한 나의 주권 역시 강화된다는 것이다.

    우리는 생계유지를 위해 열심히 일해야 하지만, 그렇다

고 꼭 남보다 더 큰 성공을 해야 행복한 것은 아니다. 더구나 우리는 종종 도덕이나 법의 과잉 상태를 본다. 과거에는 장발과 미니스커트를 단속했고, 배꼽티를 처벌하려고 한 적도 있다. 그리고 간통에 대해 민사상의 책임만 묻는 것이 아니라, 형사상 처벌까지 했다. 요즘에도 성적 자기 결정권에 속하는 성적 지향을 놓고 변태라고 하기도 하고 처벌해야 한다고 주장하는 사람도 있다. 도덕과 법의 영역이 너무 확대되면 개인의 주권성에 기초한 예술적 삶의 영역은 그만큼 축소된다. 이는 정상성의 기준도 마찬가지다. 왼손잡이, 오른손잡이부터 개인적 취향이나 선호까지 모두 정상과 비정상으로 구분하면 개성이 실현될 가능성은 없다. 종교적 삶은 신앙인의 인생에 큰 영향을 미치지만, 종교적 신념이나 교리를 비신앙인에게까지 적용하고, 사회 전체를 종교화하려고 한다면 종교는 곧 폭력이 된다. 반대로 예술적 삶만 강조하고 도덕적 삶을 무시한다면, 사회적 갈등과 대립은 불가피하며, 이를 해결할 수단도 잃게 된다. 종교적 삶 역시 이를 완전히 무시한다면 인생은 무의미해지고 공허해질 수 있다. 내가 나를 돌보는 데 중요한 것은 나의 조건과 상황에 맞는 최선을 선택하는 것이며, 예술적 삶과 성공적, 도덕적, 정상적, 종교적 삶 중 어느 부분을 얼마나 내 인생에 배분할 것인지도 최선을 위한 선택의 대상이다.

　이렇게 본다면 푸코가 말하는 존재의 미학, 즉 인생을 아름다운 예술 작품처럼 만든다는 것은 결국 어떤 정형화된 삶을 사는 것이 아니라, 사람들 각자가 자신의 조건에 맞는 최선을 선택하며 사는 것이다. 또한 그렇게 하기 위해서 우리 각자는 남과 자신을 비교하거나, 그것이 어떤 것이든 자신에게 강요된 삶의 방식에 흔들리지 않고 자기 삶의 최고 주권자로서 의연하게 자기 길을 가야 한다. 이런 존재의 미학은 결코 내가 남보다 우월한 존재가 된다거나, 모든 사람이 추앙할 이상적 존재가 된다는 뜻이 아니다. 그렇기에 인생을 예술 작품처럼 생각하며 우리 각자가 자기 인생을 아름답게 창조한다는 것은 위대한 예술가가 대단한 걸작을 남기듯 역사에 길이 남을 위인전 같은 삶을 살라는 뜻도 아니다. 내가 나에게 가능한 최선을 찾아 나 자신을 변화시키고, 나의 행동을 바꾸기 시작하면, 어느덧 나와 인생은 예술 작품이 된다. 그렇기에 존재의 미학은 결코 능력이 뛰어나고, 최상의 조건을 갖춘 소수의 사람에게만 가능한 삶이 아니라, 누구에게나 가능한 삶이다.

3부　나를 만들다

3. 내가 예술 작품이다

푸코는 고대 그리스 문헌에서 인생을 예술 작품처럼 만들려는 그리스인들의 자기 돌봄을 발굴했다. 그리고 그가 이를 통해 강조했던 것은 예술의 일반적 특성인 창조성, 고유성, 개성화 등을 우리 삶에 적용하자는 것이었다. 그런데 푸코가 말하는 예술적 삶에는 흔히 예술이라면 연상되는 아름다움의 요소, 즉 미美의 추구라는 특성이 빠져 있다. 푸코가 비록 '존재의 미학美學'이라는 용어를 사용하고 있지만, 그가 '미'를 강조한 것은 아니기 때문이다.

영국 아일랜드 출신의 극작가이자 소설가, 시인인 오스카 와일드Oscar Wilde(1854~1900)는 달랐다. 그는 '미', 즉 '아름다움'을 강조했다. 그에 따르면 예술가는 아름다움의 창조자다. 그리고 그는 예술이 아름다움이라는 조건만 충족하면 모든 조건을 다 충족시켰다고 할 만큼 아름다움을 절대적인 것으로 생각했다. 이런 점에서 문학의 역사는 그를 가리켜 예술에서 오직 아름다움만 강조하는 '유미唯美주의자'라고 한다. 유미주의에서 아름다움의 추구는 어떤 다른 목적을 위한 것이 아니다. 아름다움 자체가 목적이다. 따라서 아름다움을 추구하는 예술 역시 다른 어떤 목적이 아닌 예술 자체가 목적이고, 예술 자체를 위해 존재한다. 이렇게 '예술을 위한 예술'을 강조하는 예술관을 '예술지상주의'라고 부르기도 한다. 이런 예술관은 흔히 독일 근대 철학자 임마누엘 칸트Immanuel Kant(1724~1804)에게서 유래한다고 이야기되곤 한다. 칸트가 그의 저서 『판단력 비판』에서 예술적 경험이 도덕성, 객관성, 실용성과는 다른 차원의 경험임을 규명하면서 예술의 목적은 예술 자체에 있다고 주장했기 때문이다.

그런데 유미주의와 예술지상주의 전통에 서 있는 오스카 와일드가 푸코가 말하는 '존재의 미학'이라는 새로운 방식의 자기 돌봄과 만날 수 있는 이유는 그가 예술 작품만이 아닌, 자기 자신을 예술적 창조의 대상으로 보았기 때문이다. 오스카 와일드는 예술가가 창조하는 것은 예술 작품이 아니라, 궁극적으로는 자기 자신이며, 가장 뛰어난 예술가는 뛰어난 예술 작품을 창조한 사람이 아니라, 자기 자신이 뛰어난 예술 작품이 된 사람이라고 선언했다. 다시 말해 진정한 예술가는 자기 자신을 아름다운 예술 작품으로 창조하는 사람이라는 것이다. 그렇기에 오스카 와일드는 예술이 인생을 모방하는 것보다 인생이 예술을 모방하는 것이 더 많다고 말한다. 그 역시 푸코처럼 자기 인생을 예술 작품처럼 만드는 새로운 방식의 자기 돌봄, 즉 존재의 미학을 주장한 셈이다.

오스카 와일드의 이런 주장은 단지 그의 예술적 입장을 드러내는 데 그치지 않는다. 그는 실제로 자기 자신을 아름다운 예술 작품으로 창조하려고 했다. 우리에게 익숙한 단어로 표현한다면 오스카 와일드는 '멋진' 사람이 되고자 했고, '멋진' 인생을 살려고 했다. 그는 특히 세련되고 독특한 의상으로 멋을 냈다. 벨벳 반바지 차림에 까만 비단 양말을 신고, 넓은 칼라가 달린 실크 셔츠에 초록색 넥타이를 매고, 레이스로 처리된 비단 조끼와 격자무늬 재킷을 입었다. 그리고 긴 곱슬머리에 공작 깃털을 다는가 하면, 재킷 단춧구멍에 백합이나 해바라기꽃을 꽂고 다닐 때도 있었다. 여기에 더해 그는 잘생긴 외모에 훤칠한 키의 소유자였고, 귀족 같은 도도함에 거침없는 언변과 재치 있는 말투로 당시 사회를 풍자하고 조롱한 독설가였다. 이 때문인지 오스카 와일드는 그의 작품보다는 스타일로 이름을 떨쳤고, 영국은 물론 미국에서까지 시대의 아이콘으로 각광받았다고 한다. 물론 오스카 와일드는 당시로서는 상당히 '튀는' 스타일 때문에 조롱의 대상이 되기도 했고, 소문에 비해 그의 외모가 그다지 멋지지 않다고 실망한 사람도 있었다고 한다.

댄디즘

오스카 와일드처럼 세련된 옷차림으로 한껏 멋을 부릴 뿐만 아니라, 도도하고 냉소적 태도까지 갖춘 사람을 영국에서는 '댄디Dandy'라고 한다. 그리고 여기서 유래한 말이 '미의 추구'를 삶의 태도이자 삶의 양식으로 삼는 댄디즘이다. 댄디즘은 18세기 영국의 조지 브러멀George Brummell(1778~1840)로부터 시작하여 프랑스로 확산했고, 프랑스에서 다시 영국으로 전파되었다. 이 마지막 단계의 핵심 인물이 오스카 와일드였다.

댄디즘의 기원이었던 브러멀은 당시로서는 파격적인 패션을 선보인 사람이었다. 당시까지만 해도 귀족 남성의 모습은 머리에 가발을 쓰고, 얼굴에 화장하고, 짧은 바지에 스타킹을 착용하고, 헐렁하고 풍성해 보이는 옷차림에 화려한 색깔의 망토를 걸치고, 보석 장신구를 주렁주렁 달고 있었다. 브러멀은 이런 과도한 패션을 과감히 포기하고, 검은색과 흰색 등 무채색의 정장을 입었다. 지금보다 뒷자락 길이가 긴 형태지만 몸에 잘 맞는 재킷을 입고, 안에는 셔츠와 타이 그리고 바지는 발목까지 내려오는 정장 패션 말이다. 그리고 그는 단지 의상만이 아니라, 기품 있고 도도한 자세까지 보여 주었다. 이러한 브러멀의 스타일은 당시 귀족 남성들에게 새로운 남성상으로 각광받았고, 귀족적 삶을 동경하던 중산층 청년들에게도 우상이 되었다.

브러멀에게서 기원한 댄디즘이 이렇듯 귀족들의 새로운 남성상을 형성했다는 점에서 댄디즘은 귀족주의로 불리기도 한다. 그러나 프랑스 댄디즘의 대표자였던 시인 샤를 보들레르Charles Baudelaire(1821~1867)는 댄디즘을 가리켜 '퇴폐기에 출몰한 마지막 영웅주의'라고 규정했다. 다시 말해 댄디가 영웅이라는 것이다. 그것도 퇴폐적 시기에. 보들레르 역시 옷차림에 신경 쓰는 전형적인 댄디였지만, 그것이 단지 옷 잘 입고 멋 부리는 한량들의 사치는 아니었다. 보들레르에게 댄디즘은 엄격한 정신적 태도를 의미했고, 보들레르는 이를 예술가의 미덕으로 보았다. 그렇다면 보들레르는 댄디즘을 말할 때 어떤 정신적 태도를 염두에 두었을까?

댄디즘은 획일화를 거부하고 자신을 타인과 구별 지으려 한다. 그래야만 개인의 독창성, 혹은 타인과 구별되는 개인의 특수성이 드러나기 때문이다. 댄디가 세련된 옷차림을 추구하는 이유는 개인의 스타일을 통해 사람들을 한눈에 구별할 수 있기 때문이다. 이런 점 때문에 댄디즘은 자연스럽게 자기 자신의 스타일을 독창적이고 개성 넘치는 예술 작품처럼 만들려는 태도로 이어진다. 이런 댄디즘은 또한 예술 영역에서 오직 아름다움만을 추구했고, 그 이외의 실용적 가치나 물질적 욕망에 대한 무관심을 의미했을 뿐만 아니라, 이런 가치나 욕망으로 예술을 훼손하는 저속한 행위를 용납하지 않았다. 이 때문에 댄디는 천박한 물질만능주의나 속물근성이 판치는 세상을 퇴폐적으로 보고, 오직 자기만의 스타일로 이에 저항하는 심미적이며 고독한 영웅이었다. 놀랍게도 푸코는 「계몽이란 무엇인가?」라는 글에서 이런 보들레르를 언급하며 보들레르가 말하는 댄디즘에는 자신을 창조하고자 하는 현대인의 욕망과 시대적 요구가 반영되어 있다고 말한다. 그리고 그것이 궁극적으로는 자기 자신을 예술 작품처럼 만드는 것이라고 해석한다. 푸코의 전기를 쓴 디디에 에리봉은 『미셸 푸코, 1924-1984』(박정자 옮김, 그린비)에서 푸코 자신도 댄디였다고 말한다.

스타일의 정치

그렇다면 오스카 와일드에게도 댄디즘은 '퇴폐적 시기의 영웅주의'였을까? 오스카 와일드의 독특한 스타일은 단지 개인적 취향만을 보여 주는 것이 아니었다. 그가 살던 19세기 영국 남성의 복장에 비해 오스카 와일드의 패션은 가히 파격적이었기 때문이다. 당시 영국 신사의 복장은 검은색 정장이었다. 검은색 정장은 회사에 출근할 때나, 업무나 사업상 입는 것뿐 아니라, 나들이할 때도 입었고, 비단 부르주아 계급만이 아니라 노동자 계급도 입었다. 당시 영국 남성의 복장은 검은색 정장으로 획일화되고 있었다. 그런데 검은색 정장은 단지 스타일에 그치는 것이 아니다. 이 스타일은 당시 역사상 가장 강력한 경제력과 군사력으로 세계를 제패했던 빅토리아 여왕 시기의 대영제국을 만든 가부장적 남성의 상징이었다. 그리고 영국이 지배하던 식민지에서는 강인하고 엄격한 영국 신사의 이미지를 대변하는 것이었다. 이런 당시 상황을 염두에 둔다면 오스카 와일드의 스타일은 영국 신사와 자신을 차별화하려는 시도였고, 영국 신사처럼 살지 않겠다는 선언이었다. 그리고 이런 점에서 오스카 와일드의 스타일은 영국 신사에 대한 부정일 뿐만 아니라, 영국 신사로 상징되는 대영제국에 대한 저항이었다.

　그렇다면 오스카 와일드는 어떤 대안을 생각했을까? 그는 오직 돈만 추구하고 돈만 숭배하는 영국 신사들의 기만적이고 위선적인 태도에 염증을 느꼈다. 그리고 대영제국의 자본주의 체제가 초래한 경제 공황, 노동자 계급과 식민지민의 참상을 보고 사회주의에 우호적인 태도를 보이기도 했다. 하지만 그렇다고 노동자 계급이 주도하는 사회주의 혁명을 원한 것은 아니다. 오스카 와일드는 사회주의가 개인주의의 조건이 될 수 있지만, 사회주의 자체가 목적이 되면 개인주의를 파괴한다고 생각했다.

　개인주의란 무엇을 의미할까? 철학자도 아니고 사회학자도 아닌 오스카 와일드가 개인주의라는 말을 사용하면서 어떤 사회 이념을 제시한 것은 아니다. 다만 그가 이 말을 사용하면서 염두에 두었던 것이 무엇인지는 분명해 보인다. 그것은 '개성화'였다. 사회가 개인에게 아무것도 원하지 않으면 개인 각자는 자기 개성을 발전시킬 것이고, 이렇게 개성화가 방해 없이 진행된다면 개인들 각각은 남과 비교될 수 없는 고유한 존재일 뿐만 아니라, 독창적 존재가 된다는 것이다. 이런 의미에서 오스카 와일드는 사회가 인간에게 아무것도 요구하지 않을 때 인간은 진짜 인간이 된다고 생각한 것 같다.

그가 이런 개인주의를 원했다면 당시 경제적 공황, 노동자 계급과 식민지민의 비참한 생활을 초래했던 대영제국으로부터의 탈출구는 분명 댄디즘이다. 개인에게 많은 것을 요구하고 많은 의무를 부과하게 될 사회주의는 결코 답이 될 수 없고, 마찬가지로 이를 위한 혁명 역시 결코 탈출구가 될 수 없다면, 퇴폐적 시기에 대한 저항은 집단적 사회 운동이 아니라 자기 스타일을 통한 저항일 수밖에 없기 때문이다. 오스카 와일드는 당시 사회를 혁명적으로 전복한 것이 아니라, '스타일의 정치'를 통해 당시 사회가 요구한 인간상을 전복함으로써 자기에게 특정한 존재 양식을 강요하는 시대 자체를 문제 삼은 것이다. 이런 점에서 오스카 와일드에게도 댄디즘은 기존 사회를 무력화하고 자유를 실천하는 심미적이고 고독한 영웅주의였다.

오직 아름다움!

물론 아름다움을 추구하는 삶의 태도이자 삶의 양식인 댄디즘이 오스카 와일드의 독특한 스타일로만 표현된 것은 아니다. 그는 문학가로서 진짜 예술 작품을 통해서도 아름다움을 추구했다. 그의 대표적 소설인 『도리언 그레이의 초상』은 그가 얼마나 아름다움에 최고의 가치를 부여한 유미주의자이자 예술지상주의자였는지 적나라하게 보여 준다. 이 소설의 중요한 장면을 소개하면 다음과 같다.

도리언 그레이는 완벽한 아름다움을 갖춘 청년이었다. 섬세하고 또렷한 윤곽, 진홍빛 입술, 푸른 눈, 곱슬곱슬한 금발 머리. 그의 얼굴에는 만나는 사람마다 신뢰하게 만드는 무언가가 있었고, 청년의 솔직함, 열정, 순수 그리고 고대 그리스 조각이 간직한 아름다움, 그 모든 것이 그에게 있었다.

바질이라는 화가는 이 청년의 전신 초상화를 그린다. 바질에게 도리언은 너무나 매혹적이었고, 자신의 본성과 영혼, 자신의 예술 자체를 빨아들일 만했다. 그리고 도리언은 그의 예술을 위한 새로운 수단이자 새로운 인간의 모습이었다. 하지만 바질은 도리언의 초상화를 전시회에 출품하지 않는다. 그는 자신의 모든 것을 쏟아 넣은 이 초상화가 자신의 모든 것이기 때문이라고 말한다.

도리언은 화가 바질의 친구인 헨리를 만난다. 헨리는 사람들에게 나쁜 영향을 끼치는 존재였다. 그는 도덕과 종교가 육체적 쾌락의 충동을 억압한다고 비난한다. 도리언은 이런 헨리가 자신에게 인생의 위대한 비밀을 깨우쳐 줬다고 생각한다. 그것은 자기 핏줄 속에서 팔딱거리는 것 같은 열정이었다. 온몸으로 체험할 수 있는 관능과 감각과 쾌락에 대한 열정 말이다.

도리언은 자기 모습을 똑같이 그려 놓은 초상화를 보고 걱정에 빠진다. 초상화 속의 자기 모습은 영원히 변하지 않겠지만, 정작 자기는 점차 늙어 가며 아름다움을 잃게 될 것 아닌가? 도리언은 초상화가 대신 늙고, 자기는 늙지 않은 채 영원히 아름다움을 유지할 수 있기를 기도한다. 그런데 도리언은, 물론 가상적으로 꾸며 낸 소설 속에서나 가능한 일이지만, 그의 소원대로 그렇게 되었다.

도리언은 셰익스피어 연극의 여주인공을 맡은 연극배우 시빌을 사랑한다. 그러나 도리언은 시빌이 자신과의 사랑 때문에 연기에 집중하지 못하고 어설픈 연기를 보이자 시빌을 떠난다. 그가 시빌을 사랑한 이유는 시빌이 연기를 통해 위대한 극작가의 꿈을 예술로 구현해 냈기 때문이다. 그가 사랑했던 것은 시빌이 구현한 예술이었고, 예술이 없는 시빌은 아무것도 아니었다. 도리언으로부터 버림받은 이 여인은 자살한다.

청년 도리언은 중년의 나이에 이를 때까지 자신의 영원

한 젊음과 아름다움을 만끽하며 쾌락에 빠져 온갖 악행을 저지른다. 그럴 때면 초상화 속의 도리언은 늙고 추한 모습으로 변한다. 우연히 도리언을 만난 화가 바질은 도리언에게 참회하고 선하게 살 것을 권고한다. 도리언은 이런 바질을 죽인다. 도리언의 초상화는 더욱 흉하게 변한다. 도리언은 흉해진 자신의 초상화가 자기가 저지른 모든 악행의 증거물이라고 생각하며, 이를 없애기 위해 초상화를 칼로 찌른다. 그런데 반대로 도리언이 죽고, 늙고 흉한 모습으로 남는다. 그리고 도리언의 초상화는 젊고 완벽한 아름다움을 갖춘 도리언 본래 모습으로 돌아간다.

이 소설에는 흡사 『지킬 박사와 하이드』에서나 나올 만한 그로테스크한 장면이 많다. 그리고 비록 가상과 현실이 혼합된 이야기지만, 이야기의 전개 역시 상식적 가치에서 벗어나는 경우가 많다. 그렇다면 어떤 점에서 이 소설이 예술과 아름다움의 가치를 절대화한다고 볼 수 있을까?

내 생각에는 세 가지 에피소드가 그 이유가 될 것 같다. 첫째, 도리언의 초상화를 그린 화가 바질은 정작 이 작품을 전시회에 출품하지 않는다. 전시회에 작품을 출품하는 것은 화가에게 당연한 일인데, 무슨 이유 때문일까? 화가가 그림을 그리는 이유도 결국 남에게 보여 주기 위함이 아닌가? 그러나 바질은 이 초상화에 자신의 모든 것이 담겨 있기에 전시회에 출품하지 않겠다고 한다. 사실 남에게 자신의 모든 것을 보여 준다는 것은, 흡사 사람들 앞에서 벌거벗은 몸을 보이는 것처럼 자신의 치부까지 드러내는 부끄러운 일일 수 있다. 더구나 초상화에 담긴 모든 것은 그의 내밀한 사생활이 아니라, 그의 모든 것이라고 하지 않았던가. 어쨌든 바질은 예술이란 누가 보든, 보지 않든 상관없이 그 자체로 존재 가치가 있다고 생각한 것 같다. 둘째, 도리언은 자기가 사랑한 시빌을 떠났다. 그가 사랑한 것은 예술이지, 시빌이 아니라는 것이다. 과연 연극배우 시빌과 자연인 시빌이 따로 구별될 수 있을까? 오스카 와일드는 도리언이 시빌을 버리는 에피소드를 통해 양자를 분리하는 극단적 태도를 보인다. 그리고 그는 예술을 선택한다. 흡사 예술이 그 사람의 가치를 만들고, 예술이 사라지면 그 사람은 아무런 가치가 없다는 듯이. 더구나 예술을 선택한 도리언 때문에 시빌은 죽고 말았는데도 말이다. 셋째, 아마 이 소설에서 가장 그로테스크한 부분은 도리언이 자신의 초상화를 칼로 찌르는 장면일 것이다. 초상화 속의 인물은 본래의 아름다운 모습으로 돌아가고, 실제 인물은 흉한 모습으로 죽는다. 무슨 뜻일까? 도리언은 자신의 아름다움이 영원하길 원했고, 실제로 그렇게 되었다. 이런 도리언은 아름다움을 무기로 쾌락을 탐닉했다. 그러나 아름다움이 과연 개인적 욕망이나 집착의 대상에 불과할까? 더구나 아름다움이 쾌락을 추구하기 위한 수단에 불과할까? 오스카 와일드는 아름다움은 다른 어떤 가치를 위한 도구나 수단이 아니며, 개인이 원하든 그렇지 않든 그 자체로 존재한다고 생각한 것 같다. 다만 아름다움은 때로는 인간을 통해, 때로는 예술 작품을 통해 표현될 뿐이다. 그러나 도리언의 몸이든 초상화든 그것이 아름다움 자체는 아니다. 인간의 몸이 죽어도, 화폭에 그려진 초상화의 색이 바래도 아름다움 자체는 영원하다. 한때 아름다움 자체는 도리언의 얼굴에 있었고, 그다음에는 초상화에 있었을 뿐이다. 줄거리가 더 진행된다면, 아름다움은 다른 곳으로 이전될지도 모른다. 이렇게 생각하면 어느덧 오스카 와일드는 아름다움 자체를 이 세상을 초월해 있는 어떤 신적인 존재로 드높인 것인지도 모른다. 아니면 고대 그리스 철학자 플라톤처럼 개개의 사물을 초월해 미 자체가 존재한다고 생각했는지도 모른다.

예술이 만든 해방구

그런데 과연 아름다움이 최고의 가치일까? 아름다움은 그 어떤 가치들보다 우선할까? 예술가에게는 예술이 자신의 삶이기 때문에, 아름다움을 추구하는 예술 역시 자기 삶에서 최고의 가치를 지닌다. 그러나 아무리 예술가라 해도 오직 아름다움만을 추구하는 것은 아니다. 예술을 통해 사랑의 가치를 전하고, 인간의 존엄성을 보여 주고, 종교적 숭고함을 표현할 수 있다. 그런데 왜 오직 아름다움일까? 댄디즘이 퇴폐적 시기의 영웅주의이듯이, 유미주의 역시 퇴폐적 시대에 대한 저항의 의미를 갖는다. 오직 돈만 추구하고 돈만 숭배하는 시대, 경제 공황을 초래하고 노동자 계급과 식민지민에게 비참한 생활만 안겨 주었던 대영제국의 자본주의 체제에 맞서 돈과는 다른 가치를 추구한다는 것은 돈의 가치에 대한 거부이자 저항이기 때문이다. 그리고 아름다움을 추구하는 예술의 영역이 확대될수록 그만큼 돈이 힘을 발휘하는 영역도 축소된다. 댄디즘이 스타일 정치를 통해 기존 사회를 문제 삼듯이 유미주의 역시 아름다움이라는 가치를 절대화하면서 돈이 지배하는 기존 사회를 문제 삼은 것이다. 물론 오늘날에는 아름다움조차 상품

화한다는 점에서 아름다움의 추구는 돈을 추구하는 또 다른 방식일 수 있다. 하지만 오스카 와일드가 활동하던 시기에 유미주의는 감히 돈으로는 접근할 수 없는, 그 어떤 세속적 권력이나 가치로도 훼손할 수 없는 신성한 영역이 존재함을 보여 주려는 절박한 시도였다. 이렇게 본다면 유미주의는 비록 예술 영역에서지만 돈도, 권력도, 인간이 추구하는 여타의 가치도 빛을 잃고 마는 해방구를 만들었다고 볼 수 있다.

우리 대부분은 오스카 와일드처럼 예술가는 아니다. 그렇기에 우리가 예술 작품을 창조하고, 영원한 아름다움을 추구하는 것도 아니다. 그러나 우리 자신이 예술 작품이 될 수 있다는 점은 오스카 와일드와 마찬가지다. 우리가 각자 자기의 개성을 발전시키면서 비단 스타일만이 아니라 삶 자체를 창조한다면, 자신을 타인과 차별화할 뿐만 아니라 우리에게 특정한 삶의 방식을 강요하는 시대적 억압에 맞선 영웅이 될지도 모른다.

4. 과연 이렇게 사는 게 좋을까?

한때 어느 초등학교 5학년 학생의 일기가 우리 사회에 충격을 준 적이 있다.

> 어른인 아빠는 이틀 동안 20시간 일하고 28시간 쉬는데 어린이인 나는 27시간 30분 공부하고 20시간 30분을 쉰다. 왜 어린이가 어른보다 자유 시간이 적은지 이해할 수 없다. 물고기처럼 자유로워지고 싶다.

이 어린이는 마음껏 뛰놀며 살기를 원했다. 그러나 그럴 수 없었다. 이 아이에게는 자신의 의지와 상관없이 이미 정해진 목표가 있었다. 명문대 입학. 어느 대학을 나왔냐가 직장을 결정하고 승진을 결정하고, 결국 내가 얼마나 많은 돈과 권력을 가질 수 있을지 결정한다고 믿기 때문이다. 그렇기에 이 아이는 일찍이 무한 경쟁의 소용돌이에 휘말릴 수밖에 없었고, 결국 경쟁에 지치다 못해 그 어린 나이에 자신의 삶을 버렸다.

민주화와 IMF 사태

우리의 삶이 왜 이렇게 돼 버렸을까? 1987년 대통령 직선제가 시행되면서 대한민국의 민주화가 시작되었다. 비록 첫 대선에서는 전두환과 함께 군사 쿠데타를 일으켰던 노태우 후보가 대통령에 당선됐지만, 곧이어 문민정부가 들어섰고 군부 독재도 청산되었다. 따라서 이제 대한민국의 주권이 국민에게 돌아간 듯했고, 군부 독재가 만든 권위주의 문화에서 벗어나 누구나 자유롭게 사는 '자유 대한민국'이 만들어지는 듯했다. 그러나 1980년대 군부 독재 정권이 퍼뜨린 건전 가요 중 하나인 〈아! 대한민국〉의 가사처럼, 우리나라가 "원하는 것은 무엇이든 얻을 수 있고, 뜻하는 것은 무엇이든 될 수가 있는" 그런 은혜로운 곳이 된 것은 아니다. 군부 독재 권력을 대신하여 이제는 시장 권력이라는 새로운 권력이 우리 눈앞에서 위세를 떨치기 시작했다.

우리는 1997년의 이른바 'IMF' 사태를 기억해야 한다. 당시 정부는 대한민국이 스물아홉 번째 OECD 회원국이 되면서 우리도 이제 선진국이 됐다고 자화자찬하고 있었다. 그러나 갑작스러운 외환 위기로 인해 우리나라 경제 자체가 붕괴 위기에 직면했다. 이 때문에 정부는 바닥난 외환 보유고를 확충하기 위해 국제통화기금(IMF)에 구제금융을 요청했고, 우리 경제는 국제통화기금의 통제를 받게 되었다. 국제통화기금이 우리 경제를 살리기 위해 대규모 외환을 공급하면서 대한민국의 경제 주권을 장악한 것이다. 이것이 'IMF 사태'다. 이때부터 우리나라에는 '신자유주의'라는 새로운 경제 정책이 확산하면서 우리 사회의 모습을 급격하게 바꾸어 놓았다.

신자유주의는 경제적 영역에서 생산성 향상과 이윤 극대화를 위해 개인의 자유를 강화할 뿐만 아니라, 이로 인한 자유 경쟁을 확대하려는 경제 이념이다. 따라서 우리 정부는 경제 활동의 자유와 자유 경쟁을 제한하는 각종 규제 철폐를 추진했으며, 시장 개방은 물론이고 기업의 자유로운 인수 합병, 경쟁력 강화를 위한 구조 조정, 고용과 해고를 둘러싼 기업의 자율성 확대를 위한 노동 시장 유연화도 단행했다. 그 결과 기업 경쟁력 강화와 이윤 극대화를 위한 경제적 토대가 마련되었지만, 신자유주의의 영향력은 여기에 그치지 않았다. 이제 신자유주의는 경제만이 아니라, 사회 자체도 이에 적합하도록 변화시켜야 한다는 요구로 발전하면서 공공, 교육, 의료, 복지, 언론 등 비경제적 분야에서도 경쟁과 이윤의 논리가 확대되기에 이르렀다.

따라서 한국 사회 각 영역이 시장에서의 자유 경쟁을 통해 이윤 극대화를 추구하는 영리 기업처럼 변모하면서 비단 경제만이 아니라 사회 전체에 시장의 논리가 지배하기 시작했고, 시장을 주도하는 기업들이 우리 사회의 새로운 권력으로 부상하게 되었다. 이런 상황에서 개개인의 삶은 어떻게 변했을까? 우리 사회 구성원은 이 새로운 사회에서 살아남기 위해 시장과 기업에 복종하며 이들의 요구에 맞게 자신을 계발하고 관리해야 했고, 시장에서 기업과 기업이 경쟁하듯, 우리 자신도 다른 모든 사람과 경쟁하는 무한 경쟁의 시대를 맞게 되었다.

모던 타임스

이런 무한 경쟁의 결과로 어떤 사람은 명문대 학벌을 얻고, 이를 바탕으로 일류 기업에 취직하고, 고위직에 올라 부와 권력을 한 손에 거머쥔다. 그리고 누구는 상위 1퍼센트, 아니면 상위 10퍼센트에 속하게 되지만, 누구는 그렇지 못하게 된다. 그런데 이렇게 서열화된 사회에서는 자기가 어느 위치에 있느냐에 따라 대우와 보상이 달라지지만, 이윤을 극대화하고 이를 위해 효율성을 극대화하려는 사회적 시스

템의 일부가 된 것은 누구나 마찬가지다.

　찰리 채플린의 〈모던 타임스〉(1936)라는 영화는 매일 컨베이어벨트에서 기계처럼 일하는 공장 노동자 찰리의 삶을 담고 있다.

컨베이어 벨트가 빠르게 움직이고 그 옆에서 노동자들은 컨베이어 벨트 위에 있는 생산품의 나사를 조인다. 정신없이 움직이는 컨베이어 벨트 속도에 맞춰 제때 나사를 조이지 못하면 그 물건은 그냥 지나가 버리고 결국 불량품이 된다. 따라서 노동자들은 한순간도 한눈팔 새 없이 오로지 컨베이어 벨트 옆에서 마치 기계와 한 몸이 된 것처럼 움직여야 한다. 이 공장 사장은 대형 모니터를 통해 노동자들을 감시하며 작업의 효율성을 높이기 위해 컨베이어 벨트의 속도를 높이라고 명령한다. 더구나 이 공장에서는 노동자들이 한시도 쉬지 않고 일할 수 있도록 노동자에게 자동으로 밥을 먹여 주는 급식 기계를 시험한다. 매일같이 나사 조이는 일을 기계처럼 반복하며 살던 찰리는 급기야 신경쇠약에 정신착란 증세마저 보인다. 나사같이 보이는 것이 있으면 그것이 무엇이든, 동료 노동자의 코든 옷에 달린 단추든 무의식적으로 조이려 든다. 결국 찰리는 정신 병원에 수용된다.

이런 줄거리의 〈모던 타임스〉는 흔히 코미디 영화라고 일컬어지지만, 결코 웃으며 볼 수만은 없다. 이 영화를 지금의 시각에서 보면 요즘 이런 노동자가 어디 있냐 싶을 정도로 과장됐다고 느낄지 모른다. 그러나 1970년대만 해도 〈모던 타임스〉에 묘사된 노동자의 모습이 우리에게 그렇게 낯설지 않았다. 당시 노동자를 혹사하는 비인간적 노동 조건을 고발하고자 자기 몸에 시너를 뿌리고 분신했던 전태일 열사가 외친 구호는 "우리는 기계가 아니다!"였다. 하지만 오늘날 빠르게 움직이는 컨베이어 벨트 옆에서 단순 작업만 반복하는 노동자는 거의 없다. 단순노동은 거의 자동화되었기 때문이다.

　오늘날 노동자는 비단 공장에서만 일하지 않는다. 생산직 노동자도 있지만, 사무직 노동자도 있고 연구직 노동자도 있다. 그리고 제조업, 금융업, 서비스업, 연구 기관 등 직종도 다양하다. 그러나 어디서 무엇을 하든 월급 받고 일하는 사람들에게는 공통점이 있다. 그것은 자기가 속한 직장의 이익을 극대화하기 위해 자신의 업무 효율성을 극대화해야 한다는 것이다. 그리고 이렇게 이익 극대화를 위해 업무 효율성을 극대화할 수 있는 사람에게는 그렇지 못한 사람보다 더 많은 부와 권력이 보장된다.

그런데 이런 현상은 비단 직장 내에서만 일어나는 것이 아니다. 사회 전체가 이익과 생산성 극대화를 위해 공장처럼 움직인다. 오늘날 현대 사회는 기업이나 공장만이 아니라, 경제적 이윤 추구와 무관한 정부나 교육 기관 등 사회 전체가 거대한 노동 분업 체계를 형성하고 있다. 이 때문에 사회 전체 차원에서는 단지 하나의 공장에서 벌어지는 것보다 더 큰 문제가 발생한다.

계몽의 변증법

현대 사회를 비판하고 대안적 사회 비전을 제시하려 했던 독일의 학파가 있다. 이 학파는 독일 프랑크푸르트시에 소재한 '사회연구소'에서 태동했기 때문에 흔히 프랑크푸르트학파라고 불린다. 이 학파에는 성경처럼 여겨지는 불후의 명작이 있다. 막스 호르크하이머Max Horkheimer(1895~1973)와 테오도어 아도르노Theodor Adorno(1903~1969)가 공동으로 쓴 『계몽의 변증법』(김유동 옮김, 문학과지성사)이다. 여기서 계몽이란 인간이 자신의 생존을 효과적으로 보장하기 위해 미신에서 벗어나 자연을 합리적으로 인식한다는 뜻이며, 이런 점에서 『계몽의 변증법』의 저자들은 인류의 문명화 과정을 바로 '계몽의 과정'으로 본다. 인류가 문명을 건설한 것은 미신에서 벗어나 자연을 법칙적으로 인식하고, 이를 통해 자연을 합리적으로 이용하고 지배하면서부터이기 때문이다. 따라서 이들에게 물질문명이 최고로 발전한 현대 사회는 자연을 이용하고 지배하는 인간의 능력이 최고로 발전한 사회일 뿐만 아니라, 이를 활용하여 경제적 생산성 역시 극대화하기 위해 사회 전체가 가장 효율적인 노동 분업 체계로 재편된 사회다. 분명 이런 문명화 과정은 인류에게 많은 혜택을 주었다. 자연을 이용하고 지배하면서 생산력이 발전했고, 인간은 물질적 풍요를 누렸다. 그러나 이에 따른 역설적 결과도 있다. 이런 점에서 계몽은 발전 일변도의 과정이 아닌 변증법적 과정이다.

그렇다면 계몽의 역설적 결과는 무엇일까? 그것은 세 가지다. 첫째, 자연을 죽어 있는 물건처럼 이용하고 지배하면서 황폐화했다는 것이다. 둘째, 인간 자체가 사회적 노동 분업 체계에서 활동하는 기능적 인자로 간주되면서 인간 역시 죽어 있는 물건처럼 이용과 통제 그리고 관리의 대상이 되었다는 것이다. 그리고 끝으로 인간 역시 자신을 죽어 있는 물건처럼 취급하기 시작했다는 것이다. 다시 말해 사회적 노동 분업 체계가 효율적으로 작동할 수 있도록, 개개의 인간도 자신의 역할을 효율적으로 수행하기 위해 자기를 철저한 관리의 대상으로 만들었다. 이런 점에서 오늘날 인간도 〈모던 타임스〉가 묘사하듯이 컨베이어 벨트 옆에서 기계처럼 일하기 위해 자신을 엄격하게 관리해야 하는 찰리의 모습과 닮았다.

그런데 이런 자기 관리에 어떤 종착점이 있는 것이 아니다. 우선 개개의 기업은 생산성을 향상하고, 이익을 극대화하기 위해 지속적으로 투자를 강화한다. 그렇지 않으면 다른 기업에 추월당하기 때문이다. 따라서 이미 충분한 이익을 확보하고 있더라도 다른 기업에 대한 비교 우위를 유지하기 위해서 지속적으로 투자하고 생산성을 향상해야 한다. 개개인 역시 마찬가지다. 개개인도 이런 기업에 맞추어 자신의 업무 효율성을 지속적으로 향상하지 못한다면 타인에 의해 대체되고 말기 때문이다. 따라서 사회 전체의 노동 분업 체계는 무한 경쟁을 통해 개개의 구성원들에게 끊임없이 자기 발전을 강요하고 있으며, 개개의 구성원들은 살아남기 위해 자신을 채찍질할 수밖에 없다.

과연 이렇게 사는 것이 잘 사는 것일까? 인간이 생존하기 위해서는 물질적 재화가 필요하고, 안락하고 윤택하게 살기 위해서는 물질적 풍요도 필요하다. 따라서 이를 보장하기 위해서는 자연에 대한 법칙적 인식만이 아니라, 자연을 이용하고 지배하는 기술과 물질적 재화를 생산하는 능력도 향상되어야 한다. 그런데 『계몽의 변증법』이 서술한 현대 사회의 역설적 모습은 수단과 목적이 전도된 양상을 보인다. 인간은 생존하기 위해 생산성을 향상했지, 생산성 향상을 위해 사는 것은 아니다. 더구나 인간은 살기 위해 경쟁했지, 경쟁을 위해 사는 것도 아니다. 그런데 어느덧 현대인에게는 생산성과 경쟁력 향상 자체가 목적이 되었다. 하지만 이런 삶에서 탈출할 수는 없을까? 우리가 새로운 삶을 소망할 수는 없을까?

5. 시인처럼 느끼고, 시인처럼 생각하며

만약 우리가 가을 들판에서 한 송이 국화꽃을 보았다면 어땠을까? 꽃이 작고 볼품없었다면 그냥 지나쳤을지도 모른다. 꽃이 예쁘게 피었다면 손으로 꺾으며 '집에 가져가서 꽃병에 꽂아야지.'라고 생각했을지도 모른다. 만약 식물학자가 보면 이와는 다르게 반응했을 수도 있다. '가을 국화는 9월이나, 늦어도 10월에 피는데, 11월에 국화? 올가을은 너무 더웠어. 이제 서늘해지니 국화꽃이 핀 건가?' 혹 비닐하우스에서 국화를 재배하는 화훼업자라면 '들에 핀 꽃이라서 작고 볼품도 없구나. 상품 가치가 없겠는데.'라고 반응했을 수도 있다.

그러나 시인은 다르다. 국어 교과서에도 실렸을 정도로 잘 알려진 서정주 시인의 시 「국화 옆에서」는 국화 한 송이라도 다르게 본다. "한 송이의 국화꽃을 피우기 위해 봄부터 소쩍새는 그렇게 울었나 보다"로 시작하는 이 시는 국화꽃이 피는 순간을 천둥과 먹구름과 연결하고, 젊은 인생 다 보내고 돌아온 누님과 연결하고, 간밤에 내린 무서리와 연결하다가 마침내 잠 못 이루는 자기 자신과 연결한다. 다시 말해 시인에게는 한 송이 국화꽃이 피는 것에 세상 모든 것이 담겨 있고 얽혀 있다. 그도 그럴 것이 국화 한 송이가 피기 위해서는 대자연이 동원되고, 우주 전체가 관여되어 있기 때문이다. 이런 점에서 한 송이 국화꽃은 그것이 크든 작든, 예쁘든 그렇지 않든, 아니면 상품 가치가 있든 없든 이 세상에 존재하는 모든 것이 협력하여 이루어 낸 하나의 우주적 사건이자, 전 우주가 만든 걸작이다.

우주적 사건

그런데 진짜 이렇게 생각할 수 있을까? 곰곰이 생각해 보자. 국화꽃이 피기 위해서는 계절이 변해야 한다. 봄, 여름, 가을, 겨울의 변화는 태양계의 운행과 관계가 있고, 태양계는 또한 은하계 내의 질서 속에 존재하고, 이 은하계를 생각하면 이제 계절의 변화는 우주 전체를 기반으로 일어나는 현상이다. 어느 하나라도 잘못되고 변한다면 우리가 인식하든 그렇지 못하든 한 송이 국화꽃이 피는 데도 영향을 미친다. 이것만이 아니다. 지구 내에서의 상황만 보더라도 대자연의 순환 속에서 천둥도 치고, 먹구름도 생기고, 소쩍새도 존재한다. 대자연이 따로 있는 것이 아니라 이 모든 것이 대자연이고, 이 모든 것이 한데 얽혀 대자연의 순환을 만든다. 물론 인간이 나고 죽는 것도 흙에서 와서 흙으로 돌아가는 과정이라면 우리 자신도 대자연의 순환 속에 있고, 대자연의 순환을 만든 일부분이다.

　더구나 인간의 삶은 더 말해 무엇하랴. 인간은 태어나고 죽는 대자연의 이치 속에서 각자의 사연을 만든다. 국화꽃을 보며 누님을 생각하고 밤잠을 설치는 것은 이 세상이 존재하고, 사람들이 태어나고 죽고, 그 속에서 맺어진 무한한 인연 속에서 일어난 작은 에피소드일 뿐이다. 부모가 있기에 누님도 있고, 내가 이 세상에 살아 있기에 인간관계도 있고, 욕구와 희망, 꿈도 있다. 그리고 그렇기에 내가 밤잠을 설칠 고민도 있는 것이다. 이렇듯 대자연만이 아니라 인간의 삶도 모두 얽혀 있고, 내 앞에서 한 송이 국화꽃이 핀다는 것, 그리고 내가 지금 이 국화꽃이 피는 것을 본다는 것은 세상 모든 것이 협력하여 만든 우주적 사건이다. 따라서 이 작디작은 국화꽃 한 송이도, 이 세상 모든 것을 자신의 방식으로 한곳에 모아 존재하게 된 것이다. 이런 의미에서 크든 작든, 예쁘든 그렇지 않든, 아니면 상품 가치가 있든 없든 한 송이 한 송이 국화꽃은 너무도 소중하고 귀하고, 그 무엇과도 비교될 수 없는 유일무이한 것이다.

나는 내 딸이 태어난 순간을 잊을 수 없다. 내 딸이 엄마 배에서 나와 세상에 처음 모습을 드러낸 순간, 탯줄을 끊고 간호사가 내게 아이를 안겨 준 순간, 그 순간의 감동을 잊을 수 없다. 환희의 눈물이란 바로 이런 때를 기리기 위해 내 몸이 만들어 낸 증거인지도 모른다. 슬퍼서 우는 것도, 감정의 복받침을 느끼다 이내 눈물이 나오는 것도 아니다. 갑자기 아무런 예고도 없이 눈물방울이 전광석화처럼 눈에 맺혔다. 이건 분명 한 송이 국화꽃을 피우기 위해 봄부터 소쩍새가 울고, 천둥과 먹구름이 몰아치고, 내가 잠을 이루지 못하는 그 감동보다 더하면 더했지, 절대 덜하지 않다. 한 아이의 탄생, 이 역시 대자연과 우주 전체가 협력하여 만든 우주적 사건이기 때문이다. 그것도 내 앞에서! 이런 우주적 사건을 눈앞에 두고 내 아이가 다른 아이보다 크니 작니, 예쁘니 어떻니 이런 말들은 아무런 의미가 없다. 내 아이는 전체 우주를 자기 자신 속에 모아 그 누구와도 비교될 수 없는 그 자신으로 내게 다가왔기 때문이다.

향락적 자아

그러나 우리가 어느 때나 세상만사를 우주적 사건으로 체험하며 환희의 눈물을 흘리는 것은 아니다. 어떻게 보면 이런 체험은 거의 할 수 없거나 불가능할지도 모른다. 왜 그럴까? 우리는 서정주 시인이 한 송이 국화꽃이 피는 것을 보며 우주적 사건을 체험하는 것처럼 세상을 시인의 눈으로 보지 않기 때문이다. 프랑스에서 활동했던 리투아니아 출신의 유대인 철학자 에마뉘엘 레비나스Emmanuel Levinas(1906~1995)는 '향락적 자아'에 대해 말한다. 그에 따르면 현대인은 향락만 좇는 사람이 되었다. 그런데 이 향락이란 유흥업소에서 흥청망청 즐기는 쾌락만을 의미하는 것은 아니다. 향락이란 말은 현대인이 세상만사를 보고 느끼는 방식과 태도를 말한다.

현대인은 자신이 만들어 놓은 주관적 틀에 따라 세상을 본다. 당연히 주관적 틀이 달라지면 세상도 달리 보인다. 우리가 초록색 안경을 끼고 보면 세상은 초록색으로 보이고, 노란색 안경을 끼고 보면 세상은 노란색으로 보인다. 우리는 생물과 무생물을 나누고, 생물은 동물과 식물로 나누고, 이 나무는 참나무, 저 나무는 소나무, 이 꽃은 장미, 저 꽃은 해바라기. 이렇게 개념을 사용하여 이 세상에 존재하는 것들을 분류한다. 이러한 개념들은 세계 인식을 위해 인간이 만든 주관적 틀이며, 우리가 다른 개념을 사용한다면 이 세상에 존재하는 것들은 전혀 다르게 인식되고 분류될지도 모른다. 우리는 인간을 여성과 남성으로 분류하고, 여성도 아니고 남성도 아닌 사람은 비정상으로 보는 데 익숙하지만, 인간은 '성'이 아닌 다른 개념을 통해 분류될 수도 있다.

사람들은 이렇게 개념적 틀을 통해 세상을 인식하고, 이 세상에 존재하는 것을 분류하면서 이 개념이 실재하는 사물들에 정확히 일치하는 것처럼 생각한다. 그러나 꼭 그렇지는 않다. 이 세상에 존재하는 것들은 개념적 차이처럼 그렇게 확연한 차이를 보이지 않으며, 우리가 사용하는 개념을 엄밀하게 적용하기 어려운 경계선상에 있는 존재도 많다. 인간과 침팬지는 유전자가 99퍼센트 동일하며, 파리지옥이나 산호초 등은 식물인지 동물인지 구별하기 어렵다. 더구나 개념을 사용하면 항상 개별적인 차이들이 무시되는 경향이 있다. 우리가 화단에 핀 꽃을 장미꽃이라고 하는 순간 개별적 장미들의 차이는 다 무시된 채, 이 모든 것이 장미꽃이라는 개념으로 포괄되고 만다. 장미든 해바라기든, 아니면 참나무든 소나무든 이 모든 것을 식물이라고 말하는 순간 이들의 차이는 중요하지 않다. 이런 점에서 개념을 사용하여 사물을 인식하면 크든 작든 항상 개별적 사물들의 차이를 놓치게 된다.

그런데 인간은 왜 자신이 만든 개념을 통해 세상을 인식하고, 이 세상에 존재하는 것들을 분류할까? 레비나스는 인간이 만든 개념을 인간의 욕구 충족과 연결한다. 그의 견해에 따르면, 인간은 신체를 지닌 생명으로서 자기 보존을 위해 자신 밖에 존재하는 세계를 욕구 충족의 대상으로 삼는다. 또한 인간은 자기 보존이라는 목적 달성을 위해 자연에 노동을 가하여 이를 이용하고 가공하고 조작하고 변형하고 지배하여 인간에게 필요한 생산물로 만들고, 이를 소유하고 사용한다. 그리고 개념을 통해 세상을 인식하려는 것은 이렇게 노동하고 소유하며 욕구를 충족하는 데 필요한 지식을 얻기 위함이다. 따라서 인간이 사용하는 개념적 틀이란 욕구 충족에 필요한 수단이며, 이에 적합하도록 만들어진 극히 주관적인 틀이다.

레비나스는 이렇게 욕구 충족이 주는 만족감과 쾌락을 위해 세상을 인식하고, 노동하고, 소유하고, 소비하는 '나'를 향락적 자아로 규정했다. 인간이 이런 향락적 자아로만 산다면 타인이나 사물 모두 단지 주관적 틀에 따라 마음대로 재단되고, 이들은 욕구 충족의 대상이자 노동과 소유의 대상으로만 존재하게 된다. 그러나 과연 타인과 사물이 단지 내 욕구 충족의 대상으로만 존재할까? 내 욕구 충족과 무관하게 그 자체로서의 특성, 즉 각각의 고유성이 있는 것은 아닌가? 그렇기에 향락적 자아가 세계에 존재하는 것들을 단지 욕구 충족의 대상으로 축소해서 본다면, 이는 타인과 사물의 고유성을 부정하고 파괴하는 일종의 폭력이다. 이런 점에서 레비나스는 고통받는 '타인의 얼굴'을 보라고 말한다. 내가 향락적 자아로서 나의 욕구 충족을 위해 내 맘대로 남을 재단하고 지배하고 조작하며 남에게 주었던 고통을 돌아보라고 말한다. 고통받는 타인은 말한다. '나를 이용하지 마세요, 나를 물건처럼 취급하지 마세요, 나를 때리지 마세요!' 이들은 자신이 결코 향락적 자아의 욕구 충족 대상으로 축소될 수 없다며 고통을 호소한다.

시인 같은 삶

우리가 고통받는 타인의 얼굴을 보고 향락적 자아로 살아온 우리 자신을 반성한다면, 이제 우리는 어떤 삶을 추구해야 할까? 독일 철학자 마르틴 하이데거 Martin Heidegger(1889~1976)는 '시인 같은 삶'을 제시한다. 레비나스는 독일에서 유학하며 하이데거의 수업을 들었고, 그의 연구자로도 유명하다. 그러니 하이데거는 레비나스의 스승이라 할 수 있으며, 그만큼 레비나스의 사상에는 하이데거의 영향이 크다. 그럼 하이데거가 말한 시인 같은 삶이란 어떤 삶일까?

하이데거에 따르면 현대인에게는 인간과 사물 등 존재하는 모든 것을 조직하고 관리하고 지배하려는 태도가 일반화되었으며, 모든 것을 기술적으로 처리 가능한 자원이나 도구로 본다. 그리고 현대 과학기술 문명은 인간이 세계에 존재하는 것들을 지배하는 데 필요한 지식과 도구를 제공한다. 이렇게 모든 것을 지배하려는 것은 인간의 탐욕 때문이다. 더 많은 것을 소비하고, 소유하고, 남보다 우위에 서려는 끝없는 탐욕이 '지배에의 의지'로 나타난다는 것이다. 그런데 이런 태도는 어떤 특수한 개인이나 집단에서만 나타나는 것이 아니라, 누구라고 할 것 없이 '세상 사람들das Man'이 흔히 갖는 일반적 태도다. 이런 점에서 현대 사회에서 개인의 삶을 주도하는 것은 각기 고유한 특성을 갖는 개개인이 아니라, 이렇게 세상 사람들에게 일반화된 태도다. 사람들은 세상에 태어나 성장하면서 이런 세상 사람들의 태도를 모방하며 자신도 그렇게 산다는 것이다.

이러한 현대인의 삶에 경종을 울리는 결정적 계기가 있다면, 그것은 '죽음'에 대한 자각이다. 인간은 누구나 죽는다는 것을 안다. 그러나 자신도 죽는다는 사실에는 무감각하다. 그런데 죽음을 목전에 두고 있다든지, '어차피 죽을 것 왜 살지.'라고 자문하며 삶의 궁극적 의미와 목적을 문제 삼는다면, 인간은 더 많이 소비하고 소유하며 남보다 우위에 서기 위해 성공하고 출세하여 부와 권력을 거머쥐려는 욕망에서 벗어날 수 있다. 누구나 죽음 앞에서는 유일무이한 존재가 된다. 누구도 나의 죽음을 대신할 수 없기 때문이다. 그리고 누구나 죽음 앞에서는 고독, 무력, 허무를 경험한다. 죽음은 오직 나 홀로 감당할 수밖에 없고, 내 맘대로 할 수 있는 것이 아니고, 죽음 앞에서는 이 세상에서 추구했던 모든 것이 헛된 것이 되고 말기 때문이다. 어차피 죽으면 끝인데 이 모든 것이 무슨 가치가 있냐는 것이다.

이런 점들 때문에 인간은 죽음을 자각할 때 불안감에 빠질 수밖에 없다. 그러나 이 불안감에서 벗어나려고 발버둥 치지 말고, 죽음이 주는 고독, 무력, 허무를 그대로 받아들인다면 인간은 이 세계를 '경이로움' 속에서 경험할 수 있게 된다. 죽음은 탐욕과 지배의 의지로 살아온 나 자신, 세상 모든 것을 탐욕과 지배를 위해 조작 가능한 자원이나 도구로만 보아 온 나 자신에서 벗어나 이 세상을 새롭게 경험하게 한다. 하이데거에 따르면, 시인은 경이로움 속에서 세

상을 경험하는 사람이다. 시인은 탐욕과 지배의 의지에 속
박된 자신의 마음을 비운 사람이며, 이럴 때 비로소 세상은
숨겨졌던 자기 본래의 모습을 드러내게 되고 시인은 이를
경이로움으로 경험한다는 것이다. 다시 말해 인간에게 단지
조작 가능한 자원이나 도구로만 여겨졌던 모든 존재자가 그
무엇으로도 대체될 수 없고, 누구도 함부로 할 수 없는 자신
의 고유성을 드러낸다는 것이다. 하이데거는 이런 고유성을
철학적으로 개별적 존재자들의 '존재', 혹은 시인의 언어로
는 개별적 존재자들의 '성스러움'이라고 부른다.

시인은 인간이나 사물을 그 쓰임새에 따라 생각하지
않는다. 더구나 탐욕과 지배를 위한 자원이나 도구로 보지
도 않는다. 그렇기에 시인에게 모든 존재자는 서정주 시인
의 '한 송이의 국화꽃'처럼 이 세상에 존재하는 모든 것이
협력하여 이루어 낸 하나의 우주적 사건이자, 전 우주가 만
든 걸작으로 경험될 수 있는 것이다.

대지, 하늘, 사멸할 것, 신적인 것

하이데거는 모든 존재자의 고유성은 그가 '사역四域'이라
부르는 네 가지 요소가 하나로 모이는 방식에 있다고 말한

다. 이 사역은 '대지', '하늘', '사멸할 것', '신적인 것'으로, 말 자체가 상당히 신비스럽고 상징적으로 느껴진다. 그렇더라도 내 식대로 이해하자면, '대지'는 만물이 흙에서 와서 흙으로 돌아간다는 말처럼 생명의 근원이고, 지속적인 생성과 변화, 소멸을 통해 모든 생명이 순환하는 대자연을 의미하는 것 같다. 그리고 해와 달과 별이 떴다 지고, 춥고 덥고 비 오고 눈 내리는 기후 변화가 일어나는 '하늘'은 시간과 세월의 흐름을 말하는 것 같다. 또한 '사멸할 것'은 오직 인간만이 죽음을 자각하며 산다는 점에서 인간을 의미하고, '신적인 것'은 우리가 불멸의 존재로 생각하는 신처럼 이 세상의 모든 변화에도 불구하고 변하지 않는 어떤 것, 그렇기에 세상을 유지하고 존속하게 하는 영원한 것을 상징하는 것처럼 보인다.

하이데거에 따르면 우리도 시인처럼 탐욕과 지배 의지에 사로잡힌 마음을 비워 버리고, 세상에 존재하는 개개의 인간이나 사물을 조작하고, 관리하고, 지배할 수 있는 자원이나 도구로 보지 않는다면 이 모든 존재자 각각에 각기 특수한 방식으로 대지, 하늘, 사멸할 것, 신적인 것이 임재해 있음을 경험할 수 있다고 한다. 이것이 바로 시인의 경이로운 체험이며, 우리가 이렇게 시인의 마음으로 느끼고 생각하며 산다면 인간의 삶도 완전히 새로운 모습을 가질 수 있다. 이제 우리는 개개의 인간과 사물의 고유성을 인정하고, 이 고유성이 훼손되지 않고 잘 실현되도록 이를 존중하고 돌보며 살 수 있다는 것이다. 이것이 하이데거가 말하는 시인 같은 삶이다.

하이데거는 포도주 단지의 사례를 들며 이것이 인간에게 포도주를 '선사'한다고 말한다. 포도주 단지가 우리에게 포도주를 선사한다면, 포도주는 우리에게 선물이란 것 아닌가? 왜 포도주가 선물일까? 포도주는 포도를 원료로 만든 술이며, 포도는 대지로부터 생명력과 자양분을 받고 포도나무가 키워 낸 열매다. 이 포도가 열리고 무르익기 위해서는 낮과 밤이 바뀌고, 계절이 바뀌며, 작열하는 태양 빛을 받다가 달빛 아래 뜨거운 열을 식히는 일이 반복되어야 한다. 그렇기에 포도에는 대지도 하늘도 담겨 있다. 그리고 이 모든 일이 변하지 않고 지속될 수 있는 것은 우주의 영원성을 보장하는 어떤 불멸적인 것이 있기 때문이다. 따라서 포도만이 아니라, 이를 통해 만들어진 포도주 역시 이런 불멸적인 것, 하이데거식으로 말한다면 신적인 존재 덕분이다. 그렇기에 죽음을 자각한 사멸적 존재인 인간은 이 영원성이 담긴 포도주를 마시며 자신도 영원성의 일부가 될 수 있게 한 신적인 존재에 감사한다.

　이렇듯 포도주는 대지, 하늘, 사멸할 것, 신적인 것이 하나로 모여 이 세상에 나타난 것이다. 현대인은 포도주가 포도를 원료로 만든 술로만 여긴다. 그리고 포도의 품질을 따지고, 포도주의 가격이 적절한지, 맛이 좋은지 나쁜지만 따진다. 그렇기에 포도주에 대지, 하늘, 사멸할 것, 신적인 것이 하나로 모여 있음을 느끼지도 생각하지도 않는다. 그러나 포도주를 단지 품질, 가격, 맛을 따져야 할 상품으로만 보지 않고, 포도주를 대지, 하늘, 사멸할 것, 신적인 것이 깃든 귀한 선물로 본다면, 포도주는 물론 이를 가능하게 한 모든 것 역시 소중한 것이고 누구도 함부로 훼손할 수 없는 고유한 존재들이다. 이 모두가 자신의 고유성을 지키고 발휘할 수 있을 때 포도주도 존재하기 때문이다.

이육사의 「청포도」

이런 생각은 비단 하이데거만의 것은 아니다. 이육사의 시 「청포도」를 음미해 본다면, 시인처럼 느끼고 생각하며 산다는 것이 무슨 뜻인지 더욱 분명해진다.

내 고장 칠월七月은 / 청포도가 익어 가는 시절. / 이 마을 전설이 주저리주저리 열리고 / 먼 데 하늘이 꿈꾸며 알알이 들어와 박혀 / 하늘 밑 푸른 바다가 가슴을 열고 / 흰 돛단배가 곱게 밀려서 오면 / 내가 바라는 손님은 고달픈 몸으로 / 청포靑袍를 입고 찾아온다고 했으니, / 내 그를 맞아, 이 포도를 따 먹으면 / 두 손은 함뿍 적셔도 좋으련. / 아이야, 우리 식탁엔 은쟁반에 / 하이얀 모시 수건을 마련해 두렴.

이 시를 읽고 청포도가 포도주 원료라든지, 시장에 내다 팔 과일 정도라고 느끼는 사람은 거의 없을 것이다. 만약 그런 사람이 있다면 청포도가 포도주 원료로서 가치가 있는지, 어떤 청포도를 팔 때 이윤이 많이 남을지만 생각할 것이다. 물론 청포도는 우리가 먹는 과일이고, 이것으로 술을 담근다면 술의 원료가 된다는 점은 분명하다. 그러나 청포도는 이런 것으로만 축소될 수 없다. 청포도에는 마을의 전설이 담겨 있고, 머리 위 먼 하늘이 내려와 앉아 있고, 바다가 보내 준 바람을 간직하며, 보고 싶은 사람에 대한 그리움과 그와 함께 희로애락을 나누고 싶은 희망마저 담겨 있다. 더구나 일제에 저항했던 이육사 시인의 삶까지 고려한다면, 여기에는 조국 광복에 대한 염원마저 담겨 있다.

이 세상에 존재하는 모든 것은 대지, 하늘, 사멸할 것, 신적인 것은 물론 대자연과 우주와 무수한 인간의 삶이 협력하여 이루어 낸 하나의 우주적 사건이자, 전 우주가 만들어 낸 걸작이다. 그렇기에 사람이든 사물이든 그 개개의 존재 모두가 소중하다. 그리고 이를 자각한 인간이 사는 세상은 모든 것을 탐욕과 지배의 대상으로 보는 것이 아니라, 자신을 포함한 모든 개개의 존재자가 자신의 고유성을 유지하고 발휘할 수 있도록 존중하고 보호하며 사는 세상일 것이다.

6. 소박한 삶을 즐긴다

"헛되고, 헛되다, 모든 것이 헛되다!"

―「전도서」12장 8절, 『한영대조성경』,
Good News Translation(GNT), 1992

신이 내린 선물

인생의 허망함을 이처럼 간결하게 표현한 말도 없을 텐데, 놀랍게도 이 말은 기독교 성경 중에서 「전도서」에 나오는 말이다. 「전도서」는 다윗의 아들이자 예루살렘의 왕이 썼다고 기록되어 있지만, 전도라는 말이 도道를 전한다는 뜻이니 「전도서」는 깨달은 자가 깨달음을 전한 글이라 할 수 있다. 그런데 영어 성경에는 이 도를 전하는 자를 철학자 philosopher로 번역했다. 철학자도 인생과 세상의 이치를 깨달은 사람이라고 볼 수 있으니 틀린 말은 아니다. 이렇게 보면 "헛되고, 헛되다, 모든 것이 헛되다"라는 말은 마치 허무주의 철학자의 고백처럼 들린다.

「전도서」를 쓴 철학자는 한 나라의 왕답게 모든 일을

해 본 사람이며, 원하는 것이 무엇이든 다 가져 본 사람이다. 궁궐도 지어 보고, 시종을 부리며 셀 수 없이 많은 소와 양을 가져 보고, 금은보화도 가져 보고, 처첩도 거느려 보았다. 그리고 술 마시며 즐기는 일이 최고라 여기며 인생을 보내기도 했다. 그러나 이 모든 것은 흡사 바람을 잡는 일처럼 헛되고, 아무런 보람도 없는 일이다. 누구든 다 죽는다. 권력이 있는 자나 없는 자나, 돈이 많은 자나 없는 자나, 지혜가 많은 자나 없는 자나 모두 흙에서 나와 흙으로 돌아간다. 그리고 누구나 자신이 죽는다는 것을 안다. 이런데도 인생이 허망하게 느껴지지 않을까? 「전도서」의 철학자는 더 비관적으로 말한다. 살아 있는 자보다는 죽은 자가 더 좋고, 죽은 자보다 태어나지도 않은 자가 가장 좋다고.

그런데 「전도서」가 전하려는 깨달음은 이렇게 인생이 허망하다는 것은 아니다. 「전도서」는 허망한 인생에서 가장 값진 것이 무엇인지 말하려 한다. 「전도서」의 철학자는 이렇게 말한다. "우리가 할 수 있는 최상의 일은 우리가 노력해서 얻은 것을 먹고, 마시고, 즐기는 것이다." 그리고 또 이렇게 말한다. "사람이 일을 하여 먹고, 마시고, 즐길 수 있다면, 이것은 신이 내린 선물이다." 그렇다. 권력이 없다고 해서 무력해하거나, 돈이 없다고 해서 낙담하거나, 지혜롭지 못하다고 해서 자책할 필요는 없다. 이 모든 것은 있든 없든 헛되기 때문이다. 그러니 살아 있는 동안 자신이 하는 일에 만족하고, 또 먹고 마실 수 있다면 그것으로 족하다.「전도서」가 전해 준 인생의 깨달음은 행복이란 별다른 것이 아니라, 바로 이런 것이라는 점이다.

이로운 즐거움, 해로운 즐거움

공자는 동양 유가 전통에서 성현으로 추앙받지만, 그가 무슨 고관대작에 올랐거나 부귀영화를 누린 사람은 아니다. 공자는 유학의 기초를 닦은 학자이자, 인간의 도리를 가르친 교육자였다. 아마도 성현, 학자, 교육자라는 말을 들으면 왠지 엄숙하고 경건한 이미지가 떠오르고, 때로는 지루하고 따분한 사람이 연상될지도 모른다. 공자의 인생은 어땠을까? 사람들은 책만 읽는 학자라면 흔히 유약한 사람이 아닐까 생각하지만, 공자는 노나라 장군의 아들로서 기골이 장대한 거구여서 사람들을 놀라게 했다고 한다. 그리고 그는 지루하고 따분한 사람이 아니라 즐거움을 추구했고, 즐겁게 살 줄 알았던 사람 같다. 공자는 『논어』 6편에서 "그것을 이해하는 사람이 그것을 좋아하는 사람만 못하고, 그

것을 좋아하는 사람은 또한 그것을 즐기는 사람만 못하다."
라고 말했다. 그런데 그가 즐거움을 느끼는 것은 소박했다.
「전도서」에서 말하듯이 자기가 하는 일에 만족하고, 먹고
마실 수 있을 정도면 얼마든지 즐거운 삶을 누렸던 것 같다.
아마도 『논어』에서 가장 많이 알려진 문구는 책의 첫 구절
일 것 같다. 여기서 공자는 세 가지 즐거움을 말한다.

> 배우고 난 뒤 그것을 해 보고 익히면 또한 기쁘지 않은
> 가? 뜻하는 바가 같은 사람이 먼 곳에서 찾아오면 또한
> 즐겁지 않은가? 다른 사람이 나를 이해하지 못해도 오히
> 려 원망하지 않는다면 또한 이는 군자가 아닌가?
> ―『논어』 1편 1장, 박종연 옮김, 을유문화사, 2006

이른바 공자의 '군자삼락君子三樂'이라고 일컬어지는 세 가
지 즐거움 중 첫 번째는 배움이 주는 즐거움이다. 물론 공자
는 학자였으니 항상 무언가 읽고, 생각하고, 배우고, 깨닫는
일상을 살았을 것이다. 그러니 공자의 첫 번째 즐거움은 자
기가 하는 일이 주는 만족감이라고 볼 수 있다. 그러나 비록
학자가 아니더라도, 배우고 익히는 즐거움은 누구에게나
크다. 아무리 작은 것이라도 몰랐던 것이나 새로운 것을 알

게 되었을 때 세상이 신기해 보이고, 가슴이 설렌 경험이 있는 사람이라면 누구나 그 즐거움을 안다. 두 번째 즐거움은 친구가 주는 즐거움이다. 『논어』에서 첫 번째 즐거움과 두 번째 즐거움의 관계에 관해 이야기하고 있지는 않지만, 사람들은 무언가 배우고 새로 알게 된 것이 있어 즐거움을 느낄 때나 자기 일에서 즐거움을 느낄 때면 이 즐거움을 남과 나누고 싶어 한다. 그럴 때 즐거움도 배가되기 때문이다. 친구란 이렇게 마음의 즐거움을 함께 나눌 수 있는 사람이 아닌가 싶다. 그렇기에 마음을 함께 나눌 수 있는 벗이 "먼 곳에서 찾아오면" 즐거울 수밖에 없다. 그러나 이런 배움이 대단한 것이 아닐 수 있다. 몰랐던 것을 알게 된 당사자에게는 큰 즐거움을 주지만, 이미 이런 배움을 얻은 사람이 많다면 세상 사람들이 이 배움을 크게 알아주지는 않는다. 배워서 즐겁고, 친구와 나눌 수 있어 즐겁다면, 이 배움이 세상 사람들에게 명성과 명예를 드높이는 일로 이어지지 않는다 해도 크게 낙담할 것도 없다. 배움의 즐거움이란 그 자체가 주는 즐거움이고, 자기가 하는 일의 즐거움 역시 그 자체가 주는 즐거움이란 것을 깨닫게 된다면 이 또한 즐거울 수 있다. 이것이 세 번째 즐거움의 의미인 것 같다.

    이렇게 공자는 세 가지 즐거움을 말하지만, 이런 소박

한 즐거움을 즐기기 위해서는 해로운 즐거움에 빠지지 말아야 한다. 『논어』 16편에서는 교만, 방탕, 음란을 세 가지 해로운 즐거움으로 말하기도 한다. 교만함을 즐기는 사람이 있는데, 교만함은 남을 무시하는 것이니 우월감을 즐기는 것이라고 할 수 있다. 이렇게 우월감에 빠지면 누구와도 마음을 나누는 친구가 되기 어렵다. 그렇기에 벗이 찾아올 때 느끼는 즐거움을 알기도 어렵다. 방탕은 자기 일을 하지 않는 것이다. 자기 일은 즐거움을 주지만 또한 힘들 수도 있다. 일의 힘듦을 극복할 때 일의 즐거움도 느낄 수 있지만, 그렇지 못한 사람은 자기 일을 다 팽개치고 놀고만 싶어진다. 그러나 이런 경우 일의 즐거움을 알기도 어렵고, 자기 일을 하지 못해 생기는 문제들 때문에 괴로움이 생길지도 모른다. 음란은 사람들과 어울려 술 마시며 질탕하게 놀고, 성적 욕망 충족이 주는 관능적 쾌락에 빠지는 것을 말한다. 이런 욕망은 마약처럼 너무나 강력해 제대로 통제하지 못하면 욕망의 노예가 되어 몸과 마음을 다 망가뜨릴 수 있다.

에피쿠로스의 정원

고대 그리스 철학자 에피쿠로스Epicouros(기원전 341~271)는 공자와 마찬가지로 이로운 즐거움과 해로운 즐거움을 구분했을 뿐 아니라, 그가 말하는 즐거움 역시 「전도서」에서 말하는 소박한 삶과 다를 것이 없다. 에피쿠로스는 그리스 사모스섬 출신의 철학자로, 어려서부터 고생을 많이 했다. 그의 몸은 병약했고, 가정은 가난했다. 그리고 사모스에서 정치적 이유로 추방당해 망명 생활도 했다. 그 후 에피쿠로스는 아테네에서 활동하다가 제자들이 제공한 집과 정원에 말 그대로 '정원'이란 이름의 학교를 세운다. 이것이 에피쿠로스의 정원이다. 이 학교는 친절하고 교양 있는 분위기로 유명했으며, 당시 그리스에서는 드문 일이지만, 여성과 노예도 받아들였다고 한다.

이런 에피쿠로스는 인생의 목표를 '즐거움'으로 보았고, 즐거운 인생을 가장 행복한 삶이라고 생각했다. 이 즐거움은 한자어로는 '낙樂'을 뜻하고, 그리스어로는 '헤도네Hedone'를 이르는 말이지만, 우리나라에서는 쾌락이란 단어로 번역되기도 한다. 에피쿠로스는 인생의 목적은 즐거움이며, 따라서 인생을 즐기라고 말했다. 그러나 이런 즐거움은 철저한 숙고와 계산을 동반한 즐거움이다. 에피쿠로스는 인생을 살면서 항상 어떻게 하면 즐거움을 최대화하고, 괴로움을 최소화할 수 있을지 따져 보라고 했다. 흔히 사람들이 말하는 방탕한 삶이나 관능적인 삶은 결코 즐거움을 최대화할 수 있는 길이 아니다. 그는 이런 삶은 인간을 비참하게 만들고 일찍 죽게 하는 지름길이라고 생각했다.

에피쿠로스는 사람들이 고통에서 벗어날 때 즐거움을 느끼고, 고통 없는 상태가 유지될 때도 즐거움을 느낀다고 생각했다. 예를 들어 배고픔의 고통을 느낄 때 밥을 먹으면 고통에서 벗어나는 즐거움을 느끼고, 아무런 육체적 고통이나 마음의 근심도 없는 상태가 지속되면 사람들은 이 평안함을 즐긴다는 것이다. 에피쿠로스는 이런 후자의 즐거움을 최고의 즐거움으로 보았다. 그리고 이런 이유 때문인지 그는 즐거운 삶을 육체적 고통이나 마음의 근심이 없는 상태로 규정하기도 한다. 따라서 즐거움을 적극적으로 추구하더라도 몸과 마음에 고통을 주지 않도록 하는 것이 좋다.

그렇다면 어떻게 살아야 고통에서 벗어나고, 몸과 마음의 평안함을 즐기며 살 수 있을까? 에피쿠로스는 인간의 욕구를 세 가지로 구분한다. 첫 번째 욕구는 자연적이고 필수적인 욕구다. 예를 들어 배고플 때 생기는 식욕은 자연적인 욕구고, 생존을 위해 필수적인 욕구다. 그렇기에 이런 욕구가 충족되지 않으면 육체가 고통을 느낀다. 두 번째 욕구는 자연적이지만, 필수적이지 않은 욕구다. 이런 욕구에는 성욕이 있다. 성적 욕구는 자연적인 욕구지만, 성적 욕구를 충족하지 못한다고 해서 생존에 해가 되는 것은 아니다. 따라서 이런 욕구를 절제한다고 해서 반드시 육체적 고통이 생기는 것은 아니다. 세 번째 욕구는 자연적인 욕구가 아닌, 대개 사회적으로 만들어진 욕구다. 예를 들어 호화로운 옷을 입고 싶어 하는 욕구는 결코 자연적이지 않으며, 생존에 필수적이지도 않다. 따라서 호화로운 옷을 못 입었다고 육체가 고통을 느끼는 것은 아니다.

이렇게 본다면 즐겁게 살기 위해서 즉, 고통이 없는 상태를 유지하거나 고통을 극복하기 위해서는 첫 번째 욕구를 충족하며 사는 것이 좋다. 그러나 배고픔의 고통을 해결하기 위해 음식을 먹거나, 추위의 고통을 극복하기 위해 옷을 입더라도 사치할 필요는 없다. 사치하게 되면 돈이 필요하고, 이 때문에 마음의 근심이 생기기 때문이다. 에피쿠로스는 이런 점에서 검소한 삶을 제안한다. 예를 들어 에피쿠로스는 한 끼 식사로는 콩과 빵과 물이면 충분할 것이고, 여기에 치즈 한 조각이라도 더해지면 진수성찬이라고 말한다. 이렇게 검소한 식사에 익숙해지면 몸의 건강을 유지하는 것은 물론, 한평생 음식 때문에 돈 걱정할 필요가 없다.

    에피쿠로스는 또한 신에 대한 두려움과 죽음에 대한 공포에서 벗어나야 즐거운 삶을 살 수 있다고 말한다. 이 두 가지 공포가 인간의 마음을 가장 고통스럽게 만들기 때문이다. 사람들은 신이 인간으로서 감당할 수 없는 강력한 존재라고 믿으며, 그리스 신화에 나오는 것처럼 신이 인간의 삶에 개입하여 예측할 수 없는 일들을 만들어 냄으로써 인간을 비참하게 할 수 있다고 생각한다. 그렇기에 인간은 신의 노여움을 사지 않을까 불안해한다. 하지만 에피쿠로스에 의하면 신은 완전한 존재이기 때문에 아무런 문제도 갖고 있지 않으며, 그 어떤 일에도 분노하거나 편애하는 일이 없다. 그렇기에 신은 항상 평온함 속에서 사는 행복한 존재다. 따라서 신이 인간에 대해 화내고 편애하고, 그 때문에 인간의 삶에 개입하여 자기 마음대로 인간의 삶을 조정한다는 것은 상상할 수 없는 일이다. 신은 인간 세상에서 동떨어진 찬란한 세계에 살고 있기 때문이다. 더구나 자연 세계는 원자로 구성되어 있을 뿐만 아니라, 원자의 운동을 규정하는 자연법칙의 지배를 받고 있다. 그렇기에 신은 이 자연 세계에 개입할 수도 없으며, 이를 통해 인간에게 영향을 미칠 수도 없다. 이런 점에서 에피쿠로스는 신을 두려워할 필요가 없다고 본다. 그리고 사람들은 죽음을 두려워하고 죽음 때문에 불안해하지만, 전혀 그럴 필요가 없다는 것이 그의 생각이다. 인간이 죽으면 몸과 마음도 다 사라지며, 따라서 인간이 죽으면 감각 능력도 사라져 어떤 고통도 느낄 수 없다. 이런 점에서 에피쿠로스는 우리가 살아 있을 때는 죽음이 없고, 죽은 후에는 우리가 존재하지 않는다는 사실을 안다면 살면서 죽음을 두려워할 필요가 없다고 말한다.

물론 마음의 고통이 신에 대한 두려움이나 죽음에 대한 공포 때문에만 생기는 것은 아니다. 인생을 살다 보면 하는 일이 잘 안되거나, 인간관계가 잘못될 때도 마음의 고통을 느낀다. 이런 점에서 에피쿠로스는 간소한 삶을 제안한다. 가능한 한 많은 일을 도모하지 말고, 많은 인간관계를 맺지 말고, 특히 공적 활동이나 정치 활동에 참여하지 말 것을 당부한다. 이 모든 것이 좌절과 실망의 원인이 되기 때문이다. 그래도 세상이 주는 마음의 고통이 생긴다면 이 역시 극복할 수 있다. 우리의 정신은 현재 마음이 고통스럽더라도 과거의 즐거웠던 경험을 회상할 수 있으며, 미래에 생길 즐거운 일을 예상해 볼 수 있기 때문이다.

에피쿠로스는 실제로 검소하고, 간소한 삶을 살았다고 한다. 그는 에피쿠로스 정원에서 그와 생각을 공유하는 사람들과 함께 검소하게 식사하고, 누추한 옷을 입고 살았으며, 마음의 평안함과 즐거움을 주는 것에 관해 대화하며 살았다. 그에게는 오직 개인적 삶의 즐거움만이 중요했고, 비록 사회와 도덕, 국가와 법이 필요하더라도 그것은 오직 개인의 즐거운 삶을 최대화하고 고통을 최소화하기 위한 것일 뿐, 이런 수단적 가치를 넘어 그 자체로 가치 있는 것은 아니었다.

이렇듯 「전도서」의 철학자, 공자, 에피쿠로스는 참으로 소박한 삶에서 인생의 즐거움을 찾았다. 우리가 노력해서 얻은 것을 먹고 마시고 즐기는 것, 배움이나 자기 일에 만족하며 즐거움을 친구와 나누는 것, 검소하고 간소하게 살면서 소수의 이웃과 함께 즐기는 것. 이것이 최고의 인생이자, 즐거운 인생이자, 신이 인간에게 준 선물이었다. 「전도서」의 철학자가 말했던 부, 권력, 지혜, 공자가 말했던 교만, 방탕, 음란 그리고 에피쿠로스가 말했던 필수적이지도 자연적이지도 않은 욕구들이 다 헛되고, 우리에게 해롭거나, 평정심을 깨고 고통만 가져다준다면, 우리도 한 번쯤 소박한 삶에서 인생의 즐거움을 찾아보면 어떨까?

7. 오늘을 일생처럼

"세월은 유수와 같다."
"시간은 쏜살같이 지나간다."
"인생은 잠깐 나타났다 사라지는 안개와 같다."

시간은 쏜살같고 인생은 짧다?

딱히 누가 한 말인지는 모르지만 매우 익숙한 말들이다. 그리고 이와 유사한 말은 얼마든지 더 있다. 이런 말들이 이구동성으로 지적하듯 시간은 쏜살같고, 그만큼 인생은 짧은 것 같다. 더구나 나이가 들면 시간이 더 빨리 흐른다고들 한다. 20대에는 시속 20킬로미터로 흐르던 시간이, 40대에는 시속 40킬로미터로 흐르고, 60대에는 순식간이라고 말하는 사람도 있다. 하지만 인생이 항상 짧게만 느껴지는 것은 아니다. 요즘 사람들은 100세 시대를 말한다. 기나긴 인생에서 무엇을 하며 살아야 할지 고민하는 사람도 많다. 특히 노령층이 되면 더 그렇다. 하지만 중요한 것은 인생이 짧냐 기냐는 아닌 것 같다. 중요한 것은 인생의 시간을 어떻게 보내느냐다. 아무리 인생의 시간이 길더라도 그냥 시간만 보낸 사람은 사실 긴 인생을 산 것이 아니다. 그저 오래 존재했을 뿐이다. 그러나 아무리 인생의 시간이 짧더라도 자기가 원하는 삶을 산 사람은 오히려 알차게 긴 인생을 살았다고 느끼기도 한다.

어떤 사람은 지나가 버린 과거를 후회하며 인생이 짧다고 한탄하기도 한다. 그래서인지 백발이 다 된 노인이 하루라도 더 살려고 하는가 하면, 인생을 마감해야 할 때 오히려 인생을 시작하려는 사람도 있다. 그리고 그 반대의 경우도 있다. 어떤 사람은 오지도 않은 미래를 상상하며 마치 자신은 죽지도 않고 영원히 살 것처럼 지금 성취한 것보다 더 많은 것을 성취하려 하고, 지금껏 이루어 놓은 것을 지키고자 과거보다 더 많은 수고를 아끼지 않는다. 그런데 과거도 아니고, 미래도 아니고, 현재에 집중하면 인생은 길지도 짧지도 않을지 모른다. 나의 인생은 항상 지금 여기에 있기 때문이다. 그렇다. 지난 과거를 후회하거나, 오지 않은 미래를 위해 현재 우리에게 주어진 시간을 희생하지 않는다면 인생은 짧은 것도, 긴 것도 아닐 수 있다. 마치 오늘을 일생처럼 산다면 과거, 현재, 미래를 연결하며 그 길이를 생각할 필요가 없기 때문이다. 그리고 이렇게 산다면 인생의 마지막 날이 오더라도 그 순간 죽음을 현재처럼 살 수 있을 것 같다.

인생의 시간을 보내는 두 가지 방법

어떻게 보면 인생의 시간을 보내는 방식이 두 가지 있는 것 같다. 첫째는 미래의 목적 달성을 위해 현재를 사는 방식이다. 이런 경우 현재 내가 무엇을 하느냐는 미래의 목적이 결정한다. 고등학교 때는 대학에 가려고 열심히 공부한다. 대학에 다닐 때는 취직을 위해 스펙 쌓기에 여념이 없다. 직장 생활할 때는 자식들 잘 키우고, 노후를 대비하는 것이 목적이 된다. 그런데 자식들이 다 커서 분가하고, 자기는 퇴직해서 홀로 남게 되면 무엇을 하며 살아야 할지 막막하다. 미래에 달성해야 할 목적이 없어졌기 때문이다. 결국 모든 일이 의미 없고 가치 없어 보인다. 이런 사람에게 현재의 인생을 의미 있고 가치 있게 만든 것은 항상 미래의 목적이었다. 따라서 미래의 목적을 달성하는 데 도움이 되는 것은 의미 있고 가치 있었지만, 이와 무관한 것에 몰두하면 인생을 낭비하는 것이나 마찬가지였다. 이 때문에 미래의 목적이 없어지면 인생이 무의미해지고, 목적이 있더라도 아직 달성하지 못했다면 앞으로 남은 인생이 짧게만 느껴진다.

 '미래의 목적 달성'에서 현재의 의미와 가치를 찾는 사람에게는 미래가 희망을 줄 수도 있지만, 불안의 원천이 되기도 한다. 미래의 목적이 달성된다는 확신이 있다면 그렇지 않겠지만, 확신이 없으면 아직 오지도 않은 미래 때문에 벌써 불안해진다. 대학에 떨어질까 봐, 직장을 얻지 못할까 봐. 자식을 잘 키우지 못할까 봐, 노후에 고생할까 봐. 그리고 미래에 대한 불안감은 금방 과거로도 손길을 뻗친다. 미래의 목적을 달성하기 어려운 이유가 어제 열심히 하지 않았기 때문이라면 이로 인한 후회 때문에 현재의 자신을 괴롭힌다. 더 열심히 해야 한다고 자신을 채찍질하거나, 과거의 나태함이 낳은 치명적 결과를 극복할 수 없을 때 심한 자책감에 빠진다. 이렇게 되면 이제는 미래가 아니라, 과거가 현재를 결정한다. 과거의 실책을 만회하는 것만이 의미 있고 가치 있으며, 그렇지 않은 일에 매달리는 것은 인생을 낭비하는 것이 된다. 그러나 사실 이렇게 과거에 집착하는 것 역시 미래를 위한 것이다. 과거의 실책을 만회해야만 미래의 목적이 달성되기 때문이다.

 이런 식의 삶의 방식과 달리 두 번째 방식은 미래의 목적에 매달리지 않고, 현재에 집중하며 사는 것이다. 물론 아예 미래를 계획하지 말라는 것은 아니다. 미래의 계획이 있고 추구하는 목적도 있더라도, 현재에 하는 일 자체가 목적인 것처럼 현재에 몰두한다. 그리고 바로 현재에 하는 활동 자체에서 의미와 가치를 찾는다. 공부를 열심히 한다면, 이는 그것이 새로운 것을 알게 하고 깨달음을 주고 재미있기 때문이다. 이렇게 되면 공부 자체가 목적이 되고, 공부가 대학에 입학하기 위한 수단적 의미와 가치만 갖는 것은 아니다. 직장 생활을 하더라도 그것이 비록 생계를 유지하고 노후를 대비하는 길이지만, 일이 주는 재미나 성취감, 사회에 기여한다는 자부심에 흐뭇하다면, 그리고 자식을 대할 때도 자식이 좋은 대학에 가고 출세하는 데만 집중하는 게 아니라, 자식과 대화하고 교류하는 것 자체에서 자식 키우는 보람을 느낀다면, 미래에 달성해야 할 목적은 현재에 그다지 큰 의미를 갖지 않는다.

또한 이렇게 되면 자식들이 성장하여 분가하고, 자기는 퇴직하더라도 그때그때 현재에 할 일을 찾고, 그런 일에서 즐거움과 만족감을 얻으려 하면 되지 굳이 현재를 의미 있고 가치 있게 만들기 위해 미래의 목적을 찾을 필요가 없다. 현재는 그 자체가 목적이지 미래의 목적을 위한 수단이 아니기 때문이다. 이렇게 살면 사실 인생은 길지도 짧지도 않다. 인생은 과거, 현재, 미래로 이어지는 연속체가 아니기 때문에 그 길이를 측정할 수도, 측정할 필요도 없다.

그리고 이렇게 현재를 중심으로 살면 미래의 의미도 달라진다. 왜냐하면 이제 미래가 현재를 결정하는 것이 아니라, 현재가 미래를 결정하기 때문이다. 역사적으로 이름을 남긴 사람들의 인생을 보면 어떤 미래의 목적이라기보다, 현재에 일어난 우연한 사건이 이들의 삶을 이끈 경우가 많다. 뉴턴의 유명한 일화처럼 그는 공원에 앉아 사과나무에서 사과가 떨어지는 것을 보다가 그 이유가 궁금하여 물리학자가 되었다. 많은 일이 이와 마찬가지다. 우연히 철학책을 읽다가 철학에 매료되어 철학자의 길을 가기도 하고, 어려서 친구들과 동네 축구를 하다가 프로 축구 선수가 되기도 하고, 직장을 다니다 열악한 근로 조건에 분개하여 노동운동가가 되기도 한다. 이런 사람들은 현재에 일어나는 모든 일에 자신을 개방하고, 현재와 교류하고 반응하면서 현재가 인도하는 미래로 갔을 뿐이다.

이렇게 현재의 무한한 가능성에 자신을 개방하고 살면, 자신이 설정한 미래의 목적에 갇혀 자신의 삶을 제약하고 자기를 억압하지 않는다. 그리고 이렇게 현재 중심적으로 살면 과거의 의미도 달라진다. 이제 과거는 결코 미래에 달성하려는 목표에 얼마나 기여했는지에 따라 평가되지 않는다. 과거는 현재가 인도했던 내 삶의 소중한 흔적일 뿐이다. 그 흔적은 기쁨과 행복의 흔적일 수도 있고, 슬픔과 괴로움의 흔적일 수도 있다. 그러나 이 모든 것이 내 인생의 일부가 되고 또한 나 자신을 만들었을 뿐, 과거 때문에 자책할 것도 없고, 과거의 잘못을 만회하기 위해 현재의 나를 채찍질할 필요도 없다. 지난 과거는 현재가 열어 놓은 무한한 가능성 중 내가 선택했던 것일 뿐, 미래의 목적 달성을 어렵게 만든 나의 과오나 실수가 아니기 때문이다.

사형수에게 주어진 최후의 5분

우리에게 『죄와 벌』, 『카라마조프의 형제들』로 유명한 러시아의 대문호 도스토옙스키는 그의 나이 28세 때 매우 특별한 체험을 했다. 그는 당시 황제 치하의 제정러시아에 반대하는 급진파 모임에 참여했고, 이 때문에 반체제 혐의로 사형 선고를 받았다. 그리고 막 사형 집행이 거행되던 긴박했던 순간에 사형 대신 시베리아 유배에 처한다는 황제의 명령이 도착했고, 도스토옙스키는 극적으로 목숨을 구했다. 그는 소설 『백치』에서 사형을 기다리는 어느 사형수의 이야기를 통해 이런 개인적 체험을 묘사한다. 이 사형수에게 남은 시간은 5분밖에 없었다. 그는 5분 동안 무슨 생각을 하며, 무슨 행동을 했을까? 『백치』에서 묘사한 사형수의 모습은 대략 다음과 같았다.

그에게 목숨이 붙어 있을 시간은 5분밖에 없었다. 이 5분은 이 사형수에게 무한대의 시간이고, 엄청난 재산처럼 여겨졌다. 그는 우선 동료들과 작별하는 데 2분을 할애했다. 그리고 2분은 자신을 성찰하는 데 할애했고, 나머지 1분은 주변을 둘러보는 데 할애했다. 사형수는 동료들에게 작별을 고했고, 이제 자기 자신에 대해 생각해 보는 2분이 찾아왔다. '나는 지금 존재하며 살고 있다. 하지만 3분 후면 무언가 다른 존재로 변할 것이다. 그 존재가 생명체인지 비생명체인지는 모른다. 생명체라면 도대체 어떤 존재가 될까? 그리고 어디에 살게 될까?' 하지만 이 순간 머리에서 사라지지 않고 끊임없이 떠오르는 생각은 '만약 내가 죽지 않을 수 있다면 어떻게 될까'였다. 답은 너무나 명백했다. '만약 죽지 않고 생명을 다시 찾는다면, 나는 매 순간을 백 년처럼 생각하며 1분 1초라도 결코 헛되이 낭비하지 않으리라!'

그렇다. 만약 우리가 이 사형수와 같은 상황에 있다면, 마찬가지 생각을 했을 수 있다. '만약 죽지 않는다면, 매 순간을 백 년처럼 생각하며 살겠다. 1분 1초라도 헛되이 낭비하지 않겠다.' 과연 어떻게 살아야 이렇게 살 수 있을까? 원대한 미래 계획을 세우고 이를 달성하기 위해 현재의 시간을 촌각도 낭비하지 않고 매 순간 열심히 살아야 할까? 아니면 미래를 생각하지도, 과거를 돌아보지도 않고, 매 순간이 마지막인 듯 현재의 모든 것과 교류하며 현재 자신에게 허락된 일에 최선을 다하며 살아야 할까? 아마도 죽음을 목전에 둔 사람이라면 앞으로 어떻게 될지도 모르는 미래나 이미 지나가 버린 과거 따위를 생각할 겨를은 없을 것이다. 한 순간이라도, 현재에 허락된 것이 무엇이라도 값지게 보내고 싶은 마음 말고 달리 무슨 생각이 있을까?

하루살이, 오늘살이

오늘을 일생처럼 산 사람이 있다. 유영모라는 사람이다. 그는 하루를 살고 죽는 하루살이처럼 오늘 하루가 자신의 인생 전부라고 생각하며 살았다. 그렇기에 유영모에게는 아침에 일어나는 것이 태어나는 것이요, 저녁에 잠드는 것이 죽는 것이나 마찬가지였다. 유영모에게서 깨달음을 얻은 유영모 연구자 박재순은 유영모의 삶을 다음과 같이 묘사한다.

> 아침에 잠이 깨어 눈을 뜨는 것이 태어나는 것이고, 저녁에 잠자리에 들어 잠드는 것이 죽는 것이다. 하루 동안에 일생을 산다는 것이 하루살이요 오늘살이다. 하루를 일생처럼 산다는 뜻으로 하루살이요, 하루하루가 다 그때그때의 오늘임을 알고 오늘에 집중해서 산다는 뜻으로 오늘살이다. 하루살이는 날마다 죽음을 연습하는 것이고 오늘살이는 오늘 참되고 영원한 삶을 맛보는 것이다.
>
> ― 박재순, 『다석 유영모』, 홍성사, 2017

다석 유영모(1890~1981). 그는 어떤 사람일까? 유영모는 유명한 사람은 아니다. 대중적으로도, 학문적으로도 잘 알려지지 않은 사람이다. 그는 일제 강점기 때 독립운동가이자 교육자 이승훈이 설립한 오산학교 교사였고, 해방 후에는 YMCA에서 강의했다. 그는 전공 분야에서 박사 학위를 받고 대학에서 교수로 활동한 전문적인 학자는 아니었다. 그는 자생적 기독교 신학자였지만, 심오한 사상가였고, 함석

헌과 안병무 등을 제자로 남겼다. 사람들은 그가 유교, 불교, 도교 사상을 토대로 기독교를 재해석했고, 기독교를 통해 동양 사상을 재구성함으로써 동서를 하나로 융합했다고 평가하기도 한다.

유영모의 삶은 특이했다. 그는 새벽 3시에 일어나 냉수마찰하고, 늘 꿇어앉고, 하루 한 끼만 먹고, 관으로 쓰이는 잣나무 널빤지에서 자고, 오직 생각하고 탐구하며 살았다. 그리고 그는 특히 자신의 생애를 날수로 세면서 살았다고 한다. 그에게는 매일매일이 평생과 다름없었기 때문이다. 유영모는 '하루살이', '오늘살이'로 평생을 살았던 것이다. 유영모의 삶은 미래의 목적을 달성하기 위한 삶이 아니라, 현재에 몰두하는 삶이었다. 유영모는 왜 인생을 이렇게 살았을까?

유영모가 현재 중심의 삶을 산 첫째 이유는 세상에 실재하는 것은 바로 현재뿐이기 때문이다. 과거는 이미 지난 것을 말하니, 이미 존재하지 않는다. 미래 역시 아직 오지 않았으니 존재하는 것이 아니다. 그리고 나라는 존재 역시 현재에만 실재하며 과거의 나, 미래의 나는 단지 생각 속에서만 존재하는 관념일 뿐이다. 다시 말해 실재하는 것은 지금 여기의 나일 뿐이다. 따라서 내 인생에 허락된 시간도 지금 여기에 있는 현재의 시간일 뿐이다. 이렇게 본다면 현재 중심의 삶이란 무슨 특별한 이상이 아니라, 실재하는 것 속에서의 삶을 의미하며, 인간이 산다는 것이 단지 관념이 아니라 현실이라면 현재 중심의 삶은 필연적이다.

둘째 이유는 나와 세계가 연결되어 있다는 점이다. 내가 산다는 것은 이 세계에서 무언가를 한다는 것이고, 내가 하는 활동은 세상 모든 것과 연결되어 있다. 나는 살려고 밥을 먹지만, 밥을 짓는 쌀은 농부가 생산한 것이고, 쌀이 생산되기 위해서는 땅과 물과 햇빛이 있어야 한다. 다시 말해 내가 살기 위해 먹는 것 하나 속에도 이 세계의 모든 것이 연결되어 있다. 물론 살려고 먹는 나라는 존재 자체도 이 세계가 만들어 낸 존재일 뿐이다. 이렇게 나와 세계가 연결되어 하나의 전체를 이루고 있음을 전제한다면 나의 삶은 현재 중심적일 수밖에 없다. 세계는 과거에 대한 기억이나 미래에 대한 상상 속에서 존재하는 것이 아니라, 내가 존재하는 지금 여기를 의미하며, 따라서 내가 무언가를 한다는 것은 현재 실재하는 세계와 연결될 때만 가능하기 때문이다.

세 번째 이유는 기독교와 관련이 있다. 유영모는 교회에 다니는 기독교 교인은 아니었지만, 매일 성경을 읽고 성경 말씀을 묵상하며 하느님의 뜻에 따라 살고자 했다. 이런 그를 가리켜 무교회주의자라고 하기도 한다. 이런 좀 별난 기독교 신앙인이었던 유영모에게 현재가 중요한 이유는 현재에 살 때 하느님과 만날 수 있으며, 하느님 뜻대로 살 수 있기 때문이다. 내가 세계의 모든 것과 연결되어 활동하는 것은 하느님이 존재하기 때문에 가능하고, 이런 모든 연결에는 하느님의 뜻이 반영되어 있다. 따라서 내가 현재 속에서 무엇인가를 한다는 것은 이를 통해 하느님을 만나고, 하느님의 명령을 행하는 것이나 다름없다. 하느님은 과거의 기억으로 존재하는 것도, 미래의 계획 속에 존재하는 것도 아니며, 항상 현재에 존재하기 때문이다.

걱정, 불안, 후회 없는 삶

사실 현재에 집중하며 살면 걱정, 불안, 후회 없는 삶을 살 수도 있다. 걱정, 불안, 후회는 대부분 미래의 목적을 잘 달성할 수 없거나 달성하지 못했을 때 생기기 때문이다. 그러나 미래의 목적 달성을 염두에 두지 않는다면 미래를 생각하며 걱정하거나 불안할 이유가 없고, 과거를 생각하며 후회할 일도 없다. 그리고 유영모처럼 지금 여기에 존재하는 현재 세계에 내 마음을 열어 놓음으로써 현재의 나와 현재 세계가 서로 연결되어 하나처럼 된다면, 우리는 현재 우리 앞에 실재하는 타인, 사물, 자연과 대립하고 갈등하며 고통스러워하는 것이 아니라, 이들과 대화하고 교류하며 하나로 화합해 살 수 있다. 하지만 내가 미래의 목적 달성에 몰두함으로써 오직 이를 위해 현재의 나 자신을 구속한다면 걱정, 불안, 후회에서 벗어나기 어렵다. 그리고 내가 미래의 목적 달성을 위해 현 세계를 이용하고 지배하는 수단이나 도구로 보기 시작한다면, 나는 이 세계와의 연결망에서 분리되어 내 앞에 실재하는 타인, 사물, 자연과 대립하게 된다. 그리고 그 결과 자기 뜻대로 되지 않는 타인, 사물, 자연과 끊임없이 갈등하게 될지 모른다.

그렇다면 미래의 목적 달성을 위한 삶을 포기하고 오직 현재에만 집중하는 현재 중심적 삶을 살아야 할까? 사실 현재의 모든 가능성에 우리 자신을 개방하고 현재가 이끄는 삶을 산다는 것이 인생의 목적 자체를 배제하는 것은 아니다. 우리가 현재 우리 앞에 실재하는 타인, 사물, 자연과 교류하면서 이들이 걸어오는 말에 대답하며 현재 우리의 삶을 정해 간다면, 이는 현재가 미래의 목적을 결정하는 것이나 마찬가지기 때문이다. 그렇다면 어떻게 살아야 하루를 평생처럼 살 수 있을까? '현재와 미래의 개방적 순환'이렇게 말할 수 있을까? 현재에 집중하면서 현재가 열어 놓는 길을 가지만, 이런 길에서 찾아낸 미래의 목적을 위해서도 현재를 산다. 그러나 이러한 미래의 목적이 현재의 나를 구속하지 않도록 나는 다시 현재의 모든 가능성에 나 자신을 개방한다. 이렇게 되면 우리는 결국 현재에서 현재에 집중하며 인생을 살게 되지 않을까?

우리는 인생을 성찰하고, 인생의 방식을 개념적으로 분리해 낼 수 있다. 미래의 목적 달성을 위한 삶, 현재 중심적 삶 같은 구분은 사는 방식의 차이를 명확히 구분하기 위한 개념적 구분일 뿐, 실제 인생이 이렇게 두 가지로 나누어져 있는 것은 아니다. 우리의 실제 인생에는 미래의 목적 달성을 위한 측면도 있고, 현재 중심적인 측면도 있다. 다만 어떤 사람의 인생에는 전자의 특징이, 그리고 어떤 사람의 인생에는 후자의 특징이 강하게 나타날 뿐이다. 더구나 이 두 가지 삶의 방식이 양자택일적인 것도 아니다. 현재에만 몰두하며 아무런 미래의 목적도 설정하지 않는다는 것은 우리가 아무 생각 없이 살지 않는 한 불가능한 일이다. 그리고 미래의 목적 달성만을 위해 인생을 산다는 것도 어불성설인 것은 마찬가지다. 우리가 미래의 모든 것을 완전히 계획하는 것 역시 불가능하기 때문이다. 중요한 것은 어느 부분을 중시하느냐고, 또 이를 위해서는 사는 방식의 차이가 어떤 인생을 결과하게 될지 성찰하는 것이 중요하다.

3부 나를 만들다

닫는 글   자기 돌봄과 사회

"나무는 고요하게 있고 싶어 하나 바람이 그치지 않는다."

이 말은 원래 자기 뜻대로 되지 않는다는 의미지만, 주변 환경이 나를 가만히 놔두지 않는다는 뜻으로 사용되기도 한다. 한때 정치인들은 대권 도전 의사를 밝힐 때 자신에게는 대권 욕심이 없지만, 주변 사람이 자기를 가만두지 않아 어쩔 수 없이 출마한다는 식으로 이 말을 인용하곤 했다. 그런데 이 말에는 더 다양한 의미가 함축되어 있다. 이 말이 나온 출처인 『한시외전』 9권에는 세 가지 일 때문에 비통해한 사람의 이야기가 나온다. 이 이야기의 뜻을 살리기 위해 다소 각색을 한다면, 이 사람은 다음과 같은 상황 때문에 비통해한 것 같다. 이 사람은 젊은 날 방황하다가 이젠 부모에게 효도하려고 했으나, 이미 부모는 자신을 기다려 주지 않고 돌아가셨다. 이 사람은 자기만의 높은 뜻을 좇다가 이젠 나라에 충성하려고 했으나, 이미 자신은 노쇠하고 말았다. 이 사람은 소원해진 친구와 관계를 회복하려고 했으나, 이미 친구는 자신을 떠났다. 이 사람은 이를 비통해하다가 결국 마른나무에 기댄 채 세상을 떠나고 말았다. 물론 이런 상황은 자기 인생이 자기 뜻대로 되지 않는다는 것을 말해 주지만, 더 나아가 무엇이든 때가 지나면 아무것도 할 수 없으니 생각만 하지 말고 실행하라는 뜻인 것도 같고, 무엇이든지 지금 할 수 있을 때 잘하라는 뜻도 있는 것 같다.

자기 돌봄도 이와 같다. 내가 처한 상황은 바람이 나무를 흔들 듯 나 홀로 나만을 돌보도록 내버려두지 않는다. 내가 나 자신에게만 몰두한다면 나와 관계된 일들이 잘못될 수도 있다. 그리고 이렇게 되면 자기 돌봄이 나의 인생을 살리는 것이 아니라, 오히려 망치게 할 수도 있다. 이런 점에서 자기 돌봄이 가족, 친구, 직장, 더 나아가 사회와의 단절을 의미한다면 자기 돌봄마저 제대로 이루어질 수 없을지 모른다. 그렇기에 이렇게 생각하면 좋을 것 같다. "남을 돌보며 정작 자기를 돌보지 않는다면 인생이 공허해지고, 자기만 돌보느라 주변을 돌보지 않는다면 자기 돌봄은 자칫 맹목적이 될 수 있다." 자기 돌봄은 내가 잘 살기 위한 것이지만, 내 주변이 잘되지 못하면 나도 잘 살기 어렵다. 내 주변이 바람이 나무를 흔들 듯 나를 흔들어 버릴 수 있기 때문이다.

그렇다고 주변 상황 때문에 자기 돌봄을 포기하라는 것은 아니다. 자기 돌봄은 나중으로 미룰 수 있는 것이 아니라, 바로 지금부터라도 해야 할 일이다. 매 순간이 내 인생이기 때문에 내가 나를 돌볼 특별한 때가 따로 있는 것은 아니다. 그리고 내가 나를 돌보듯이 주변을 돌본다는 것도 주변을 위해 나를 희생하라는 것이 아니다. 내 주변을 돌본다는 것은 내 인생이 펼쳐지는 상황이 나의 자기 돌봄을 지지하고 도와줄 수 있도록 이를 변화시키는 것을 말한다. 만약 내 주변 사람들이나 내가 속한 사회가 개인의 다양성을 보호하거나 촉진하지 않고, 반대로 특정한 삶을 강조하거나 어떤 절대적 가치를 추앙한다면 사실 자기 돌봄은 필요하지 않다. 오직 이런 삶이나 가치를 좇기 위해 자신을 강제하고 통제하는 것만이 중요하기 때문이다.

만약 어느 사회에서 학벌만 얻으면 권력도 얻고, 명예도 얻고, 좋은 배우자를 만나고, 부모에게 효도까지 할 수 있다면 모든 사람은 학벌을 위해 모든 것을 바칠 것이다. 만약 어느 사회에서 돈만 있으면 학벌, 권력, 명예 등 사람들이 원하는 모든 것을 얻을 수 있다면 모든 사람이 돈을 위해 모든 것을 바칠 것이다. 더 나아가 어떤 사회에서는 권력이, 어떤 사회에서는 가문이, 어떤 사회에서는 외모가 그런 역할을 할 수도 있다. 그런데 모든 사람이 이렇듯 학벌,

닫는 글

돈, 권력, 가문, 외모만을 추구한다면, 어떤 사람은 이런 것들을 얻고, 어떤 사람은 그렇지 못한 무한 경쟁이 벌어진다. 그 결과 사회는 이런 것을 얼마나 가지고 있느냐에 따라 1등부터 꼴등까지 서열화한다. 이는 우리 삶을 참혹하게 만든다. 등수가 높은 사람은 많은 것을 얻고 자만하여 자신이 대단한 사람인 것처럼 우월감을 갖고 살지만, 등수가 낮은 사람은 자책감과 열등감에 시달려 인생이 괴로움의 연속일 수 있다.

과연 이렇게 살아야 할까? 이런 서열화가 이루어지지 않기 위해서는 자기 돌봄이 필요하다. 사람마다 자기 상황에 맞는 자기만의 최선의 삶을 살고자 한다면, 서열화로 인한 무한 경쟁에 참여할 필요가 없다. 그리고 이런 자기 돌봄을 위해서는 우리 사회가 제도적으로나 문화적으로 삶의 다양성을 보장하고 촉진하는 최선의 사회가 되도록 사회를 돌볼 필요가 있다. 아마도 이렇게 될 수 있다면, 우리는 단지 사는 것이 아니라, 잘 살 수 있으며, 사회 역시 좋은 사회가 될 것이다. 우리는 지금 무엇을 선택해야 할까? 자기 돌봄? 아니면 높은 서열을 위한 무한 경쟁? 바람이 나무를 흔들 듯, 사회가 나를 흔드는 것이 아니라, 혹 윤동주 시인의 시처럼 이젠 나무가 바람을 일으킬 때가 아닐까?

나무가 춤을 추면 / 바람이 불고, / 나무가 잠잠하면 / 바람도 자오.

— 윤동주, 「나무」, 『윤동주 시집』, 범우사, 1986

닫는 글

참고 도서

『계몽의 변증법』, 막스 호르크하이머·테오도어 아도르노, 김유동 역,
    문학과지성사, 2001
『공동 번역 성서』, 대한성서공회, 1999
『꽃삽』, 이해인, 샘터사, 1994
『나르치스와 골드문트』, 헤르만 헤세, 윤순식 역, 현대문학, 2013
『나의 라임오렌지 나무』, J.M. 바스콘셀로스, 박동원 역, 동녘, 2003
『논어』, 박종연 역, 을유문화사, 2006
『대방광불화엄경강설』, 실차난타實叉難陀 한역 / 무비스님 강설, 담앤북스, 2017
『도덕감정론』, 애덤 스미스, 김광수 역, 한길사, 2016
『도리언 그레이의 초상』, 오스카 와일드, 김진석 역, 웅진씽크빅, 2008
『마누 법전』, 이재숙·이광수 역, 한길사, 1999
『만물은 서로 돕는다』, 표트르 크로포트킨, 김영범 역, 르네상스, 2005
『맹자』, 우재호 역, 을유문화사, 2007
『명상록』, 마르쿠스 아우렐리우스, 현대지성, 2018
『무문관참구』, 장휘옥 / 김사업 제창, 민족사, 2012
『미셸 푸코, 1924-1984』, 디디에 에리봉, 박정자 역, 그린비, 2012
『미셸 푸코: 구조주의와 해석학을 넘어서』, 허버트 드레피스·폴 라비노우,
    서우석 역, 나남출판, 1989
『백치』, 표도르 도스토옙스키, 김근식 역, 열린책들, 2000
『사기열전(사기)』(상, 하), 사마천, 김원중 역, 을유문화사, 2002
『성의 역사 2: 쾌락의 활용』, 미셸 푸코, 신은영·문경자 역, 나남출판, 2018

『성의 역사 3: 자기 배려』, 미셀 푸코, 이혜숙·이영목 역, 나남출판, 2020

『소유냐 존재냐』, 에리히 프롬, 차경아 역, 까치, 2020

『윤동주 시집』, 윤동주, 범우사, 1986

『이 짧은 시간 동안』, 정호승, 창비, 2021

『인간 존엄성에 관한 연설』, 피코 델라 미란돌라, 성염 역, 경세원, 2009

『정의론』, 존 롤스, 황경식 역, 이학사, 2003

『중용』, 이세동 역, 을유문화사, 2007

『파우스트』, 요한 볼프강 폰 괴테, 장희창 역, 을유문화사, 2015

『판단력 비판』, 임마누엘 칸트, 백종현 역, 아카넷, 2009

『한시외전 3』, 한영, 임동석 역, 동서문화동판, 2009

『행복의 정복』, 버트런드 러셀, 이순희, 사회평론, 2005

『협력의 진화』, 로버트 액설로드, 이경식 역, 시스테마, 2009

참고 도서